Hören, wer ich sein kann

Bildung und Pastoral
Herausgegeben von
Reinhard Feiter und Judith Könemann

Band 5

Christoph Theobald

Hören, wer ich sein kann

Einübungen

Herausgegeben
von Reinhard Feiter und Hadwig Müller

Matthias Grünewald Verlag

VERLAGSGRUPPE PATMOS
PATMOS
ESCHBACH
GRÜNEWALD
THORBECKE
SCHWABEN
VER SACRUM

Die Verlagsgruppe
mit Sinn für das Leben

Aus dem Französischen von Gabriele Nolte
Titel der französischen Originalausgabe:
Vous avez dit vocation?
© Bayard 2010

Die Verlagsgruppe Patmos ist sich ihrer Verantwortung gegenüber unserer Umwelt bewusst. Wir folgen dem Prinzip der Nachhaltigkeit und streben den Einklang von wirtschaftlicher Entwicklung, sozialer Sicherheit und Erhaltung unserer natürlichen Lebensgrundlagen an. Näheres zur Nachhaltigkeitsstrategie der Verlagsgruppe Patmos auf unserer Website www.verlagsgruppe-patmos.de/nachhaltig-gut-leben
Übereinstimmend mit der EU-Verordnung zur allgemeinen Produktsicherheit (GPSR) stellen wir sicher, dass unsere Produkte die Sicherheitsstandards erfüllen. Näheres dazu auf unserer Website www.verlagsgruppe-patmos.de/produktsicherheit. Bei Fragen zur Produktsicherheit wenden Sie sich bitte an produktsicherheit@verlagsgruppe-patmos.de

Bibliografische Information der Deutschen Nationalbibliothek
Die Deutsche Nationalbibliothek verzeichnet diese Publikation in der Deutschen Nationalbibliografie; detaillierte bibliografische Daten sind im Internet über http://dnb.d-nb.de abrufbar.

3. Auflage 2019
Alle Rechte vorbehalten
© 2018 Matthias Grünewald Verlag
Verlagsgruppe Patmos in der Schwabenverlag AG, Senefelderstr. 12, 73760 Ostfildern
www.gruenewaldverlag.de

Umschlaggestaltung: Finken & Bumiller, Stuttgart
Umschlagabbildung: iStock.com
Druck: CPI books GmbH, Leck
Hergestellt in Deutschland
ISBN 978-3-7867-3073-6

Inhalt

Vorwort der Herausgeber 13

Einführung 17

I. „Rede, Herr, dein Diener hört!"

Samuel und der Priester Eli 25

Eine „Stimme" hören und ihr gehorchen 30

Erzählungen vom Rufen – Figuren des Hörens 35

   „Weil du auf meine Stimme gehört hast ..." 35
   Mose, Elija und andere Berufungserzählungen 37
   Paulus, Apostel Jesu Christi 42
   Jesus und seine Jüngerinnen und Jünger 44

Und wir 49

Hören 51

II. Menschliche Berufung – christliche Berufung

Die menschliche Berufung: eine einzigartige und universelle Dynamik 56

   Ich habe nur ein Leben 57
   Zum Seinkönnen gerufen 60

Identifikationsfiguren 63

   Die „Über-setzer" 64
   Identifikation und persönliche Freiheit 65

Es geht um die Fruchtbarkeit 68

Christus nachahmen – Christus nachfolgen 70

Der Apostel Paulus und die Evangelien 70
Nach dem Bild Gottes „geformt" werden 76
Die christliche Berufung im Dienst der menschlichen Berufung 78

Hören ... und sich mit einer Gestalt identifizieren, um den eigenen Weg zu finden 79

III. Einzelne besondere Rufe

Die paulinische Theorie der Charismen 86

„Gnadengaben" für das Wohl aller 86
Berufung und „Berufungen" 88
Aufgaben 92

Konstitutive Polaritäten 93

„Aufgaben" und „Gaben" 94
Die Apostel und diejenigen, die sie ablösen 94
Das Prinzip der Vermehrung 96
Ziel und Verwurzelung 98

Eine schwierige Verbindung: innerer Ruf und kirchliche Unterscheidungskriterien 99

Die Vielfalt der „hierarchischen und charismatischen Gaben" nach dem II. Vatikanischen Konzil 100
Der Heilige Geist im Herzen aller Gläubigen und in der Kirche 101
Anerkennung, Beglaubigung und Ruf 103
Der Friede und die Freude der „Passung" 105

Geschichtliche Ausprägungen 105

Lebensstände und Ämter 106
Historische Entwicklungen 109
Lob der Einfachheit 112

Leiden 114

IV. Heute die eigene Berufung finden

Was in mir passiert 122

Die Ausgangslage 122
Das psychische und das spirituelle Moment 123
Strömungen und Steuerung 125
Beten und hören lernen 127
Die Kraft der kleinen Entscheidungen 129

Entscheidungen treffen 130

Zuerst das Reich Gottes und seine Gerechtigkeit suchen 130
Jüngerin und Jünger Christi werden – Apostel des „großen Apostels unseres Glaubens" werden 133
Auf der Suche nach konkreten Gestalten 136
Eine schwierige Geographie – eine neue Vielfalt von Berufungen 144

Ein Weg 144

In eine Atmosphäre des Gebets und des inneren Hörens eintreten ... 145
Alternativen formulieren 145
Andere um Rat bitten 146
Inneren Frieden erfahren 146
Eine Entscheidung treffen 147
Auf eine Bestätigung warten und sie erhalten 147

Leiden ... auf dem Weg 148

V. Für eine christliche Gemeinde, die sich aufs Rufen versteht

Bedürfnisse ermitteln, Prioritäten setzen 154

    Bedürfnisse wahrnehmen 155
    Ein Netzwerk von „Seelsorgestationen" und Gemeinden 157
    Dynamik der kollektiven Unterscheidungsarbeit 158

Umkehr und „Passung" 160

    „... wie Christus sie ihr geschenkt hat" (Eph 4,7) 160
    Von einer „rahmenden" zu einer „zeugenden Pastoral" 161
    Planen und Wachsen in der „Armut des Herzens" 163

Ein Berufungs- und Sendungsprozess 164

    Weggenossenschaft 167
    „Geständnis" 167
    Beratung und Absprache 168
    Anerkennung, Sendung und Feier 169
    Die Ausbildung beginnen und die Früchte der Mission „zurückbringen" 170

Orte und Pädagogiken 171

    Orte 172
    Eine je angemessene Pädagogik 177

Leiden ... auf dem Weg ... in Gemeinschaft mit anderen 179

Schlusswort 180

Anhang: Brennendes Interesse am Alltag der Menschen

Was kann man vom Alltag sagen? 187
Brennendes Interesse entwickeln 189
Zur heuristischen Funktion der Schrift 192
Zum theologischen Hintergrund einer „Leben zeugenden Pastoral" 195

*In memoriam
Philippe Bacq sj
1938–2016*

Vorwort der Herausgeber

Vor sieben Jahren erschien in Frankreich ein Buch mit dem Titel: „Vous avez dit vocation?" „Haben Sie Berufung gesagt?" Der Titel auf dem Buch war unscheinbar, der Name des Autors Christoph Theobald unübersehbar. Sein Name bürgte offensichtlich für einen Inhalt, der spannender sein würde, als es das Wort „Berufung" vermuten ließ. Tatsächlich geht es Christoph Theobald darum, die Rede von „Berufung" aus dem im kirchlichen Kontext gewohnten einengenden Vorverständnis zu befreien und ihren ursprünglichen Sinn zurückzugewinnen. Es geht ihm darum, zu einem Hören zu ermutigen, das der einzigartigen menschlichen Berufung jedes Einzelnen gilt, und eine Aufmerksamkeit für die eigene, persönliche Gottesbeziehung einzuüben.

Dass die Einzelnen sich ihrer eigenen, persönlichen Erfahrung vergewissern, allein und in der Beziehung zu anderen, und so immer mehr sie selber werden, darin sehen wir Christoph Theobalds Herzensanliegen, das sein Buch für uns so wichtig macht und so aktuell. „Hören, wer ich sein kann" ist in Übereinkunft mit Christoph Theobald der Titel der deutschen Ausgabe seines Buchs. Er benennt seinen zentralen Punkt: Wer *ich* – wirklich und nur ich – sein kann, dem komme ich hörend – von woanders her – auf die Spur. „Hören, wer ich sein kann", das ist so etwas wie die Kurzformel menschlicher und christlicher Berufung.

Christoph Theobald, 1946 in Köln geboren und seit 1978 Mitglied der Gesellschaft Jesu in Frankreich, publiziert dort seit Jahrzehnten. Einen „französischen Jesuiten deutscher Nationalität" hat man ihn genannt.[1] Der ignatianischen Spiritualität und der Weise, wie die französische Kirche inmitten einer säkularisierten Gesellschaft lebt, gehört seine besondere Aufmerksamkeit. Er lehrt Fundamentaltheologie und Dogmatik an der Theologischen Fakultät des Centre Sèvres in Paris und ist stets in pastoralen Kontexten unterwegs. Dazu gehört seit 1995 sein Engagement im Bistum Limoges – zu Beginn an der Seite von Édouard Pousset sj (1926–1999). Zusammen mit ihm und mit Marie-Jo Deniau rief er 1998 die sogenannten ROC-Gruppen ins Leben; und auf die Erfahrung mit diesen Gruppen geht die Anregung zu dem vorliegenden Buch zurück.

Bei den ROC-Gruppen handelt es sich um Gruppen von jungen Erwachsenen im Alter von etwa 25 bis 35 Jahren, die vor dem Eintritt ins Berufsleben oder an einem anderen Übergang in ihrem Leben stehen und

---

[1] Vgl. Lesegretain, Claire: Christoph Theobald, vivre l'appel apostolique, in: La Croix, 29. Mai 2009 = http://www.la-croix.com/Religion/Actualite/Christoph-Theobald-vivre-l-appel-apostolique-_NG_-2009-05-29-535444 (30.1.2017).

sich zwei Jahre lang alle zwei Monate zu einem gemeinsamen Wochenende treffen. Es sind kleine Gruppen mit selten mehr als zwölf Mitgliedern. Sie lesen miteinander ein Evangelium, setzen sich mit der Tradition der Kirche auseinander und üben sich darin, zu betrachten, was sich in ihrer Existenz ereignet, wie der Heilige Geist darin wirkt.[2] Der Name „ROC" erinnert daran, dass diese Bibelgruppen durch die Association Roche Colombe angeregt wurden. „Roc" heißt aber auch „Fels" und lässt an das Wort Jesu denken: „Wer diese meine Worte hört und danach handelt, ist wie ein kluger Mann, der sein Haus auf Fels baute." (Mt 7,24)

Christoph Theobalds Buch ist ein geistliches und zugleich ein durch und durch praktisches Buch: aus praktischer Arbeit erwachsen und als eine praktische Hilfe konzipiert, um der eigenen Berufung im Alltag auf die Spur zu kommen und sich ihrer zu vergewissern. Daher im Deutschen der Untertitel: „Einübungen". Das Buch weist der Leserin, dem Leser einen Weg mit mehreren Abschnitten. Wie schnell oder langsam sie ihm folgen, bestimmt eine jede, ein jeder selbst. Möglicherweise nimmt jemand das Buch auch wiederholt, zu verschiedenen Zeiten zur Hand; und möglicherweise dient es einer Gruppe als gemeinsamer Lesestoff, etwa wenn Christen über ihr pastorales Handeln nachdenken wollen. Denn „Hören, wer ich sein kann" beinhaltet Spannungen auf mehreren Ebenen.

Zwischen dem Ich, das ich selbst sein kann, *und* dem Ich, das sich selbst auf die Spur kommt, indem es auf eine andere Stimme hört, herrscht eine Spannung, die nicht nur das Zentrum der Berufung ist, sondern auch der Ursprung ihrer Dynamik. Als nicht in eine Richtung aufgelöste, sondern ausgehaltene und durchgehaltene Spannung entspringt ihr eine Lebensdynamik, in der weitere spannungsvolle Konstellationen auftauchen: Sich-Empfangen *und* Sich-Geben, Selbstverwirklichung *und* „Fruchtbarkeit" bzw. Engagement – das „Sich-Einsetzen", ja „Sich-Verpfänden", wie Christoph Theobald das französische Wort *en-gagement* verdolmetscht. In dieser Lebensdynamik kommt es zum Konflikt zwischen der persönlichen Gewissheit hinsichtlich der eigenen Berufung und ihrer kirchlichen oder überhaupt sozialen Anerkennung. Zu dieser Lebensdynamik gehört schließlich das Wechselspiel von christlicher und menschlicher Berufung, das bereits das II. Vatikanische Konzil in seiner Pastoralen Konstitution über die Kirche, *Gaudium et spes*, hervorgehoben hat, das jedoch die pastoralen Bewertungsmaßstäbe bis heute nur selten bestimmt.

---

[2] Vgl. Deniau, Marie-Jo/Theobald, Christoph: Quand le goût de l'Evangile suscite des choix d'existence. Parcours de formation pour de jeunes adultes, in: Bacq, Philippe/Theobald, Christoph (Hg.): Une nouvelle chance pour l'Évangile. Vers une pastorale d'engendrement, Bruxelles – Montréal – Paris 2004, 185–200.

Das praktische Anliegen des Buches macht Eigenarten des Textes verständlich, über die Leser stolpern können: Hervorhebungen durch Nummerierung von Abschnitten, Kursivierung einzelner Ausdrücke oder in Anführungszeichen gesetzte Begriffe laden ein, bei dem zu verweilen, was hervorgehoben wurde. Sie geben Gelegenheit, es in Bezug zur je eigenen Wirklichkeit zu setzen und sich zu ihrer Betrachtung anregen zu lassen. Damit stehen die Hervorhebungen zugleich im Dienst jenes Hörens, um das es Christoph Theobald geht: „Hören, wer *ich* sein kann" beinhaltet immer auch die „Ablösung" von einem anderen. Das ist ein wichtiges Motiv in Christoph Theobalds Ausführungen. Sollen diese ihr Ziel erreichen, müssen sich die Lesenden auch von ihnen ablösen. Die Hervorhebungen im französischen Original wurden also beibehalten. Ähnlich ist es mit den oft langen Satzperioden des französischen Textes. Nur teilweise haben wir sie im Deutschen aufgelöst und dabei zuweilen unvollständige Sätze in Kauf genommen. Auf diese Weise schien uns jedenfalls der Duktus von Christoph Theobald und der Rhythmus seiner Sprache noch am ehesten im Deutschen abbildbar zu sein.

Auf einige Veränderungen, die wir an der französischen Ausgabe vorgenommen haben, möchten wir hier hinweisen: Im Bemühen um eine geschlechtergerechte Sprache, die den Text nicht allzu schwer und umständlich macht, haben wir uns entschlossen, pro Kapitel entweder der femininen und der maskulinen Form den Vorzug zu geben. Bei den biblischen Zitaten folgt der deutsche Text der revidierten Einheitsübersetzung der Heiligen Schrift von 2016. Das hat manchmal Abweichungen vom französischen Text zur Folge, weil dieser mit der französischen ökumenischen Bibelübersetzung (TOB) arbeitet. Während im Originaltext Fußnoten weitgehend vermieden wurden, enthält die deutsche Ausgabe Quellennachweise in Form von Fußnoten. Die dort gegebenen Erläuterungen stammen von den Herausgebern. In Übereinkunft mit Christoph Theobald bildet in dieser Ausgabe seines Buchs ein anderer Text den Schluss als im französischen Original. Es ist der von Christoph Theobald 2016 in Münster gehaltene Vortrag „Brennendes Interesse am Alltag der Menschen". Er verdeutlicht noch einmal den im Buch angesprochenen Zusammenhang zwischen der Aufmerksamkeit für das Ereignis des Rufens und der Grundhaltung einer „zeugenden Pastoral".[3]

Die „zeugende Pastoral" verbindet nun sowohl Christoph Theobald als auch die Herausgeber freundschaftlich mit dem vor wenigen Monaten in

---

[3] Vgl. Feiter, Reinhard/Müller, Hadwig (Hg.): Frei geben. Pastoraltheologische Impulse aus Frankreich, Ostfildern ³2013.

Brüssel verstorbenen Jesuiten Philippe Bacq. In dankbarer Erinnerung ist ihm deshalb dieses Buch gewidmet.

Mehrere Institutionen haben diese Veröffentlichung ermöglicht, viele Personen sind daran beteiligt. Dem Verlag Bayard Éditions der Groupe Bayard, Montrouge, danken wir für seine Zustimmung zur deutschen Ausgabe des bei ihm zuerst erschienenen Buchs von Christoph Theobald. Unser Dank gilt dem Matthias Grünewald Verlag der Unternehmensgruppe Schwabenverlag, Ostfildern, für die verlegerische Betreuung vor allem durch Herrn Volker Sühs, der geholfen hat, etliche Hürden zu überwinden. In der Übersetzung des französischen Textes stecken Mühe und Arbeit von vielen. Ihnen allen gilt unser besonderer Dank. An erster Stelle ist Frau Gabriele Nolte aus Lyon mit ihrer dem Buch zugrundeliegenden Übersetzung zu nennen. Dann sind da aber auch all jene, die durch ihr geduldiges Mitsuchen in Übersetzungsfragen, ihre Vorschläge und Korrekturen, ihr vielfaches Mitlesen, ihren Rat und ihre organisatorische Hilfe maßgeblich zur Fertigstellung des Buches beigetragen haben. Wir danken Herrn Dr. Dietmar Bader und den ehemaligen bzw. derzeitigen Mitarbeiterinnen des Seminars für Pastoraltheologie in Münster: Frau Tanja Heuer, Frau Elisa Kröger, Frau Mirjam Pesch, Frau Verena Suchhart und Frau Monika Wittmann.

Freiburg i. Breisgau – Münster, den 25. März 2017

Einführung

Dieses Buch hat eine lange Geschichte.[4] Viel verdankt es den sogenannten ROC-Gruppen, die 1998 zusammen mit Édouard Pousset und Marie-Jo Deniau gegründet worden sind. Mehrfach hatte ich bereits einen Anlauf zur Niederschrift genommen. Doch was mich am Ende dazu gebracht hat, dieses Buch zu schreiben, war ein Brief, den ich vor einiger Zeit von einem Freund erhielt:

Lieber Christoph,
ich möchte Dir von einer Erfahrung erzählen, die mich gefreut und nachdenklich gemacht hat ... Ich gehe an jenem Sonntag im Juli inmitten dieser ländlichen Gegend im Süden Frankreichs zur Kirche und erfahre: Der Pfarrer, der für zehn Kirchorte zuständig ist, hatte einen Unfall. In den Sommermonaten findet sich aber so schnell kein Vertreter. Den Gläubigen, die zusammengekommen sind, Einheimische und Urlauber, fehlt also ihr Pastor, um diesen von allen sehr geschätzten Augenblick der Begegnung und Besinnung zu feiern. Das Schiff der alten Kirche, von der Dorfgemeinde wunderschön instandgesetzt worden, ist voller wartender Menschen. Eine Frau ergreift das Wort und erklärt die Situation. Sie ist es auch, die es nun unternimmt, die Gemeinde durch die Feier zu leiten – von Anfang bis Ende, einfach, warmherzig und unaufgeregt. In den vorderen Bänken hat ein kleiner Chor Platz genommen, der von einem Mann in den Fünfzigern geleitet wird und den Gemeindegesang unterstützt.
Wir beten, singen das Gloria und hören die Lesungen. Diejenigen, die sie vorgetragen, haben sich offensichtlich darauf vorbereitet. Nach dem Evangelium berichten die Gottesdienstleiterin und ihr Mann – es ist der Gitarrist, der den Chor leitet – kurz über Besinnungstage, die sie gerade mit Jugendlichen im Aubrac erlebt haben ... Jemand anderes gibt einen kurzen Kommentar zu den Lesungen. Nach dem Glaubensbekenntnis, den (sorgfältig vorbereiteten) Fürbitten und der üblichen Kollekte setzt eine große Stille ein ... Danach werden wir alle eingeladen aufzustehen; wir singen das Vaterunser und empfangen die Kommunion, begleitet von einer Musik, die zur Meditation einlädt. Wieder taucht die Gemeinde in die Stille ein ... Die Gottesdienstleiterin spricht das letzte Gebet. Vom Ambo aus werden einige Informationen gegeben. Als die letzten Töne des Schlusslieds im Gewölbe verklingen, breitet sich im Kirchenschiff ein fröhlicher Lärm aus.
Ich habe eine Dreiviertelstunde von seltener geistlicher Dichte erlebt. Intensiver denn je wurde mir – wie auch allen anderen, die sich versammelt

---
[4] Vgl. die Hinweise im Vorwort der Herausgeber.

hatten – klar, dass diese Gemeinde auch in Abwesenheit ihres Pastors weiterhin existierte. Ja, in dieser sehr zerbrechlichen Situation haben wir vielleicht noch deutlicher gespürt, wie erstaunlich bzw. voller Wunder diese sonntäglichen Versammlungen sind.

Ich muss Dir gestehen: Es gab keinen einzigen Moment, in dem ich über die Lage der Kirche, den Priestermangel oder über irgendwelche Maßnahmen nachgedacht hätte, die immer schwieriger werdende pastorale Situation zu meistern. Vielmehr war ich tief bewegt, voll Bewunderung für diese Christen und ihre Fähigkeit, sofort zu tun, was zu tun war. Zudem war ich voll Dankbarkeit gegenüber dem abwesenden Priester, dessen Art und Weise, die Gemeinde zu leiten, das Ereignis dieses Sonntagmorgens möglich gemacht hat. Und in diesem Gefühl einer ruhigen Freude stellten sich mir ganz andere Fragen: Was offenbart sich in der Fähigkeit dieser Christen, in der genau richtigen Weise zu reagieren? Wie ist es zu dieser Fähigkeit gekommen, und wie kann sie in Zukunft gefördert werden?

Ich würde mich freuen, bald einmal deine Reaktion auf diese Erfahrung zu hören.

Sylvain

In den letzten Jahren haben unsere Diözesen und Ortskirchen sehr viel Energie darin investiert, ihre Pastoralbezirke umzustrukturieren und orientiert an der Zahl der verfügbaren Priester neu zu ordnen – ein erforderliches und kompliziertes Unternehmen, oft begleitet von einem Gefühl innerer Dürre, um nicht zu sagen von Entmutigung seitens der Verantwortlichen und Gläubigen. Eine Frage, die ich mir seit einiger Zeit stelle, ist durch den Brief meines Freundes wieder akut geworden: Hören wir wirklich auf das, was Gott uns in dieser schwierigen kirchlichen Situation zu leben aufträgt? Sind wir nicht zumindest teilweise in Gefahr, einem erstarrten Kirchenbild verhaftet zu bleiben? Und grundlegender noch: Leiden wir nicht unter einer allzu vagen Idee von „Berufung" und „Berufungen", sodass wir nicht erkennen, was heute in unseren Gemeinden im Entstehen begriffen ist? Ich hatte schon seit einiger Zeit vor, mich intensiver damit zu befassen. Der Brief von Sylvain hat mich nun dazu gebracht, dieses kleine Buch zu schreiben.

Es möchte dazu beitragen, dass wir Augen dafür bekommen, was das geistliche Fundament des Menschseins und der Kirche ist, die in den Dienst des Menschseins gestellt ist. Anders gesagt: Die Herausforderung liegt darin, einen Zugang zu öffnen zu dem reichlich vorhandenen „Grundwasser" und zu sehen, was bereits bedingungslos gegeben ist, bevor wir damit beginnen, irgendwelche pastoralen Projekte zu planen und sie in die Tat umzusetzen. Paulus will uns das mit seiner bäuerlichen Metapher vom „Acker" wie der städtischen vom „Hausbau" zu verstehen geben. Gewiss, sagt er, sind wir es, die pflanzen und begießen, aber wir dürfen nicht vergessen, dass allein Gott es ist, „der wachsen lässt" (1 Kor 3,7). Wir können gute Architekten sein und bauen, aber nur, wenn wir nicht aus den Augen verlieren, dass niemand einen anderen Grund legen kann, „als den, der gelegt ist" (1 Kor 3,11). Was also ist das für ein „Acker", der uns gegeben ist? Was sind das für „Fundamente", die bereits gelegt sind? Das sind die Fragen, auf die ich eingehen möchte.

Der Begriff „Berufung" bezeichnet genau dies, *was bedingungslos im Voraus gegeben ist*, dieses sich nicht erschöpfende „Grundwasser", das tief im Innern der Menschheit und der Kirche existiert. Freilich galt lange Zeit die vornehmliche Aufmerksamkeit dem *gesellschaftlichen* Aspekt, jener „Berufung" also, in der ein Prozess, der im Verborgenen geblieben ist, äußerlich sichtbar wird: „Der eine *hat* diese Berufung, die andere *hat* eine andere", nämlich die Berufung zum Priester oder zur Ordensfrau, „aber ich habe keine ..." Dagegen sollten wir heute den Blick vor allem auf jene *Erfahrung* richten, die sich im Substantiv „Berufung" verbirgt. Vielleicht haben wir vergessen, dass hinter diesem Wort, das so häufig ein „Haben" bezeichnet, ein „Handeln" steht. In der Erfahrung der Berufung ist Gott selbst in geheimnisvoller Weise Subjekt der *Tat* eines Rufens – „Berufung" genannt. Er ist es, der sich an eine jede und einen jeden von uns richtet als ein „Subjekt", das fähig ist, zu hören und auf jemanden zu hören – zu gehorchen,[5] wie man in der jüngeren Vergangenheit betont formulierte und dabei leicht vergaß, dass das „Hören" die Grundlage des wahren „Gehorsams" ist. Diese elementare Erfahrung unseres Glaubens, das Hören des Rufes Gottes, muss gewiss in der Kirche geformt und entwickelt werden, aber wie ein „Acker", der darauf wartet, bestellt zu werden, oder wie die „Fundamente", die darauf warten, dass auf ihnen etwas errichtet wird. Zu oft vergisst unsere Pastoral, dass wir – wenn wir denn einen Schritt vorankommen wollen – zuerst diese Erfahrung des Rufes identifizieren, ja sie „freilegen" müssen, auf dass sie sichtbar und lesbar wird.

Dazu ist das in Bezug auf Berufung und Ruf verwendete Vokabular zu präzisieren. Es gilt, Begriffe zu unterscheiden und die Erfahrung oder die Erfahrungen verständlich zu machen, die jeweils gemeint sind. Mein Ziel ist es, den Lesern zu helfen, einen Zugang zu der Erfahrung von Berufung zu finden und ihre jeweilige Berufung zu unterscheiden. Das setzt ein Nachdenken über die Kriterien und Regeln dieses Erkennens voraus. Meine

---

[5] Im französischen *obéir*, das „auf jemanden hören", „jemandem folgen" und „gehorchen" bedeutet, ist das lateinische Wort für „gehorchen" *oboedire* noch erkennbar.

Überlegungen nehmen frühere Gedanken über eine „zeugende Pastoral"[6] wieder auf. Die Metapher des Zeugens ist eine andere, ursprünglichere Möglichkeit, vom Zentrum jeder „Berufungserfahrung" zu sprechen. Hier wie dort geht es nicht darum, auf der Ebene einer theoretischen Reflexion zu bleiben, sondern ein Handeln vorzuschlagen. Die menschliche und spirituelle Erfahrung, um die es hier geht, hat genau da ihren Ort, wo eine bestimmte Weise, die Schrift, vor allem die Evangelien zu lesen, mit einer neuen Weise zusammenkommt, die eigene Existenz zu betrachten. Dieser Ansatz prägt übrigens auch die Pädagogik der Initiation, die von den letzten offiziellen Dokumenten der französischen Kirche zur Katechese neue Anstöße bekommen hat.[7]

Wir beginnen unseren Gedankengang mit einigen biblischen Gestalten des Alten und Neuen Testaments. Von ihnen wollen wir uns in die Erfahrung des Hörens einführen lassen, die allein uns dazu befähigt, jenen, den wir „Gott" nennen, dank seiner „Stimme" zu identifizieren (I).

In einem zweiten Schritt können wir dann die „menschliche Berufung" und die „christliche Berufung" unterscheiden. Diese wirklich grundlegende Unterscheidung wurde vom II. Vatikanischen Konzil wieder in Erinnerung gerufen. Sie erlaubt, die Grundstruktur der zwischen Geburt und Tod sich entfaltenden menschlichen Existenz zu beschreiben und zu sehen, wo in ihr die Erfahrung des Hörens und das, was gehört wird, vorkommen. Wir werden zeigen, dass der Mensch Identifikationsfiguren braucht, um sein Leben zu gestalten und schließlich Jesus Christus zu begegnen – demjenigen, der uns in die Tiefendimensionen dessen einführt, was es heißt, nach dem Bild Gottes „gebildet" zu sein. „Nachfolge" und „Nachahmung" sind die Weisen, wie das Neue Testament die christliche Berufung bzw. messianische Berufung des Christen beschreibt (II).

---

[6] Vgl. Bacq, Philippe/Theobald, Christoph (Hg.): Une nouvelle chance pour l'Évangile. Vers une pastorale d'engendrement, Bruxelles – Montréal – Paris 2004; Bacq, Philippe/Theobald, Christoph (Hg.): Passeurs d'Évangile. Autour d'une pastorale d'engendrement, Bruxelles – Montréal – Paris 2008; Theobald, Christoph: Transmettre un Évangile de liberté, Paris 2007. Eine Auswahl von Texten aus den Sammelbänden von Philippe Bacq und Christoph Theobald ist erschienen in: Feiter/Müller (Hg.): Frei geben. – Zur Schwierigkeit, den Ausdruck *pastorale d'engendrement* ins Deutsche zu übertragen, und zur Begründung der Übersetzung „zeugende Pastoral" vgl. Müller, Hadwig: Hoffnung des Übersetzens, in: Feiter/Müller (Hg.): Frei geben, 11–27, hier: 14–16.

[7] Vgl. Conférence des évêques de France: Texte national pour l'orientation de la catéchèse en France et principes d'organisation, Paris 2006. Offizielle deutsche Übersetzung: Französische Bischofskonferenz: Nationales Dokument zur Orientierung der Katechese in Frankreich. Vorschläge zur Organisation des katechetischen Wirkens (Stimmen der Weltkirche, 40), hg. v. Sekretariat der Deutschen Bischofskonferenz, Bonn 2007. – Im Folgenden eigene Übersetzung nach: http://www.catechese.catholique.fr/download/6-213920-0/texte-national-pour-l-orientation-de-la-catechese-en-france.pdf, 3.12.2016.

Mit dem ersten Brief an die Korinther und anderen Texten des Neuen Testaments führen wir dann eine weitere Unterscheidung ein: diejenige zwischen der christlichen Berufung und der Vielfalt ihrer Ausdrucksformen. Wir werden über die vielen einzelnen Berufungen sprechen, die ebenso viele Möglichkeiten darstellen, *sich* und *das, was man Einzigartiges empfangen hat*, in den Dienst der anderen zu stellen, sowohl in der Gesellschaft als auch in der Kirche – nicht ohne inmitten all dieser Rufe die des Hirten zu vergessen, der in der Kirche eine besondere Stellung bekommen hat. Wenn die Erfahrung der Berufung ausnahmslos alle in eine einzigartige und intime Beziehung zu Gott stellt, so ist sie zugleich auch oft Gegenstand von Täuschungen und muss von anderen bestätigt werden, vor allem wenn sie eine „gesellschaftliche" Gestalt bekommt. Wie sich inneres Hören eines Rufes und das geschwisterliche und kirchliche Urteil darüber verbinden, das entzieht sich uns durchaus. An einigen historischen Figuren lässt sich das verdeutlichen, deren enorme kulturelle Vielfalt uns bewusst werden wird. Auch die Not, die einige durchmachen, wird deutlich werden: die Not der Diskrepanz zwischen dem, was sie im Inneren gehört zu haben glauben, und den hier und jetzt in Kirche und Gesellschaft geltenden Auswahlkriterien. Wir werden aber vor allem zeigen, wie gerade ein solches „Auseinandertreten", wie es epochalen Veränderungen und kulturellen Umbrüchen eigen ist, dazu führen kann, bisher unbekannte Quellen und Ressourcen zu entdecken (III).

Heute die eigene Berufung zu suchen, erfordert gewiss einen klaren Blick dafür, was Berufung in ihren verschiedenen Dimensionen ist; und man muss sich auch der geistlichen Entscheidungen bewusst werden, die damit einhergehen. Der Weg, dessen große Etappen wir aufzeigen werden, ist ein Weg der Praxis, des Sich-Herantastens und der Unterscheidungsarbeit (IV).

Schließlich müssen wir auf die christlichen Gemeinden zurückkommen, deren aktuelle prekäre Lage in dem Brief von Sylvain angesprochen wurde, und werden über ihre Art und Weise des „Rufens" nachdenken. Lassen sie sich nicht allzu häufig davon bestimmen, unbedingt bestimmte pastorale Projekte zu realisieren, und *rekrutieren* dafür bekannte Gemeindemitglieder oder Neuankömmlinge, ohne sich zuerst für die *Personen* und deren *einmalige Gabe* zu interessieren? Wenn wir erlauben wollen, dass sich unsere Perspektiven und unsere gewohnten Handlungsweisen umkehren, müssen wir zweifellos unsere Auswahlkriterien den tatsächlichen Gegebenheiten jeder Gemeinde anpassen und die Merkmale einer individuellen Suche auf die kollektive Ebene übertragen. Es gehört zu dieser Umkehr, all die einzelnen besonderen Berufungen als Ausdruck unserer Taufberufung zu betrachten und damit als Dienst an der immer absolut einmaligen menschlichen Berufung der Frauen und Männer, denen wir tagtäglich begegnen. Eine

Gemeinde, die sich nach und nach dieses geheimnisvollen Reichtums bewusst wird, der nicht nur in ihr, sondern auch in ihrer menschlichen Umgebung verborgen ist, baut auf einem unerschütterlichen Fundament auf und bestellt einen Acker, dessen geheimnisvolle Fruchtbarkeit von Gott garantiert wird (V).

Ich widme dieses Buch all denen, die an den ROC-Gruppen teilgenommen haben und die sie begleitet haben oder noch begleiten, sei es von nah oder von fern: Édouard Pousset (†), Marie-Jo Deniau, Denise Vicat und ihrem Mann, Évelyne Slove, Patrick Goujon, Brigitte Freté sowie Dominique Andrade, Philippe Bacq und Odile Ribadeau-Dumas, Claire-Anne und Jean-Bernard Baudin, Philippe Charru, Marika und Bertrand Thomas von der Kartause von Sélignac und vielen anderen Personen vom Netzwerk Roche Colombe. Mein besonderer Dank gilt Agnes Rochefort-Turquin für ihren Rat und die Mühe des Korrekturlesens.

Montréal, den 4. Oktober 2008 – am Fest des hl. Franz von Assisi

I. „Rede, Herr, dein Diener hört!"

Der Satz: „Rede, HERR, dein Diener hört!", steht in der Erzählung vom Ruf, der an den jungen Samuel ergeht. Sie kann als Prototyp aller Berufungserfahrungen gelesen werden. Daher schlage ich vor, mit ihr zu beginnen und insbesondere bei dem zu verweilen, was sich ereignet, als Samuel auf die „Stimme" Gottes hört. Mit dieser ersten Erfahrung können wir dann auf die Suche nach anderen Personen aus dem Alten und Neuen Testament gehen, die ebenfalls die Erfahrung einer Berufung machen. Wir werden uns ein wenig Zeit nehmen müssen, um diese „alten Geschichten" zu lesen, damit sich in uns ein Raum öffnet, um sie aufzunehmen. Dabei werden wir auch über das nachdenken, was sich heute in uns ereignet, wenn wir diese Geschichten lesen. Am Ende dieses Kapitels gebe ich einige praktische Hinweise zur Erfahrung des Hörens.

Samuel und der Priester Eli

Die Berufung des Samuel (1 Sam 3,1–4,1) ist Teil seiner Kindheitsgeschichte, die sich am Anfang des ersten Buchs mit dem gleichen Namen findet. Erinnern wir uns kurz an die wesentlichen Momente dieser Geschichte, die auf einer Reihe von Gegensätzen oder Kontrasten zwischen den Figuren aufbaut, zunächst innerhalb der Familie Samuels und dann in der des Priesters Eli.

Hanna, eine der zwei Frauen Elkanas, ist unfruchtbar. Sie wird von ihrer Rivalin Peninna gedemütigt und ist zugleich diejenige, die Elkana bevorzugt. Wie jedes Jahr zieht sie mit ihm zum Tempel von Schilo hinauf; und sie macht dem HERRN mit leiser Stimme, aber in Gegenwart des Priesters Eli, ein Gelübde: Wenn Gott ihr einen Sohn schenkt, wird sie ihn Gott weihen. Zurück in Rama vereint sich ihr Mann mit ihr, und Hanna gebiert einen Jungen, den sie Samuel nennt, denn, so sagt sie: „Ich habe ihn vom HERRN erbeten." (1 Sam 1,20) Nachdem er entwöhnt ist, bringt sie ihn nach Schilo in das Haus Gottes, damit er dort dient. Sie stellt ihn dem Priester Eli vor und beginnt wie zum Zeitpunkt ihres Gelübdes zu beten, aber dieses Mal betet sie mit lauter Stimme: „Mein Herz ist voll Freude über den HERRN ... Die Unfruchtbare bekommt sieben Kinder, und die Kinderreiche welkt dahin. Der HERR macht tot und lebendig ... Der HERR macht arm und macht reich, er erniedrigt und er erhöht." (1 Sam 2,1.5–7). Das zentrale Motiv dieses Liedes, die Offenbarung der unvergleichlichen Heiligkeit und Macht Gottes, die menschliche Erfolgsaussichten umkehrt, ist uns seit dem ersten Buch der Bibel bekannt. Es findet hier einen besonders schönen Ausdruck und prägt noch viele weitere biblische Szenen, bis es seine Vollendung im Lied Mariens findet (vgl. Lk 1,46–55).

Von dem Priester Eli ist im ersten Kapitel bereits die Rede (1 Sam 1,9–18.25 f.). Im zweiten Teil der Erzählung dreht sich alles um ihn und seine zwei Söhne – „Taugenichtse", die ihren Tempeldienst dazu verwenden, Druck auf die Gläubigen auszuüben, um sich illegal zu bereichern und ein ausschweifendes Leben zu führen. Der Erzähler betont hier einen weiteren Kontrast: zwischen dem Knaben Samuel, der heranwächst und immer mehr an Gunst gewinnt, „beim HERRN und auch bei den Menschen" (1 Sam 2,26, vgl. 2,21),[8] und den Söhnen Elis. Diese „hörten nicht auf die Stimme ihres Vaters" (1 Sam 2,25), während Samuel bald auf ihn hören wird. Ein Gottesmann klagt den Priester an und kündigt ihm an, was passieren wird: „So spricht der HERR: … Warum ehrst du deine Söhne mehr als mich und warum mästet ihr euch mit dem Besten aller Gaben meines Volkes Israel? … in deinem Haus wird es keinen alten Mann mehr geben" (1 Sam 2,27.29.31). Ein dritter Kontrast zeichnet sich am Horizont ab: zwischen Eli und seinem „Rivalen", den die Leserin bereits im jungen Samuel erkennt.

Die Kindheitsgeschichte Samuels endet schließlich mit der Erzählung des Rufs, der an ihn ergeht – ein drittes Element, das die beiden Familiengeschichten von Elkana und Eli verbindet und uns den Schlüssel für das Verständnis der Kontraste liefert.

> Der junge Samuel versah den Dienst des HERRN unter der Aufsicht Elis. In jenen Tagen waren Worte des HERRN selten; Visionen waren nicht häufig. Eines Tages geschah es: Eli schlief auf seinem Platz; seine Augen waren schwach geworden und er konnte nicht mehr sehen. Die Lampe Gottes war noch nicht erloschen und Samuel schlief im Tempel des HERRN, wo die Lade Gottes stand.
> Da *rief* der HERR den Samuel und Samuel antwortete: Hier bin ich. Dann lief er zu Eli und sagte: Hier bin ich, du hast mich *gerufen.* Eli erwiderte: Ich habe dich nicht *gerufen.* Geh wieder schlafen! Da ging er und legte sich wieder schlafen. Der HERR *rief* Samuel ein weiteres Mal. Samuel stand auf und ging zu Eli und sagte: Hier bin ich, du hast mich *gerufen.* Eli erwiderte: Ich habe dich nicht *gerufen,* mein Sohn. Geh wieder schlafen!
> Samuel kannte den HERRN noch nicht und das Wort des HERRN war ihm noch nicht offenbart worden.

---

[8] Im französischen Text steht hier die Präposition *devant:* „vor dem HERRN und vor den Menschen". Dieses „vor" wird in der folgenden Auslegung von 1 Sam 3,1–4,1 eigens hervorgehoben und später auch bei anderen biblischen Gestalten wie Abraham, Mose, Elija betont.

Da *rief* der HERR den Samuel wieder, zum dritten Mal. Er stand auf und ging zu Eli und sagte: Hier bin ich, du hast mich *gerufen*. Da merkte Eli, dass der HERR den Knaben *gerufen* hatte. Eli sagte zu Samuel: Geh, leg dich schlafen! Wenn er dich *ruft*, dann antworte: Rede, HERR; denn dein Diener hört. Samuel ging und legte sich an seinem Platz nieder. Da kam der HERR, trat heran und *rief* wie die vorigen Male: Samuel, Samuel! Und Samuel antwortete: Rede, denn dein Diener hört. Der HERR sagte zu Samuel: Fürwahr, ich werde in Israel etwas tun, sodass jedem, der davon hört, beide Ohren gellen. An jenem Tag werde ich an Eli vom Anfang bis zum Ende alles verwirklichen, was ich seinem Haus angedroht habe. Ich habe ihm angekündigt, dass ich über sein Haus für immer das Urteil gesprochen habe wegen seiner Schuld; denn er wusste, wie seine Söhne Gott lästern, und gebot ihnen nicht Einhalt. Darum habe ich dem Haus Eli geschworen: Für die Schuld des Hauses Eli kann durch Opfer und durch Gaben in Ewigkeit keine Sühne erwirkt werden.

Samuel blieb bis zum Morgen liegen, dann öffnete er die Türen zum Haus des HERRN. Er fürchtete sich aber, Eli von der Vision zu berichten. Da *rief* Eli Samuel und sagte: Samuel, mein Sohn! Er antwortete: Hier bin ich. Eli fragte: Was war es, das er zu dir gesagt hat? Verheimliche mir nichts! Gott möge dir dies und das antun, wenn du mir auch nur eines von all den Worten verheimlichst, die er zu dir gesprochen hat. Da teilte ihm Samuel alle Worte mit und verheimlichte ihm nichts. Darauf sagte Eli: Es ist der HERR. Er tue, was ihm gefällt.

Samuel wuchs heran und der HERR war mit ihm und ließ keines von all seinen Worten zu Boden fallen. Ganz Israel von Dan bis Beerscheba erkannte, dass Samuel als Prophet des HERRN beglaubigt war. Auch weiterhin erschien der HERR in Schilo: Der HERR offenbarte sich Samuel in Schilo durch sein Wort. Das Wort Samuels erging an ganz Israel. (1 Sam 3,1–4,1)

Das Wort „rufen" skandiert diese kunstvoll komponierte Erzählung und gibt dem Ganzen des Handlungsverlaufs seine Bedeutung. Wir werden drei Aspekte hervorheben. Zunächst das „Ver-hören" im starken Sinne eines „schlecht Hörens", das das Hauptmotiv der Handlung ist. Dreimal verwechselt Samuel die Stimme des HERRN mit der Elis, und zwar mit dessen elterlicher Stimme: Zweimal bezeichnet dieser das Kind als „Sohn". Erst beim dritten Mal begreift der Priester plötzlich, dass es Gott ist, der das Kind ruft; und er gibt ihm die Worte, die ihm erlauben, dem HERRN zu antworten. Beide entkommen hier dem „Ver-hören". Es tut sich ein Unterschied auf zwischen der elterlichen Stimme und der Stimme Gottes, ohne dass Samuel darauf verzichtet, auf die seines „Vaters" zu hören. Im Gegenteil, am nächsten Tag antwortet er mit dem gleichen Eifer: „Hier bin ich." (1 Sam

Samuel und der Priester Eli

3,16), als Eli ihn wieder ruft. Nach und nach wird er mutig und tritt vor Eli, ohne ihm etwas von dem, was er gesehen und gehört hat, zu verbergen. Ja, es ist sogar Eli und seine Art, Samuel zu rufen, die diesem den endgültigen Übergang von der Furcht in die Freiheit erlaubt.

Der Erzähler hält diese Entwicklung fest. Er hatte schon betont, dass der Knabe Samuel *vor* dem HERRN heranwuchs (vgl. 1 Sam 2,21), und dass er zunahm an *Größe und Schönheit* vor dem HERRN und auch *vor den Menschen* (vgl. 1 Sam 2,26). In dieser letzten Episode nun – im Zentrum des „Ver-hörens" – hält er fest, dass Samuel den HERRN noch nicht kannte und dass das Wort des HERRN ihm noch nicht offenbart worden war (vgl. 1 Sam 3,7). Aber nach dem Bericht, dass Samuel endlich die Stimme Gottes gehört und Eli mitgeteilt hat, was er gehört hatte, fügt er hinzu: „Samuel wuchs heran und der HERR war *mit ihm* und *ließ keines von all seinen Worten zu Boden fallen.*" (1 Sam 3,19) Aus dem Kind, das hört, ist ein Mann geworden, der spricht. Und der Erzähler übersetzt dies folgendermaßen: „Ganz Israel ... erkannte, *dass Samuel als Prophet des HERRN beglaubigt war.*" (1 Sam 3,20)

In dieser erfolgreichen Einführung in die Erfahrung des Hörens auf Gott, die zu menschlicher Reife führt, spielt Eli offensichtlich eine entscheidende Rolle. Das ist ein zweiter Aspekt, den wir jetzt ausführen werden, indem wir uns für die Person des Priesters und die kollektiven und institutionellen Elemente der Erzählung interessieren. Durch die sorgfältige Inszenierung der Erzählung, wie wir sie in der langen Einleitung finden, wird der Kontrast zwischen Eli und Samuel deutlich. „In jenen Tagen waren Worte des HERRN selten; Visionen waren nicht häufig." (1 Sam 3,1) – eine Erinnerung an die Dekadenz des Hauses Elis, die der Gottesmann bereits angeprangert hatte (vgl. 1 Sam 2,27–36). Der Priester wird als sehr alt (vgl. 1 Sam 2,22) und blind (vgl. 1 Sam 3,2) beschrieben. Eli ist praktisch untätig und schläft auf seinem Platz. Von Samuel dagegen heißt es, dass er den Dienst des HERRN versieht, selbst wenn er gerade schläft – im Tempel des HERRN, wo die Lade Gottes steht. Die Lampe Gottes, die nur in der Nacht leuchtet, ist noch nicht erloschen! (Vgl. 1 Sam 3,1–3) Möglicherweise symbolisiert die Lampe das Volk Israel und seinen König sowie die Bedrohung, dass Gott sich zurückzieht (vgl. 2 Sam 21,17). Wie auch immer diese symbolische Dimension zu verstehen ist, die Rivalität zwischen Eli und Samuel ist in dieser Einführung bereits spürbar.

Gewiss wird der Priester zweimal angeklagt, im Orakel des Gottesmannes und im Wort des HERRN an Samuel: „Warum ehrst du deine Söhne mehr als mich ...?", fragt der Gottesmann (1 Sam 2,29). „[D]enn er wusste, wie seine Söhne Gott lästern, und gebot ihnen nicht Einhalt" (1 Sam 3,13), stellt das prophetische Wort fest. Aber die Erzählung zeigt gleichzeitig, dass

Eli in Bezug auf Samuel seine „elterliche" Rolle bis zum Ende ausübt: Er ist es, der den Ruf Gottes erkennt und das Kind lehrt, sich an Gott zu wenden. Er ist es auch, der Samuel ruft und ihn dazu bringt, die Wahrheit zu sagen. Er ist es schließlich, der bereit ist, aus dem Mund seines „Rivalen" das Wort zu hören, das ihn richtet: „Es ist der HERR. Er tue, was ihm gefällt." (1 Sam 3,18) Das Problem des Hauses Eli ist im Grunde das einer institutionellen Krise und der Infragestellung der Übertragung des Priestertums vom Vater auf den Sohn: Ein Übergang ist notwendig, der andere schmerzhafte Übergänge ankündigt, wie zum Beispiel den des Hauses Sauls zum Haus Davids, von dem im zweiten Buch Samuel die Rede ist. Gewiss ist menschliches Versagen die Ursache; aber es gibt doch eine geheime Kontinuität, wenn derjenige, der zurücktreten muss, dem „Rivalen" zu wachsen erlaubt.

Wenn wir wieder zum Anfang der Erzählung zurückkehren – was wir, nebenbei gesagt, erst tun können, wenn wir erwachsen und älter geworden sind — sehen wir, dass der von oben kommende Ruf und das Hören auf ihn schon von langer Hand vorbereitet sind: Im Buch des Propheten Jeremia hört dieser Gott sagen: „Noch ehe ich dich im Mutterleib formte, habe ich dich ausersehen, noch ehe du aus dem Mutterschoß hervorkamst, habe ich dich geheiligt, zum Propheten für die Völker habe ich dich bestimmt." (Jer 1,5; vgl. Jes 49,1) Sehen wir uns nun diesen dritten Aspekt der Erzählung genauer an, nämlich das, was Samuel darauf vorbereitet, den Ruf zu hören.

Wir könnten uns mit der Aussage begnügen, dass Samuel auf wunderbare Weise für das vorherbestimmt wurde, was er einmal sein wird. Die Menschlichkeit Hannas spielt aber eine wichtige Rolle bei der Berufung ihres Sohnes. Die von Elkana Bevorzugte lässt sich weder in ihre Unfruchtbarkeit noch in die Rivalität mit Peninna einschließen. Und sie wehrt sich dagegen, von Eli für eine „nichtsnutzige Frau" (1 Sam 1,16) gehalten zu werden – ähnlich den Söhnen des Eli, die der Erzähler als „nichtsnutzige Menschen" beschreibt, die sich nicht um den HERRN kümmerten (vgl. 1 Sam 2,12). Hanna betet, *indem sie still vor sich hin redet* (vgl. 1 Sam 1,13), sie schüttet Gott ihr Herz aus mit ihrem Kummer und ihrer Traurigkeit. Indem sie Gott um einen Sohn bittet, den sie dem HERRN zu überlassen bereit ist, offenbart sie den Ursprung der wahren Fruchtbarkeit. Von vornherein vertraut sie das Kind Samuel Eli an, der es seinerseits an Gott verweist. Obwohl diese von Eli übernommene Rolle des „Über-setzers" (*passeur*)[9] unerlässlich ist, hat Samuels Fähigkeit, dem HERRN zu dienen und auf ihn zu hören, einen anderen Ursprung; sie setzt *innere* Ressourcen voraus, die von weither kommen.

---

[9] Zur Übersetzung von *passeur* mit „Über-setzer" bzw. „Über-setzerin" vgl. Müller: Hoffnung des Übersetzens, 17–20.

Diese drei Aspekte: die Bewältigung eines „Ver-hörens", die Rolle eines „Über-setzers", einer „Über-setzerin" und die Veranlagung „vom Mutterleib an", sind die drei wesentlichen Elemente jeder Berufung. Bevor wir sie vertiefen und ergänzen, wollen wir zunächst auf die „Stimme" Gottes hören, die alle diese Elemente verbindet und vereint.

Eine „Stimme" hören und ihr gehorchen

Was passiert, wenn man wirklich die „Stimme" Gottes hört? Um dieses Ereignis zu verstehen, ist eine zweifache Unterscheidung notwendig: (1) Wir dürfen das, was ein Mensch sagt, nicht mit seiner Stimme verwechseln, und (2) nicht eines Menschen Stimme mit der „Stimme" Gottes. Nach dieser Klarstellung können wir uns (3) fragen, woran man erkennt, dass es sich in der Tat um die „Stimme" Gottes handelt. Das ist nicht einfach. Gehen wir Schritt für Schritt weiter.

1. Der erste Schritt besteht in der Erkenntnis, dass Gott sprechen zu hören und an ihn zu glauben, in der biblischen Tradition ein und dasselbe sind: *„Glauben" ist identisch mit „Hören" und „Hören" mit „Glauben"*. Niemand hat das besser verstanden als der Apostel Paulus, der in einem berühmten Satz den Akt des Glaubens auf das Hören (*akoē*) „zurückführt", das Hören auf die, die spricht, und diejenige, die spricht, auf den, der sie zum Sprechen autorisiert hat: „Wie sollen sie nun den anrufen, an den sie nicht glauben? Wie sollen sie an den glauben, von dem sie nichts gehört haben? Wie sollen sie hören, wenn niemand verkündigt? Wie soll aber jemand verkündigen, wenn er nicht gesandt ist?" (Röm 10,14 f.) – So gründet der Glaube im Hören.

Um Glauben und Hören so weit wie möglich einander zu nähern, spricht Paulus auch vom „Gehorsam (*hyp-akoē*) des Glaubens" (Röm 1,5; 16,26). Halten wir zunächst fest, dass dieser Begriff, dessen Etymologie (*akoē* = hören) wir vergessen haben, irreführend sein kann. Zu oft verwechseln wir Gehorsam und *Unterwerfung*. Der Gehorsam ist kein Akt der Unterordnung oder Unterwerfung. Ausgehend von der geheimnisvollen körperlichen *und* geistigen Fähigkeit eines jeden Menschen, aufzuhorchen und einer anderen zu glauben, nämlich einen Vertrauensvorschuss zu geben (gemäß der Herkunft von *credere* = glauben aus *credit* = Vorschuss), besteht der Gehorsam darin, dass man tatsächlich die andere hört, wie sie sich an uns wendet und dass man in Freiheit darauf antwortet. Dass dies nicht ohne tastende Versuche geschieht, haben wir schon in der Geschichte von Samuel und Eli gesehen. Unser erster Reflex besteht allerdings darin, uns für das zu interessieren, *was* wir von der anderen hören, und den Gehorsam des Glaubens als Zustimmung zum Inhalt der Botschaft zu begreifen, die uns durch ihre Vermittlung überliefert wird – und gehen dann am Wesentlichen vorbei. „Glauben" heißt nicht in erster Linie, „etwas" Spezifisches zu hören – und sei es der Inhalt des Glaubens – und ihm zuzustimmen. Ohne dies freilich auszuschließen, erkennt doch diejenige, die glaubt, zunächst „eine" andere in dem Augenblick, in dem sie sie hört. Kurzum, der „Gehorsam des Glaubens" beginnt mit einer menschlichen Erfahrung und schlichten Erkenntnis: Woran erkennen wir etwa, wenn das Telefon klingelt und wir den Hörer abnehmen, wer uns anruft? Doch sicherlich nicht erst an dem, was die Anruferin sagt, sondern an ihrer „Stimme". So hat der Glaube als Hauptorgan das Ohr, und umgekehrt ist das authentische Hören, das Paulus den Gehorsam *des* Glaubens nennt, ein Weg, um DENJENIGEN zu erkennen, den die Gläubige sprechen hört, und ihm einen Vertrauensvorschuss zu geben.

2. Der Glaube-der-hört – diese Schreibweise kann uns an die gerade beschriebene Einheit von Glauben und Hören erinnern – setzt *eine Person* voraus, *die spricht*. Um was aber geht es bei dieser Person und ihrer „Stimme"? Ein entscheidender Unterschied führt uns hier zum Kern des Problems, das wir behandeln wollen. Jemanden sprechen hören bedeutet notwendigerweise, einen anderen Menschen zu hören – eine Person zu hören, die sich neben mir befindet bzw. in einer Distanz, aus der sie mich mit ihrer Stimme zu erreichen vermag. Ihr Sprechen muss eine bestimmte Qualität haben, damit ich die Ohren spitze und mich in eine Glaubende verwandle. Es muss, sagen wir es so, einen Wert für mich als Menschen haben, wenn es mich in meinem tiefsten Inneren erreichen soll. Man kann an eine schwierige Situation denken, einen Trauerfall, einen Moment der Entmutigung oder einer wichtigen Entscheidung. Dann wird klar, welche Weise des Sprechens es ist, die uns in der Mitte dessen, was wir leben, anredet und sich in unseren Augen als glaubwürdig erweist. Aber die Erfahrung lehrt uns auch, dass wir, wenn wir eine Person so ansprechen, dass es sie in ihrem tiefsten Inneren erreicht, nicht genau wissen, wie es dazu gekommen ist. Und die andere spürt sehr gut, dass dieses Wort „von weit her kommt", dass es nicht unser Eigentum ist. Nicht selten ist schon die Weise, wie wir sprechen, wie ein Eingeständnis, dass wir das Gewicht eines solchen ganz und gar menschlichen Sprechens nicht allein tragen können – vor allem, weil wir nie an der Stelle der anderen sind und in dem Moment, in dem wir etwas sagen, nicht wissen, was sie hören kann, was gut für sie ist und was nicht. Diese Erfahrung verweist uns auf den, der uns zu sprechen autorisiert. Eine Glaubende zu werden heißt, in einem menschlichen Wort, das wir sprechen oder das eine andere spricht, die „Stimme" Gottes selbst zu hören und zu erkennen.

Unweigerlich tauchen Fragen zu dieser geheimnisvollen „Person" auf, die *auf diese Weise* „spricht". Wer ist dieser Gott, der „spricht", der einen Menschen ermächtigt, ein radikal menschliches Wort zu sagen, das vom Gewissen der anderen vernommen werden kann, und es zugleich nicht im eigenen Namen zu sagen? Versuchen wir, unsere Fragen zu formulieren. Oft nehmen wir an, dass Gott existiert, oder wir zweifeln daran. Doch auf dieser Ebene können wir nicht glauben, dass Gott spricht. Es ist gar nicht selten, dass ein zu unmittelbares oder gar fundamentalistisches Verständnis des Wortes *von* Gott Menschen daran hindert, an seine Existenz zu glauben. Die Debatte wird dann zu einer eher theoretischen Frage nach der Existenz oder Nicht-Existenz Gottes. Wenn nun die Schrift auch voraussetzt, dass jeder Mensch versteht, was das Wort „Gott" bedeutet, und dass wir alle für sein Geheimnis offen sind (vgl. Apg 17,22–31), so besteht sie doch zugleich auf der unauflöslichen Verbindung zwischen Gott und seinem Wort (vgl. Joh 1,1–2). Unser Gott ist ein Gott, der spricht, und weil er spricht, kann er schweigen und umgekehrt. Die Bibel bezeugt das von der ersten bis zur letzten Seite. Als Erstes müssen wir also einfach sagen, dass wir nur dann an die Existenz Gottes glauben können, wenn und insofern wir gehört haben, wie er sein Wort an uns richtet.

Damit stellt sich eine neue, radikalere Frage. Wie sind solche Aussagen: „Gott spricht!", oder „Ich höre seine Stimme!", zu verstehen? „Spricht er" *wie* ein Mensch? Kann ich „seine Stimme" hören, *wie* ich eine menschliche Stimme höre? An dieser Stelle ist es besser zuzugeben, dass wir nicht gut wissen, was die Begriffe „Wort *von* Gott" oder „Stimme *von* Gott" bedeuten, statt fortzufahren, sie gedankenlos zu benutzen.

3. Auch wenn wir nicht sofort sagen können, was das bedeutet: „Gott spricht oder lässt seine Stimme erklingen", so können wir doch aufzeigen, *wie* wir erkennen können, dass eine gehörte „Stimme" die „Stimme Gottes" ist.

In allen Berufungsgeschichten, die wir lesen werden, wie auch in der, die wir gerade untersucht haben, erscheint der „Name" dessen, der gerufen wird, an erster Stelle: „Samuel, Samuel" (1 Sam 3,10), „Abraham" (Gen 22,1), „Mose, Mose" (Ex 3,4), „Saul, Saul" (Apg 9,4; 22,7; 26,14) usw. Es sind die Eltern, die dem Kind einen Namen geben. Sie schreiben es damit in eine *Abstammungsreihe* ein und gleichzeitig erkennen sie seine *Einmaligkeit* an, die jedes Mal ins Spiel kommt, wenn man es mit diesem Namen ruft. Unser Name gibt uns eine soziale Existenz und zeigt zugleich, dass das Geheimnis einer jeden sich nicht darauf beschränken lässt. Einer Person einen Namen zu geben oder sie bei ihrem Namen zu rufen, bedeutet, sie in ihr Eigenes zu entlassen und zurückzutreten vor ihrer geheimnisvollen Singularität. Aber wir wissen auch, dass wir den Namen einer Person verwenden können, um

Macht über sie auszuüben. Ich erinnere mich noch, wie der Klassenlehrer – ich muss in der ersten Klasse der Oberstufe gewesen sein – die Schüler umsetzen wollte, um einen Konflikt zu beenden. Er traf auf massive Ablehnung und wandte sich dann an mich, wobei er vom üblichen „Sie" zum „Du" überging und mich bei meinem Vornamen rief. Überrascht und verwirrt, habe ich „gehorcht" — eine Demütigung, die mir plötzlich zu verstehen gab, welche Macht, gut oder schlecht, darin liegen kann, eine Person bei ihrem Namen zu rufen. Die Macht des Rufenden verdichtet sich auch im Klang seiner Stimme: Sie kann verführerisch sein, bedrohlich; sie kann den Gerufenen manipulieren — aber sie kann auch befreiend wirken.

Diese einfache Erfahrung macht deutlich, dass die Namensnennung die menschliche Gewohnheit, einen Namen für eine Person zu wählen oder sie mit ihrem Namen zu bezeichnen, unendlich weit übersteigt. Der Name ist das Element der Sprache, welches dem absolut einzigartigen Geheimnis unseres Lebens am nächsten ist. Vielleicht ist uns aufgefallen, dass Samuel bei den ersten drei Anrufen seinen Namen nicht hört: Dreimal berichtet der Erzähler, dass der HERR Samuel ruft, der „Hier bin ich" antwortet und sofort zu Eli läuft. Erst beim vierten Mal präzisiert die Erzählung: „Da kam der HERR, trat heran [damit wird betont, dass er sich in Hörweite befindet] und rief *wie die vorigen Male: Samuel, Samuel!*" (1 Sam 3,10) – Die ersten drei Male hat Samuel nicht gehört, dass er *bei seinem Namen* gerufen wurde. Eli hatte wahrscheinlich die Gewohnheit, das Kind seit seiner Ankunft im Tempel zu rufen, damit es ihm dienen solle. Samuel antwortet zuerst, wie er es gewohnt ist, um Eli zu dienen.

So etwas geschieht oft beim Hören: Wir hören die anderen, ohne ihnen wirklich zuzuhören. Bis zu dem Tag, an dem ein Wort – unser Name – uns einlädt, bei unserem eigenen Geheimnis zu sein, einem Geheimnis, das aus uns ein einmaliges Wesen macht und das uns zugleich unendlich weit übersteigt. Dann können wir wahrhaft sagen: „Hier bin *ich*." Diese Einladung ist das untrügliche Zeichen, das uns die „Stimme" Gottes erkennen lässt, oder um es anders auszudrücken: Das Evangelium (*eu-aggelion*), diese Neuigkeit (*-aggelion*) von einem radikalen Gutsein (*eu-*), ist absolut neu, jedes Mal, wenn eine Person es wirklich hört, weil sie bei ihrem Namen gerufen wird. Dieses Evangelium erklingt zum ersten Mal in der Schöpfungsgeschichte (vgl. Gen 1,1–2,3), die vom ersten Tag an das radikale Gutsein erkennen lässt: „Gott sah, dass das Licht *gut* war." (Gen 1,4) „Gott sah alles an, was er gemacht hatte: Und siehe, *es war sehr gut*." (Gen 1,31) Aber dieses Gutsein muss jeden Menschen erreichen. Das erfüllt sich in der Offenbarung des Johannes, wenn alle, die siegen, mit dem verborgenen Manna auch einen weißen Stein erhalten, „und auf dem Stein steht ein neuer Name geschrieben, den nur der kennt, der ihn empfängt." (Offb 2,17)

4. Wie kann man zu diesem stets überraschenden Hören gelangen? Das kann uns nur die Erzählung zeigen, denn nur sie kann tatsächlich von den entscheidenden Ereignissen unseres Lebens sprechen. So wie es in der Samuel-Erzählung geschieht.

Im Anschluss an die Genesis zeigt diese Geschichte sowohl die Zweideutigkeit, die jeder menschlichen „Zeugung" innewohnt, als auch den Sieg der göttlichen Güte über diese Ambivalenz. In den Beziehungen zwischen Elkana, Hanna und ihrem Kind, wie in der Beziehung zwischen Eli, seinen Söhnen und Samuel, geht es um ein „elterliches Abenteuer": eine Loslösung von ihrem Erstgeborenen im Fall von Hanna und Elkana – „Ich werde den Knaben ... hinaufbringen; dann soll er vor dem Angesicht des HERRN erscheinen ..." (1 Sam 1,22) –, ein unseliger Rollentausch in der priesterlichen Genealogie des Eli – „Warum ehrst du Deine Söhne mehr als mich ...?" (1 Sam 2,29) Und dennoch kommt es zu einer freudigen Überraschung. Dank Eli geschieht, was durch Hanna und Elkana möglich geworden ist: die Erfüllung des Wortes Gottes (vgl. 1 Sam 1,23). Der Übergang von einer Generation zur anderen beinhaltet immer ein „Ver-hören". Ein glückliches „Ver-hören", so müsste man hinzufügen, weil es Samuel – und jede von uns – dazu bringt, *in sich selbst* zu dem unersetzlichen Hören zu gelangen, das die eigene Einmaligkeit begründet. Das ist das unvorhersehbare und doch erwartete Ereignis, dessen Plausibilität sich allein in der Erzählung zeigt.

In den antiken Gesellschaften, gegründet auf der kontinuierlichen Abfolge der Generationen, führt dieses Ereignis des Anrufs eine befreiende Unterbrechung ein, welche diejenige, die ihn hört, in die Gegenwart Gottes und ihrer selbst stellt. In unseren Gesellschaften, die eifersüchtig auf die Einmaligkeit jedes Individuums bedacht und den Unterbrechungen und Neuzusammensetzungen der Generationen ausgesetzt sind, brauchen wir „Über-setzerinnen" und „Über-setzer" wie Eli, um zu diesem inneren Hören zu gelangen. Manchmal kann man solchen Frauen und Männern unvermutet begegnen; manchmal übernimmt eine Person aus einer seit langem bestehenden Beziehung diese Rolle. Durch ein Wort, dessen Gewicht ihr selber selten bewusst ist, führt sie die andere zu ihrer Existenz und gibt ihr einen Schlüssel, mit dem sie die Tür zu ihrem Innern öffnen kann, um dort vielleicht die Stimme Gottes zu hören und eine Antwort zu stammeln. Die Beziehung zwischen ihnen ist dann nicht mehr dieselbe wie vorher. Sie wird wechselseitig von einer erstaunlichen Freiheit sein, weil jede den Mut hat zu sagen, was wahr ist, und es aus dem Mund der anderen zu hören, auch einer Jüngeren. Diese Wahrheit ist schlicht und einfach die Erkenntnis Gottes (vgl. 1 Sam 2,12; 3,7) oder der Gehorsam: „Es ist der HERR. Er tue, was ihm gefällt." (1 Sam 3,18)

Erzählungen vom Rufen – Figuren des Hörens

Es mag überraschen, die Geschichte Samuels als Prototyp der „Berufungsgeschichten" zu präsentieren, denn es fehlt ein wesentliches Element: *die Sendung durch Gott*. Dieses Merkmal ist seit der Berufung Abrahams vorhanden, und es wird in den Figuren von Moses, Elija und den anderen Propheten betont und präzisiert, bevor es im Neuen Testament eine ganz besondere Form erhält. Diese Geschichten können daher unsere Analyse vervollständigen. Wir setzen unsere meditative Lektüre der biblischen Texte fort, immer mit der gleichen Suche: mehr und mehr in die Erfahrung des Hörens der „Stimme" Gottes einzutreten.

„Weil du auf meine Stimme gehört hast ..."

Abraham, den der Apostel Paulus den Vater aller Glaubenden (vgl. Röm 4,17) nennt, ist die allererste Figur des Hörens in der Bibel. Und die Figur Abrahams ist untrennbar verbunden mit der seiner Frau Sarah. Seit dem Beginn der Erzählung hört Abram den HERRN, der ihm befiehlt, sein Land zu verlassen, und er gehorcht ihm. Und während wir nicht an der Echtheit seines Hörens zweifeln können, weil ihm eine Entscheidung folgt, so ist es doch nicht schon von Anfang an da, wie Abrams Lebensgeschichte erzählt. Wir müssen bis zum Ende der Geschichte warten, die seine Prüfung und die Prüfung seines einzigen Sohnes erzählt, um zweimal den göttlichen Schrei zu hören: „Abraham, Abraham!", und Abrahams Antwort: „Hier bin ich." (vgl. Gen 22,1.11) Als ob er eine Reihe von Prüfungen und schließlich diese letzte Prüfung bestehen müsste, um zum wahren „Hören der Stimme Gottes" *und* zu einer radikalen Präsenz bei sich selbst zu gelangen. Das bedeutet ihm der Engel des Herrn (*angelos* = der Gesandte), der gewissermaßen den Platz der „Stimme" einnimmt. Er bestätigt Abraham die bereits gehörte Verheißung: „... weil *du auf meine Stimme gehört hast.*" (Gen 22,18)

Es stimmt: „Von Anfang an" hat Abram eine Verheißung gehört: „Der HERR sprach zu Abram: Geh fort aus deinem Land, aus deiner Verwandtschaft und aus deinem Vaterhaus in das Land, das ich dir zeigen werde!" (Gen 12,1) – Diese Sendung steht für eine neue Dimension in einer Grundregel, die mit der Erschaffung von Mann und Frau gegeben wurde: Vater und Mutter zu *verlassen, um* sich an die Frau zu binden (vgl. Gen 2,24). Mit diesem „um" ist eine Sendung verbunden, die hier die Verheißung eines Landes ist: „Ich werde dich zu einem großen Volk machen, dich segnen ... *Ein Segen sollst du sein.*" (Gen 12,2) Die Sendung besteht darin, die Offenbarung der göttlichen Güte zu sein. Sie wird erst erfüllt, wenn die anderen, wenn sogar alle Geschlechter der Erde ihrerseits den „Gesegneten Gottes" segnen: „Ich werde segnen, die dich segnen; wer dich verwünscht, den will ich verfluchen. Durch dich sollen alle Sippen der Erde Segen erlangen." (Gen 12,3) Frei sollen all die sein, denen Abram begegnen wird; aber auch und zuerst ergeht der Ruf an Abram, für die anderen wirklich ein Segen zu sein. Was es bedeutet, „Segen zu sein", was das gelobte Land ist, das Gott ihm zeigen wird, und was er verlassen muss, um es zu finden: All das weiß Abram nicht, als er sich sofort auf den Weg macht – „wie der HERR ihm gesagt hatte" (Gen 12,4). Er wird es im Laufe der Jahre entdecken. Und da die Erfüllung der Verheißung, Vater eines großen Volkes zu werden, an eine Nachkommenschaft gebunden ist, wird er mit Sarai die Prüfung der Unfruchtbarkeit kennenlernen, bevor das Lachen der Fruchtbarkeit kommt und die Erfahrung von Vater- und Mutterschaft. Gott wird ihnen auch neue Namen geben: Sie werden Abraham und Sara heißen. „Zwischen" dem Land, das sie verlassen haben, und jenem Land, das Gott ihnen zeigen wird, werden sie ihr Zelt öffnen (vgl. Gen 18,1–15) und lernen müssen, wirklich zu hören – bis schließlich für Abraham die letzte Prüfung kommt, das sogenannte „Opfer seines Sohnes Isaak".

In ihrer extremen Radikalität erinnert diese Prüfung gleichwohl an die Berufung Samuels. Wie Samuel hört auch Abraham zum ersten Mal, wie Gott ihn bei seinem Namen ruft und ihn auffordert, da zu sein: da zu sein bei ihm, Gott, und da zu sein bei sich selbst, Abraham. In dieser Prüfung, in der es um die Beziehung zwischen dem Vater und seinem Sohn geht, ist Abraham Eli vergleichbar. Als er und Isaak sich *miteinander* auf den Weg machen, sagt der Sohn zu Abraham: „Mein Vater!", und Abraham antwortet: „Hier bin ich, mein Sohn!" Gegenseitige Anerkennung ihrer Differenz und Präsenz des einen beim anderen, die dem Vater erlaubt, auf die Frage des Sohnes: „Wo ist das Lamm für das Brandopfer?", zu antworten: „*Gott wird sich das Lamm für das Brandopfer ausersehen, mein Sohn. Und beide gingen miteinander weiter.*" (Gen 22,6–8)

Seinen Sohn nicht zu schonen, ihn Gott nicht vorzuziehen (vgl. Gen 22,12.16) und nicht seinen Sohn mehr als den Herrn zu ehren, wie es Eli getan hat (vgl. 1 Sam 2,29), ist für den möglich, der *im Ton* der „Stimme" Gottes einen Segen gehört hat. Die Güte *sieht vor* — was auch immer geschieht. Wird der „Vater aller Glaubenden" durch seine eigene Stimme hören lassen, was „Gott vorsehen wird …", für seinen Sohn und für die Leserin? Dem einen wie der anderen wird kein anderes Zeichen gegeben als der *Hinweis auf einen Berg*, zu dem wir, die Lesenden, ebenfalls hingehen können, wenn wir unser eigenes Land verlassen: „Abraham gab jenem Ort den Namen Der HERR sieht, wie man noch *heute* sagt: Auf dem Berg lässt sich der HERR sehen." (Gen 22,14)

Mose, Elija und andere Berufungserzählungen

Andere Texte können uns noch mehr für das Hören der „Stimme" Gottes öffnen.

1. Wie der Anfang des Buches Samuel, so bietet uns auch das Buch *Exodus* eine Kindheitsgeschichte, die mit einer Berufungserfahrung endet: die Berufung des Mose und seine Sendung (vgl. Ex 2,23–4,17). Wir entdecken jetzt leicht die wichtigsten Merkmale eines solchen Ereignisses: ein Weg, der zum Gottesberg führt (vgl. Ex 3,1), der Ruf mit seinem Namen „Mose, Mose!", und die Antwort „Hier bin ich." (Ex 3,4) Der Kontext unterscheidet sich jedoch wesentlich von den bisher untersuchten Erzählungen. Alles beginnt mit etwas Ungewöhnlichem, das die alltäglichen Mühen des Mose unterbricht: „Er schaute hin: Der Dornbusch brannte im Feuer, aber der Dornbusch wurde nicht verzehrt." (Ex 3,2) Und er ist irritiert. Ein Sehen geht der Erfahrung des Hörens voraus. Zusammen mit der Stimme, die sich als „Ich bin der Gott deines Vaters, der Gott Abrahams …" präsentiert, führt das seltsame Symbol der paradoxen Gegenwart Gottes Mose zu Gesten des Respekts angesichts dieser absoluten Alterität. Nachdem er seine Schuhe ausziehen musste, verbirgt er sein Gesicht, weil er sich fürchtet, Gott zu sehen (vgl. Ex 3,5 f.).

Gott aber hat die Klage und das Schreien der Kinder Israels aus den Tiefen ihres Sklavendaseins *gehört* (vgl. Ex 2,24): „Gott blickte auf die Israeliten. Gott hatte es wahrgenommen." (Ex 2,25) Mose dagegen hat die Sklavenarbeit seiner Geschwister *gesehen*. Nachdem er sie auf eigene Faust durch Gewalt hat befreien wollen, muss er fliehen (vgl. Ex 2,11–15). Hat er wirklich *seine Geschwister gehört?* Jetzt sieht und hört Gott, er bekräftigt die Verheißung, die er den Erzeltern gemacht hat, und beauftragt Mose, die Kinder Israels aus Ägypten herauszuführen (vgl. Ex 3,7–9).

Dann beginnt eine Diskussion zwischen Mose und Gott, die auch in uns, den Leserinnen dieses Textes, stattfinden könnte. Sie betrifft die Identität oder den „Namen" *dessen, der sendet*, die Fähigkeit *derer, zu denen der Gerufene gesandt wird*, zu glauben und seine Stimme zu hören, und schließlich die *Fähigkeiten* des Gesandten selbst: „Herr, ich bin keiner, der gut reden kann … Mein Mund und meine Zunge sind nämlich schwerfällig." (Ex 4,10) Jedes Mal mischt sich Gott in die Gedanken seines zögernden Gesprächspartners ein und führt ihn weiter. Zunächst stellt er sich selbst vor: „Ich bin, der ich sein werde." Er sagt: „So sollst du zu den Israeliten sagen: Der Ich-bin hat mich zu euch gesandt." (Ex 3,14) Was für eine Vorstellung! Indem er sich eigentlich entzieht, stellt Gott sich in seiner absoluten Singularität vor, die jegliche Inbesitznahme verbietet. Mehr noch, er fordert diejenigen, an die er sich wendet, auf, der Zukunft zu vertrauen, die er ihnen verspricht! Er gibt Mose etwas, damit er sich legitimieren kann vor dem Volk, das begierig auf Zeichen ist, und beruhigt ihn hinsichtlich seiner Fähigkeiten: „Wer hat dem Menschen den Mund gegeben und wer macht taub oder stumm, sehend oder blind? Doch wohl ich, der HERR! Geh also! Ich bin mit deinem Mund und weise dich an, was du reden sollst." (Ex 4,11 f.) Angesichts des Drängens von Mose beginnt er, sich zu ärgern, und appelliert an seinen praktischen Verstand:

> Hast du nicht noch einen Bruder, den Leviten Aaron? Ich weiß, er kann reden; außerdem bricht er gerade auf und wird dir begegnen. Wenn er dich sieht, wird er sich von Herzen freuen. Sprich mit ihm, und leg ihm die Worte in den Mund! Ich aber werde mit deinem und seinem Mund sein, ich werde euch anweisen, was ihr tun sollt ... (Ex 4,14 f.)

Die Leserin dieses Textes kann *ihr eigenes Hören* hinterfragen: Wie ist es um ihre Fähigkeit bestellt, sich von etwas Ungewöhnlichem überraschen zu lassen, das ihr tägliches Leben umkrempelt und ihr erlaubt, den zu *hören*, der sie bei ihrem Namen ruft? Sie kann auch einen Schritt weiter gehen und fragen, ob sie *diejenigen hört*, die um sie herum in der Knechtschaft stöhnen, und vor allem, ob sie *Gott hört, der ihr Elend sieht und hört*: in ihnen, die „ihre Geschwister" sind (vgl. Ex 2,11). Wenn sie den Text so liest, tritt sie zwangsläufig in eine innere Diskussion ein, in der sich alle Arten von ängstlichen Rückfragen melden: Welches Gewicht hat, was ich innerlich höre? Warum soll ich mich für diese oder jene Menschen interessieren, wenn nicht einmal sicher ist, ob sie aus ihrem Elend herauskommen wollen? Und bin ich überhaupt in der Lage, die großzügige Intuition des Augenblicks bis zum Ende auszuhalten? Die innere Debatte ist notwendig. Es gilt allerdings zu erkennen, dass sie bereits begonnen hat, und die Widerstände zu identifizieren, die wir unseren tiefsten und vielversprechendsten „Intuitionen" entgegensetzen.

2. Um zu vertiefen, *wie es um das Gewicht dessen bestellt ist, was wir innerlich hören*, können wir von Mose zu Elija übergehen, und zwar auch mit dem Neuen Testament (vgl. Mk 9,4 par.). In einem bitteren Kampf gegen die Propheten des Baal, den das Königshaus als Gott der Fruchtbarkeit und des Wachstums protegiert, hat Elija sein Amt bereits erfolgreich ausgeübt. Zudem hat er schon die Gastfreundschaft der Witwe von Sarepta genossen, die es ihm ermöglichte, die Hungersnot zu überleben. (Vgl. 1 Kön 17; 18) Weil er von Isebel, der Frau des Königs Ahab, verfolgt wird, geht er in die Wüste und liefert sich den Kräften des Todes aus: „Nun ist es genug, HERR. Nimm mein Leben; denn ich bin nicht besser als meine Väter." (1 Kön 19,4)

Zweimal von einem Engel geweckt, mit Brot ernährt und mit Wasser erfrischt, schafft er es, vierzig Tage und vierzig Nächte zu gehen und wie einst Mose und die Kinder Israels zum Berg Gottes zu gehen. Einige bereits in früheren Geschichten identifizierte Motive finden sich auch hier: der Weg zum Berg, der Austausch mit Gott, die Sendung. Die Höhle auf dem Berg Horeb, wo er die Nacht verbringt, erinnert an den Felsspalt, in dem Mose seine Gotteserfahrung gemacht hat, nachdem er das vom Volk verehrte goldene Kalb zerstört hatte (vgl. Ex 33,21–23).

Diese Wiederholungen lassen uns verstehen, dass wir immer den Spuren derer folgen, die uns vorausgegangen sind, vor allem, wenn es um solch grundlegende innere Erfahrungen wie das Hören der Stimme Gottes geht. Gleichzeitig lassen uns die Wiederholungen entdecken, dass jede Erfahrung neu ist: Wenn Elija sozusagen auf alten Wegen geht, scheint er zu wissen, warum er das tut. Das scheint auch der HERR nahe zu legen, wenn er ihn ruft und fragt, wo er ist: „Warum bist du *hier*, Elija?" (1 Kön 19,9) – Elija antwortet mit seiner eigenen Geschichte und seiner Sorge, dass mit ihm auch der Glaube an Gott in Israel verschwindet. Er wird dann aufgefordert, „herauszukommen" und sich „auf den Berg vor den HERRN" zu stellen (vgl. 1 Kön 19,11): wie Abraham und Mose. Inmitten der Krise, die er durchmacht, wird er aufgerufen, sich ungeschützt Gott auszusetzen und verwundbar zu werden für das, was kommt. Er macht jedoch eine andere Erfahrung als Mose; eine Erfahrung, die jene des großen Gesetzgebers, seines Vorgängers, „korrigiert" bzw. verlagert:

> Da zog der HERR vorüber: Ein starker, heftiger Sturm, der die Berge zerriss und die Felsen zerbrach, ging dem HERRN voraus. Doch der HERR war nicht im Sturm. Nach dem Sturm kam ein Erdbeben. Doch der HERR war nicht im Erdbeben. Nach dem Beben kam ein Feuer. Doch der HERR war nicht im Feuer. Nach dem Feuer kam *ein sanftes, leises Säuseln. Als Elija es hörte* [wie Mose], hüllte er sein Gesicht in den Mantel, trat hinaus und stellte sich an den Eingang der Höhle. (1 Kön 19,11–13)

Er hört nun zum zweiten Mal die Frage Gottes an ihn, und jetzt ist die „Stimme" wie ein „sanftes, leises Säuseln". Gott fordert Elija auf, zum Ausgangspunkt seines Weges zurückzukehren mit der Sendung, einen neuen König für Aram und einen anderen für Israel zu salben, und mit dem Versprechen, einen Schüler, Elischa, salben zu können, der seinen Platz einnehmen wird. Der Prophet muss also seinen Kampf fortsetzen. Nach außen hin scheint sich nichts geändert zu haben, und doch ist alles neu, weil er von der *gehörten Stimme* getragen wird, die seiner „Leidenschaft … für den HERRN" jetzt gewissermaßen innewohnt (1 Kön 19,14, vgl. 19,10). Wir

Erzählungen vom Rufen – Figuren des Hörens

haben uns gefragt, was diese Stimme eigentlich ausmacht. Geben wir zu, dass sie sich auf ein Fast-Nichts reduziert! Aber ihre Wirkung ist umso größer: Elija, der bereits an der Schwelle des Todes gestanden hat, versieht weiterhin seinen Dienst, jetzt sicherlich auf eine ganz andere Art.

3. Wer andere prophetische Berufungserzählungen entdecken und sich so im Hören üben möchte, kann noch drei kurze Abschnitte aus Jesaja, Ezechiel und Jeremia studieren.

Beginnen wir mit der Geschichte von der Berufung des Propheten Jesaja im sechsten Kapitel des gleichnamigen Buches. Wie bei Samuel findet auch diese im Tempel statt, aber hier ist das Heiligtum der Ort einer faszinierenden und erschreckenden Offenbarung Gottes. Wieder spielt – damaligen Vorstellungen entsprechend – das Element der Vision, das der Vorstellungskraft der Zeit entspricht, eine wichtige Rolle. Diese Vision inszeniert einen unerträglichen Kontrast zwischen der Heiligkeit Gottes und der Erfahrung, verloren zu sein oder sich selbst als geteilt zu empfinden, in Solidarität mit einem ganzen Volk: „Weh mir, denn ich bin verloren. Denn *ein Mann unreiner Lippen* bin ich und mitten in einem *Volk unreiner Lippen* wohne ich, denn den König, den HERRN der Heerscharen, haben meine Augen gesehen." (Jes 6,5) Dann folgt die Reinigung des Mundes, das Zeichen dafür, dass wir zu einem wahren Sprechen fähig sind, sowie die Öffnung des Ohrs zum Hören; beides gehört immer zusammen: „Danach hörte ich die *Stimme* des Herrn, der sagte: Wen soll ich senden? Wer wird für uns gehen? Ich sagte: Hier bin ich, sende mich!" (Jes 6,8) – Wir erkennen Dialogelemente, die wir bereits weiter oben gefunden haben. Aber hier honoriert die „Stimme", die sich in Form einer Frage an den Propheten richtet, seine Freiheit – die Freiheit eines Menschen, dessen Ohr und Mund geöffnet wurden – und der nun in aller Freiheit sagen kann, ob er zu denen geschickt werden will, mit denen er solidarisch ist. Es gibt kein Zögern mehr, ob er *fähig* sein wird, *bis ans Ende seines großherzigen Wunsches zu gehen.* Allerdings gibt es auch keine Illusion mehr in Bezug auf den *Widerstand derer, zu denen er geschickt wird.*

Die Berufungserzählung des Propheten Ezechiel (Ez 1–3) ist ausführlicher als die des Jesaja, besitzt aber dieselben Elemente. Eine Vision des himmlischen Thrones eröffnet die Erzählung. Nur ein Widerschein der Herrlichkeit Gottes wird dank der Öffnung des Himmels sichtbar. Dann kommt die Erfahrung des Hörens – und noch bevor die Botschaft übermittelt wird, zählt der Text die Bedingungen ihres Hörens auf. Die Stimme kann nur gehört werden, weil der Geist den Propheten aufrecht stehen lässt vor Gott und ihm das Ohr öffnet: „Da hörte ich die Stimme eines Redenden. Er sagte zu mir: Menschensohn, stell dich auf deine Füße; ich will mit dir reden. Da kam der Geist in mich, als er zu mir redete, und er stellte mich auf meine Füße. Und ich hörte den, der mit mir redete." (Ez 1,28–2,2) Die Botschaft nimmt erneut den Widerstand der Kinder Israels vorweg, „die von mir abtrünnig wurden", sagt die Stimme. „Sie und ihre Väter sind von mir abgefallen, bis zum heutigen Tag. Es sind Söhne mit trotzigem Gesicht und hartem Herzen." (Ez 2,3 f.) Zugleich wird ihre Freiheit – „Mögen sie hören oder es lassen" (Ez 2,5) – mehr hervorgehoben als bei Jesaja. Und wenn dieser von einer Reinigung des Mundes profitiert hat, um sprechen zu können, so ist Ezechiel eingeladen: „Öffne deinen Mund und iss, was ich dir gebe!" – eine Buchrolle, auf die „die Klagen, Seufzer und Wehrufe" geschrieben sind (vgl. Ez 2,8–3,2). Es ist, als ob er die Situation derer, zu denen er gesandt ist, in sich selbst erleiden müsste.

Der letzte Abschnitt, den wir der Leserin vorschlagen, ist die Geschichte von der Berufung des Jeremia (vgl. Jer 1,4–19). Hier ist das „biographische" Element besonders wichtig, ebenso wie das Engagement des Propheten in seinem Amt. Die Heilige Schrift verlegt den „Moment" seiner Berufung vor, und zwar in die Zeit vor seiner Empfängnis und Geburt (vgl. Jes 1,4 f.).[10] Wie Mose tritt auch der Prophet in einer Art von innerer Diskussion ein: zwischen dem, was er bereits als Teil seiner Existenz erlebt, und dem Widerstand des gesunden Menschenverstandes: „Da sagte ich: Ach, Herr und GOTT, ich kann doch nicht reden, ich bin ja noch so jung." (Jer 1,6) Doch Gott lässt sich nicht beeindrucken und fordert einfach Gehorsam: „Fürchte dich nicht vor ihnen; denn ich bin mit dir, um dich zu retten ..." (Jer 1,8) Später bekennt Jeremia: „Du hast mich betört, o HERR, und ich ließ mich betören; du hast mich gepackt und überwältigt." (Jer 20,7) Noch einmal ist der Mund des Propheten betroffen (vgl. Jes 6,6 f.); der Herr legt ihm seine Worte in den Mund und überträgt ihm seine eigene Autorität „über Völker und Reiche; du sollst ausreißen und niederreißen, vernichten und zerstören, aufbauen und einpflanzen" (Jer 1,10; vgl. 31,28), was dann in einer Reihe von symbolischen Visionen konkretisiert wird.

4. Nach diesen letzten Erzählungen vom Rufen bleibt vor allem der dramatische Charakter der Erfahrung des Hörens, die diejenigen, die sie machen, körperlich in Mitleidenschaft zieht. Obwohl der Prophet in aller Freiheit zustimmt, kann er nicht leugnen, dass ihm Unvorhersehbares widerfahren ist. Ich ging dahin, „bitter in der Zornglut meines Geistes, und die Hand des HERRN lag schwer auf mir", gesteht Ezechiel (Ez 3,14; vgl. Jes 8,11; Jer 15,17). Er berichtet, dass er nach seiner Berufung sieben Tage saß, „verstört", mitten unter den Verschleppten (vgl. Ez 3,15). Daniel, dem wir noch nicht begegnet sind, berichtet: „[I]ch wurde totenbleich und konnte

---

[10] Diese Stelle wurde oben bei der Betrachtung der Berufungserzählung des Samuel bereits zitiert; und das Motiv wird uns im nächsten Abschnitt bei Paulus wiederbegegnen.

mich nicht mehr aufrecht halten. Ich hörte den Schall seiner Worte [eines Mannes in Leinen gekleidet]; *beim Schall seiner Worte* fiel ich betäubt zu Boden ..." (Dan 10,8-9). Als ob der Gegensatz zwischen der göttlichen Stimme und dem Aufstand der Kinder Israels für den Propheten unerträglich geworden ist und in ihm ein „ewiges" Leiden und eine „bösartige" Wunde (vgl. Jer 15,18) hervorgerufen hat.

Paulus, Apostel Jesu Christi

Jeremia führt uns zum neuen Bund (vgl. Jer 31,27-34) und lässt uns sehen, wie sehr der Apostel Paulus seine eigene Berufung nach dem Muster der prophetischen Berufungen versteht. In seinem Brief an die Galater erzählt er, was mit ihm passiert ist, kurz, aber mit starken Worten. Paulus will den beunruhigten und bedrohten Gemeinden zeigen, dass das Evangelium nicht von Menschen ist und dass es ihm nicht durch einen Menschen übermittelt worden ist, sondern „durch eine Offenbarung Jesu Christi" (Gal 1,12). Kann man einer solchen Behauptung mehr Gewicht geben, als dadurch, dass man die eigene Existenz ins Spiel bringt?

> Ihr habt doch von meinem früheren Lebenswandel im Judentum gehört und wisst, wie maßlos ich die Kirche Gottes verfolgte und zu vernichten suchte. Im Judentum machte ich größere Fortschritte als die meisten Altersgenossen in meinem Volk und mit dem größten Eifer setzte ich mich für die Überlieferungen meiner Väter ein. Als es aber Gott gefiel, der mich schon im Mutterleib auserwählt und durch seine Gnade berufen hat, in mir seinen Sohn zu offenbaren, damit ich ihn unter den Völkern verkünde, da zog ich nicht Fleisch und Blut zu Rate; ich ging auch nicht sogleich nach Jerusalem hinauf zu denen, die vor mir Apostel waren, sondern zog nach Arabien ... (Gal 1,13-17)

Paulus berichtet hier von einem plötzlichen und radikalen Wandel, der seine Geschichte in zwei Abschnitte teilt; er schreibt den Einschnitt direkt Gott zu. Und dennoch ist es derselbe Mann, der „vorher" und „nachher" lebt, weil er jetzt – wie auch Jeremia – erkennt, dass Gott ihn schon im Mutterleib auserwählt hat, als ob er gleichzeitig die tiefe Kohärenz der Berufung mit dem entdeckt, was er in geheimnisvoller Weise immer schon gewesen ist. Erkennt er nicht mehrfach an, dass sein Übereifer der eines selbstgerechten Menschen ist (vgl. Phil 3,6)? Und dass er nicht verschwindet, weil er von Christus „ergriffen" wurde, sondern sich verwandelt (vgl. Phil 3,12-14; 1 Kor 15,9 f.)?

Was genau ist das nun für ein Ereignis, das da stattgefunden hat? Zweifellos ist es ein vielschichtiger Vorgang, über den der Apostel wenig spricht. Er bezieht sich eindeutig auf ein „Offenbarungs-Ereignis", bedingungslos und innerlich, ohne es genauer zu beschreiben: In ihm offenbart Gott selbst seinen Sohn, damit er ihn unter den Heiden verkündet (vgl. Gal 1,15 f.). Ist er Christus begegnet? Ja, „im Innern", könnte man sagen, denn bei der Verfolgung der Kirche Gottes ist Paulus mit dem Anspruch der Christen konfrontiert worden, von dem gekreuzigten Messias her zu leben. Aber nur der Ruf kann sein inneres Drama lösen und ihn mit seiner Bestimmung in Einklang bringen. Die Gnade, die vom Sohn Gottes kommt, rettet ihn aus seinem eigenen tödlichen Eifer und verwandelt ihn in einen freien Apostel im Dienst des Evangeliums der Gnade, die für jeden Menschen da ist. Die ganze spätere Missionserfahrung des Paulus, darunter auch seine spätere theologische Reflexion, ist wie ein „Rückfluss" auf diesen entscheidenden Moment seiner „Berufung", die schon seit Beginn seiner Existenz vorbereitet ist und im Nachhinein bereichert wird. Alles geht für den Apostel auf dieses Ereignis zurück, das er in seinem Brief an die Philipper im Begriff der „inneren Erkenntnis Jesu Christi" zusammenfasst (vgl. Phil 3,7–11).

Die drei Erzählungen von der Berufung des Paulus in der Apostelgeschichte des Lukas reichern dieses Ereignis auf eine ganz eigene Weise an. Die Leserin kann sie meditieren und kosten. Sie findet in ihnen zahlreiche, schon in den Erzählungen des Ersten Testaments identifizierte Elemente, vor allem die göttliche Stimme, die den Verfolger bei seinem Namen ruft: „Saul, Saul", und die Frage: „Wer bist du, Herr?", mit der dieser versucht, die Stimme zu identifizieren (Apg 9,4 f.; 22,7 f.; 26,14 f.). Dann jedoch möge die Leserin zu den Paulusbriefen zurückkehren, um die Nüchternheit zu bewundern, die deren Erzählung charakterisiert – eine Nüchternheit, die so deutlich den Stempel menschlicher Wahrheit trägt.

Diese nüchterne menschliche Wahrheit zeigt sich noch deutlicher, wenn der Apostel in die Geschichte vor seiner eigenen Existenz zurückgeht, über Jeremia bis zu Abraham, dem „Vater aller, die … glauben" (Röm 4,11). Paulus hat uns gelehrt, dass der Glaube und das gehorsame Hören ein und dasselbe sind (vgl. Röm 1,5; 16,26). Als er diesen Glauben bei Abraham wiederfindet, ist er freudig überrascht, dass der Glaube dem Zeichen der Beschneidung und der Gesetzgebung durch Mose vorausgeht. Der Patriarch ist also der Vater aller: Vater der unbeschnittenen wie der beschnittenen Gläubigen (Röm 4,10–12). Er steht diesseits der Trennung zwischen Juden und Heiden, er ist die Figur einer universellen, einfachhin „menschlichen" Berufung, könnte man mit dem II. Vatikanischen Konzil sagen. Das geht auch aus einer unergründlichen Formel hervor, auf die wir im nächsten

Kapitel zurückkommen werden: „Er ist unser aller Vater ... – im Angesicht des Gottes, dem er geglaubt hat, des Gottes, der die Toten lebendig macht und das, was nicht ist, ins Dasein ruft." (Röm 4,17) Allerdings ist diese von Paulus gefeierte Universalität nicht abstrakt. Sie verweist auf das Drama der Trennung zwischen dem jüdischen Volk und den anderen Völkern. Der von Paulus empfangene Ruf, den Heiden das Evangelium zu verkünden (vgl. Gal 1,16), führt den Apostel nicht dazu, sich von seinem eigenen Volk zu distanzieren. Im Gegenteil, die Offenbarung Christi in ihm lässt ihn von dieser Verbindung in einer neuen Art und Weise sprechen, mit dem Akzent eines Jeremia:

> Ich sage in Christus die Wahrheit und lüge nicht und mein Gewissen bezeugt es mir im Heiligen Geist: Ich bin voll Trauer, unablässig leidet mein Herz. Ja, ich wünschte selbst verflucht zu sein, von Christus getrennt, um meiner Brüder willen, die der Abstammung nach mit mir verbunden sind. Sie sind Israeliten; ihnen gehören die Sohnschaft, die Herrlichkeit und die Bundesschlüsse; ihnen ist das Gesetz gegeben, der Gottesdienst und die Verheißungen; ihnen gehören die Väter und ihnen entstammt der Christus dem Fleische nach. Gott, der über allem ist, er sei gepriesen in Ewigkeit. Amen. (Röm 9,1–5)

Jesus und seine Jüngerinnen und Jünger

Wer ist nun dieser Christus oder Messias, der Paulus als Apostel einsetzt und sich ihm und in ihm offenbart? Gewiss stammt er dem Fleisch nach aus dem Volk Israel. Doch Paulus will ihn nicht mehr *nach dem Fleisch* kennen (vgl. 2 Kor 5,16), da er ja zugelassen hat, mit ihm in seiner Passion und seiner Auferstehung gleichförmig zu werden, welche für ihr Teil hinreichen, die messianische Existenz Jesu zusammenzufassen. Die Evangelien gehen einen Schritt zurück, wenn sie sich für den Weg Jesu Christi im Fleisch interessieren. Manche gehen sogar bis zu seiner Herkunft zurück. Matthäus und Lukas liefern uns jeweils eine Kindheitsgeschichte. Lukas erzählt die Anfänge des Lebens Jesu, indem er im Hintergrund die Geschichte von Samuel aufscheinen lässt, den wir also ganz unerwartet am Ende unseres biblischen Parcours wiederfinden. Auch wenn Lukas der einzige ist, der den Blick auf die Entstehungsgeschichte der „Berufung" Jesu richtet, so zeigen doch alle vier Evangelisten, wie der Nazarener seinerseits Jüngerinnen und Jünger in seine Nachfolge beruft; und wir werden in ihren Erzählungen wieder den Figuren von Elija und Elischa begegnen. Lesen wir jedoch zunächst die

Kindheitsgeschichte des Lukas, indem wir auf die Anklänge mit der Geschichte Samuels achten.

1. Eine erste Beobachtung beginnt mit dem Satz: „Das Kind wuchs heran und wurde stark, erfüllt mit Weisheit und Gottes Gnade (*charis*) ruhte auf ihm." (Lk 2,40) Dieses Wort geht seiner ersten Wallfahrt zum Tempel von Jerusalem voraus und taucht nach dieser Episode in verstärkter Form wieder auf: „Jesus aber wuchs heran und seine Weisheit nahm zu und er fand Gefallen (*charis*) bei Gott und den Menschen." (Lk 2,52; vgl. 1 Sam 2,26) Von dem jungen Johannes dem Täufer war bereits mit einer ähnlichen Formulierung die Rede – „Das Kind wuchs heran und wurde stark im Geist." (Lk 1,80) – aber ohne die Erwähnung der Fülle der Weisheit. Jesus, ein neuer Samuel? In gewissem Sinne ja, auch wenn der Unterschied sich als radikal erweisen wird.

Wie in der Kindheitsgeschichte Samuels führt der Erzähler uns von dem, was er über die Vollendung der Geschichte Jesu weiß, zu seiner geheimnisvollen Herkunft, noch bevor er im Schoß seiner Mutter geformt worden ist. In dieser Erzählung ist alles Folgende bereits vorbereitet. Maria ist nicht unfruchtbar wie Hanna, die Mutter Samuels – es ist Elisabeth, die unfruchtbar ist; und Maria hegt auch nicht einen Wunsch nach einem Kind, der insgeheim durch eine demütigende Rivalität verzerrt würde. Sie ist Jungfrau: „Der Heilige Geist wird über dich kommen", hört sie den Engel als Antwort auf ihr eigenes Erstaunen sagen: „Deshalb wird das Kind heilig und Sohn Gottes genannt werden." (Lk 1,35) Ihr Lied nimmt daher Hannas Gegensatz zwischen der Unfruchtbaren, die sieben Mal gebiert, und der fruchtbaren Mutter, die verwelkt, nicht auf. Das zentrale Motiv ihres Magnifikat ist jedoch dasselbe wie in Hannas Lied: die Offenbarung der unvergleichlichen Heiligkeit und Macht Gottes, die menschliche Erfolgsaussichten in ihr Gegenteil verkehrt (vgl. Lk 1,46–55).

In der Szene im Tempel, während der Wallfahrt aus Anlass des Paschafestes, zeigt sich eine neue Parallele zwischen dieser Erzählung von den ersten Erfahrungen der „Berufung" Jesu und der Geschichte Samuels. Wenn man nämlich an das erstaunliche „Ver-hören" zwischen dem Priester Eli und Samuel denkt, das letztlich den Unterschied zwischen der elterlichen Stimme und der Stimme Gottes deutlich macht, ohne dass Samuel darauf verzichtet, die Stimme seines „Vaters" Eli zu hören, kann man nur fasziniert sein von dem, was hier zwischen Jesus, Maria und Josef geschieht.

Nach drei Tagen (!) des Suchens finden die Eltern diesen zwölfjährigen Jungen im Tempel, „er saß mitten unter den Lehrern, hörte ihnen zu und stellte Fragen" (Lk 3,46); und schon ist er es, der antwortet und das Staunen derer weckt, die ihn hören und die Klugheit seiner Antworten bewundern. Lernen, das Wort Gottes zu hören, geschieht hier ganz normal und folgt dem üblichen Schema: den Lehrern zuhören, sie fragen, selber kluge Antworten geben und schließlich unter ihnen sitzen. Maria, die ihn so findet, erinnert ihn an die Beziehung zu den Eltern. Als ob sie vergessen hätte, was sie zum Zeitpunkt der Verkündigung gehört hat, bezeichnet sie Josef als den Vater: „Kind, warum hast du uns das angetan? Siehe, *dein Vater* und ich haben dich mit Schmerzen gesucht. Da sagte er zu ihnen: Warum habt ihr mich gesucht? Wusstet ihr nicht, dass ich in dem sein muss, was *meinem Vater* gehört?" (Lk 2,48 f) – Während die Leserin begreift, worin das „Ver-hören" liegt, ist es für Jesus schon überwunden. Er hat von seinen Eltern gelernt, auf die elterliche Stimme zu hören, und kehrt gehorsam mit ihnen nach Nazareth zurück. Doch von nun an unterscheidet er zwischen „bei seinen Eltern" und „bei seinem Vater", die Stimme der Eltern und das, was der Vater ihn anhand der Schrift lehrt. Im Austausch mit den Lehrern steht diese im Mittelpunkt. Während der Priester Eli beim dritten Anruf „merkte …, dass der HERR den Knaben gerufen hatte" (1 Sam 3,8), verstehen die Eltern Jesu „das Wort nicht, das er zu ihnen gesagt hatte." (Lk 2,50)

Jesus muss die Stimme des Vaters allerdings noch hören. Das geschieht in einer zweiten Episode am Ufer des Jordans, nach der Taufe des Volkes und seiner eigenen Taufe, als er etwa dreißig Jahre alt ist (vgl. Lk 3,23). Einerseits passiert hier nichts, was die Szene sprengen würde: „Und während er [*Jesus*] *betete*, öffnete sich der Himmel und der Heilige Geist kam sichtbar in Gestalt einer Taube auf ihn herab und eine *Stimme* aus dem Himmel sprach: *Du bist mein geliebter Sohn, an dir habe ich Wohlgefallen gefunden.*" (Lk 3,21 f.) Lukas greift damit Vers 7 von Psalm 2 auf, den er hier durch die *Stimme* vom Himmel hören lässt. Das ist nicht verwunderlich, denn Jesus betet. Andererseits hört er den Psalm im Mund des Vaters, der sich in absolut einzigartiger Weise an ihn richtet: „*Mein Sohn bist du. Ich selber habe dich heute gezeugt.*" (Ps 2,7) In einer ergreifenden Abkürzung kann der Erzähler dann die Genealogie Jesu in umgekehrter Reihenfolge deklinieren, indem er bis zum Ursprung der Schöpfung zurückgeht: bis zu „Adam; der stammte von Gott" (Lk 3,38).

Die dritte Episode findet in der Wüste statt und beschreibt den inneren Kampf Jesu, der alle vom Volk Israel durchgemachten Prüfungen in sich konzentriert (vgl. Lk 4,1–13). Eine einzige Sache steht für ihn auf dem Spiel. Richtig zu verstehen, was er in der Heiligen Schrift *und* dank der „Stimme aus dem Himmel" gehört hat und was in der Versuchung durch den Teufel wieder aufgenommen wird: „*Wenn du Gottes Sohn bist, so …*" (Lk 4,3.9) Jesus überwindet diese Versuchung durch ein angemessenes Verhältnis zum Buchstaben des biblischen Textes. Ja, auch der Teufel kann die Schrift zitieren! Wenn Jesus sich jedoch auf sie bezieht, geschieht das aufgrund einer Haltung zu seinem Vater, in der er sich radikal als Sohn versteht. Die Stimme des Vaters hat er gehört: „Der Mensch lebt nicht vom Brot allein. ... Vor dem Herrn, deinem Gott, sollst du dich niederwerfen und ihm allein dienen. ... Du sollst den Herrn, deinen Gott, nicht auf die Probe stellen." (Lk 4,4.8.12) Nachdem Jesus diesen, der Schrift innewohnenden, geistlichen Kampf durchgestanden und auch den Kampf um die Auslegung der Schrift gewonnen hat, kann er diese nun in der Synagoge von Nazareth „aufrollen". Und hier, in dieser vierten Episode, offenbart der Prophet Jesaja ihm schließlich seine Sendung: „Der Geist des Herrn ruht auf mir", liest er in diesem Buch und wird sich klar, dass er selbst damit gemeint ist. „Er hat mich gesandt, *damit* ich den Armen eine frohe Botschaft bringe; ... und ein Gnadenjahr des Herrn ausrufe." (Lk 4,18 f.) Der Erzähler fährt fort:

> Dann schloss er die Buchrolle, gab sie dem Synagogendiener und setzte sich [wie im Alter von 12 Jahren]. Die Augen aller in der Synagoge waren auf ihn gerichtet. Da begann er, ihnen darzulegen: Heute [wie in Psalm 2] hat sich das Schriftwort, das ihr eben gehört habt, erfüllt. (Lk 4, 20 f.)

Eine erstaunliche Komposition, diese vier Episoden! Alle zusammen, so könnte man sagen, bilden die „Erzählung von der Berufung Jesu". Alles kommt wie von oben und *gleichzeitig* ergibt sich alles aus der Geschichte seines Volkes. Die elterlichen Beziehungen sind ebenso wichtig für die Einführung in das Hören auf die Stimme des Vaters wie auf anderer Ebene die Heilige Schrift, in der eben diese Stimme schon erklingt. Dieses Buch der Bücher taucht nach und nach auf: Es ist schon da, ohne genannt zu werden, wenn Jesus im Tempel unter den Lehrern sitzt. Es liefert ihm den Psalm 2 für sein Gebet am Jordan, als er von diesem Psalm einen Vers hört, mit dem ihn eine Stimme aus dem Himmel anspricht. Es wird zum Gegenstand eines geistlichen Ringens, als Jesus es in der Wüste richtig interpretieren muss, ausgehend von dem, was er aus dem Mund seines Vaters gehört hat. Er öffnet es schließlich in der Synagoge von Nazareth, und wird so vor den Zuhörerinnen in seiner Sendung erkennbar. Im Herzen des – im Grunde notwendigen – „Ver-hörens", das die von Jesus gehörten *Stimmen* erzeugen, muss eine *Unterscheidung* stattfinden, damit die *Stimme seines Vater*s gehört werden kann. Eine Unterscheidung, die zur *Prüfung* wird, wenn der Teufel die Stimme Gottes imitiert. Man könnte meinen, dass Jesus am Ende dieser von Verwirrung und Verführung geprägten Prüfung zur Fülle der Weisheit gelangt (vgl. Lk 2,40.52). Aber *von Anfang an* gehört der von oben auf Maria herabgekommene Heilige Geist zum Ursprung seiner Existenz. Dieser selbe Geist kommt nun über ihn, als er die Stimme des Vaters hört. Die Kraft des Heiligen Geistes wohnt in ihm, als die Prüfung hinter ihm liegt, und der Geist ist die Salbung am Ursprung seiner messianischen Sendung. Der dramatische Charakter dieser dreißig Jahre wird nicht verschwiegen; aber die Leserin kann in Ruhe die innere Kohärenz der „Berufung" Jesu erkennen.

Die Leserin ist ja von Anfang an in diese Geschichte eingebunden, in der Maria hört, was der Engel ihr in Bezug auf Jesus sagt: „Er wird groß sein und Sohn des Höchsten *genannt werden.*" (Lk 1,32, vgl. 1,35) Es reicht nicht, dass Jesus selber hört, wie sein Vater ihn nennt. Es ist notwendig, dass er auch von anderen so genannt wird. Das geschieht dann in der Verkündigung der Apostel, so wie sie in der Apostelgeschichte berichtet wird. Die messianische Sendung Christi kann nur weitergehen und gelingen, wenn er in der Geschichte „Ablösung" findet bzw. hervorruft.[11]

2. In diesem Punkt bringen Lukas und Matthäus noch einmal die Geschichte von Elija und Elischa zusammen (vgl. zunächst Lk 4,24–27). Die Berufung Elischas durch den Propheten Elija stellt einen Sonderfall im Alten Testament dar. Ein *Mensch* ruft einen *anderen* in seine Nachfolge (vgl. 1 Kön 19,19–21). Und nach einer Zeit der Weggenossenschaft (vgl. 2 Kön 2,1–6), ruht der Geist des einen, der in den Himmel aufgenommen worden ist, auf dem anderen (vgl. 2 Kön 2,7–15). Diese „Machtübertragung" wird zum Modell für das, was zwischen Jesus und denjenigen passiert, die er in seine Nachfolge ruft – übrigens mit einer solchen Autorität, dass der künftigen Jüngerin und dem künftigen Jünger keine Zeit bleibt, so dringend ist das Kommen des Reiches geworden. Wie Elischa werden die ersten Jünger Jesu mitten aus ihrer Arbeit gerufen: Elischa pflügte, sie fischten (vgl. 1 Kön 19,19 und Lk 5,1–11; vgl. Mk 1,16–20 par.). Aber während Elischa von seinem Vater und seiner Mutter Abschied nehmen kann, gewährt Jesus denjenigen, die ihm folgen wollen, keinen Aufschub: „Wieder ein anderer sagte: Ich will dir nachfolgen, Herr. Zuvor aber lass mich Abschied nehmen von denen, die in meinem Hause sind. Jesus erwiderte ihm: Keiner, der die Hand an den Pflug gelegt hat und nochmals zurückblickt, taugt für das Reich Gottes" (Lk 9,61 f. par.) Für die „Übertragung" des Geistes müssen wir auf den Beginn der Apostelgeschichte warten. Sie erzählt, wie die „Männer von Galiläa" sehen, dass der wahre Elija ihren Augen entzogen wird (vgl. Apg 1,9 f. und 2 Kön 2,10 f.), und zugleich, wie die Kraft des Heiligen Geistes über sie herabkommt (Apg 1,8 und 2,1–4).

Diese Beziehung zwischen Jesus und seinen Jüngerinnen und Jüngern ist der „Raum", in dem die christliche Berufung ihren Ursprung hat. An diesem „Ort" kann die Erfahrung des Hörens der „Stimme", wie sie die ganze Schrift durchzieht, heute gemacht werden.

---

[11] Hier und im Folgenden wird der Ausdruck *prendre le relais de quelqu'un* o. ä. mit „(jmd.) ablösen" übersetzt, um die Diskontinuität anzudeuten, die eine „Nachfolge" beinhaltet.

Und wir ...

Durch die gemeinsame Entdeckung der Berufungserzählungen in den jüdischen und christlichen Schriften haben wir den weiteren Weg schon weitgehend vorweggenommen. Bevor wir fortfahren, wollen wir Raum lassen für unsere Reaktionen angesichts dieses beeindruckenden biblischen Panoramas.

Bei einigen werden Fragen bleiben in Bezug auf das Gewicht der erzählten Erfahrungen, sowie ein latenter Verdacht: Ist das mehrfach in diesen Texten erwähnte „Ver-hören" nicht doch das Eingeständnis, dass der Mensch nur sich selbst und seinesgleichen hört? Andere weniger Kritische sagen vielleicht: „Das ist nichts für mich." – „Was da erzählt wird, ist zu hoch für mich." Ein Zurückschrecken vor der Radikalität der Kehrtwenden in diesen Lebensgeschichten ist nur zu verstehen. Zu gewissen Zeiten konnte die Heiligenverehrung Ausdruck einer solchen spontanen Distanzierung sein: Man verehrt sie gern aus der Ferne, weil sie das gelebt haben, wovon man selbst träumt; man fühlt sich aber nicht in der Lage, sich selbst auf einen solchen Weg zu begeben.

Wir vergessen dann leicht, dass all diese Figuren, die den liturgischen Kalender und die christliche Phantasie bevölkern, von der Kirche nur deshalb vor Augen gestellt wurden, weil ihre einmalige und stimmige Weise, diesen oder jenen Aspekt des Lebens nach dem Evangelium zu verkörpern, in ihre Umgebung hinein ausgestrahlt hat – und weil das in anderen den Wunsch geweckt hat, auf den Ruf, der in ihnen selber erklang, zu achten. Ob es sich um den heiligen Antonius von Ägypten handelt, den heiligen Benedikt, den heiligen Franziskus und die heilige Klara, Jeanne d'Arc, den heiligen Vinzenz von Paul und die heilige Therese von Lisieux oder diesen Mann oder jene Frau heute – sie bauen gerade nicht Distanz auf, sondern nehmen uns Zweifel, beseitigen unser Zurückschrecken und sind eine lebendige Einladung an uns alle, den Ruf zu hören, den niemand anderes an unserer Stelle hören kann.

Ich möchte daher hier für eine „Gewöhnung" an die Berufungserzählungen plädieren, die ich gerade kommentiert habe. Das beginnt mit der Erkenntnis, dass diese nur eine begrenzte Anzahl von Elementen variieren, die tief in unserer menschlichen Existenz verwurzelt sind. (1) Am Anfang steht die Beziehung zu den Eltern in all ihren Formen, ohne Idealisierung. Daher sind Menschen nötig, die sie bzw. ihre Rolle vertreten können, und die Launen der Geschichte bieten sie uns in überraschender Weise an, damit wir unsererseits beziehungsfähige Wesen werden können. (2) Diese Schulung öffnet unsere Sinne: Hören, Sehen, Fühlen, Riechen und Schmecken, wunderbare Fähigkeiten, mit der Umwelt und mit anderen in Kontakt zu treten. Aber die Fähigkeit zu hören hat in der biblischen Kultur den ersten Platz inne. Das ist nicht ohne Bedeutung, wenn man die Entwicklung des Kindes im Mutterleib und nach seiner Geburt beobachtet. (3) Vom Anfang bis zum Ende besteht das menschliche Abenteuer darin „hinauszugehen" und „zu verlassen" – *für* ein Land, das uns das Leben zeigen wird. Sicher bleiben wir für immer abhängig von der Wiederkehr der Jahreszeiten und der Rhythmen von Tag und Nacht. Ihre monotone Wiederholung kann uns einschläfern, sie schützt uns aber auch und schenkt uns die Gnade eines „Heute", das immer ein „Beginn" ist. (4) Der Ruf oder die „Berufung" (nicht vergessen, dass dies eine *Handlung* ist) hat seinen Ort genau an diesem Schnittpunkt, wo die Notwendigkeit „hinauszugehen" und das „Heute" aufeinander treffen. An diesem Schnittpunkt kann die Stimme Gottes gehört werden, die seit jeher und vom Beginn eines Menschenlebens an spricht. Damit beginnt das Abenteuer! Das Abenteuer, sich zurechtzufinden unter den vielen menschlichen „Stimmen", die die Stimme Gottes brechen, eingeschlossen das Stöhnen und die schwer anzuhörenden Schreie vieler Menschen, eingeschlossen auch die Stimmen, die teuflisch begabt sind, den Ton der göttlichen Stimme so zu imitieren, dass man sie verwechseln kann. Eine furchterregende und zugleich nützliche Erfahrung, da es darum geht, nach und nach, wie in einer großen und komplizierten Polyphonie, die wesentlichen „Themen" und ihre Anordnung oder ihren geheimen „Zusammenklang" zu erkennen. (5) Aber wie kann man sie erkennen? Die Erzählungen, die wir gelesen haben, geben uns ein einziges Kriterium: Wir können nur deshalb „hinausgehen" und „verlassen", weil wir eine Segensverheißung gehört haben – eben jene Verheißung, die von Anfang an erklingt. Wir können sie nur dann wirklich aus dem Mund einer anderen oder vieler anderer hören, wenn sie gleichzeitig in unserem tiefsten Inneren ein Echo findet.

Das ist das Wesentliche, an das sich die Leserin nach und nach „gewöhnen" sollte, indem sie die Erzählungen, die wir ihr vorgeschlagen haben, liest und immer wieder liest. Sie wird dann selbst entdecken, dass alle diese Geschichten sie zu einem zweiten Schritt auffordern: *lernen, in Wahrheit zu hören*, was niemand anderes an ihrer Stelle tun kann. Nur sie selbst kann sich dem Zweifel in all seinen Formen und den Ängsten stellen, die sie angesichts der Ausmaße ihres Abenteuers als Mensch empfinden mag. Das schließt nicht aus, bei anderen Rat zu suchen und sich auf ihre Erfahrungen zu stützen. Aber an dieser Stelle kommen wir nicht weiter, wenn wir nicht zustimmen, in eine innere Erfahrung des Hörens einzutreten: „Rede, Herr, dein Diener hört!"

Hören ...

In unserer von einem weichen Nihilismus geprägten Zivilisation gibt es mächtige Widerstände gegen diese Grunderfahrung des Hörens. Das Problem sind nicht nur die uns umgebenden Geräusche, sondern auch die Schutzmauern, die wir manchmal zwischen uns aufrichten. Es sei denn, wir lassen uns von der Welt der Klänge völlig besetzen, sodass wir davon wie von einer Droge abhängen. Was für ein Anblick, die Massen von Menschen in unseren Großstädten, die mit Stöpseln im Ohr unterwegs sind, um sich ständig musikalisch aufzuputschen! Wenn wir nach und nach verlernen, wirklich aufeinander zu hören, weil es keine Leerstelle mehr in uns und zwischen uns gibt, die dieses Hören erlaubt, dann laufen wir auf Dauer Gefahr, stumm zu werden. Dann drohen wir, die Worte zu verlieren, mit denen wir uns und anderen sagen können, was wirklich in uns lebt und unser menschliches Abenteuer ausmacht. Das meint hier der Begriff „weicher Nihilismus".

Ich bin mir also durchaus bewusst, dass der einfache Vorschlag, Geschichten aus der Vergangenheit, Berufungserzählungen zu lesen, heute etwas von einer Utopie hat. Die Lektüre führt uns in das Hören von „Stimmen" der Vergangenheit und in ein stilles Gespräch mit ihnen ein. Sie erfordert daher eine Art „Rückzug" aus der Gegenwart, nicht um ihr zu entfliehen, sondern um ihr im Gegenteil auf eine neue Weise zu begegnen. Denn die Welt der Beschallung reißt ja alle Abstände zwischen uns nieder und „entlastet" uns in falscher Weise vom – oft als belastend empfundenen – Gewicht unseres „Ich, das die Stimme der anderen hört". Was also kann das persönliche bzw. gemeinsame Hören auf die Stille anziehend machen? Eine Stille, aus der heraus unser Sprechen erst entspringt und als echtes, wahres Sprechen erst möglich wird?

1. Bevor wir weitergehen, müssen wir über die individuellen und kollektiven Bedingungen unserer Erfahrung mit dem Hören nachdenken. Dies ist vielleicht die größte Herausforderung für die Erziehung und für unsere „Bildung". Jede von uns muss ihre eigene Weise finden, Raum und Zeit zu bewohnen und mit anderen zu teilen. Wie kann man also die uns umgebenden Geräusche erträglich machen, wenn nicht, indem wir *Räume der Stille* in unserem Leben schaffen? Diese Räume werden unserem Leben allmählich einen Rhythmus geben, und dieser Rhythmus wird wiederum unseren Alltag prägen und unsere Veränderungen beleben. Die Sensibilität für die Stille wird sich allerdings nur durch die Begegnung mit anderen Menschen entwickeln, die aufhorchen, hören und zuhören können. Nur sie können unsere eigene Fähigkeit des Hörens wecken und uns das Vergnügen

einer sanften Wachsamkeit in Bezug auf uns selbst und unsere Umwelt vermitteln.

2. Früher oder später muss man sich einmal hinsetzen, sich Zeit nehmen und überdenken, wie man sich im eigenen täglichen Leben aufstellt. Vielleicht ist dies die Gelegenheit, zum ersten Mal der eigenen Einsamkeit die Stirn zu bieten und die eigene Innerlichkeit auftauchen zu lassen, ohne ihr sofort zu entfliehen. In den meisten Fällen löst das einen inneren Kampf aus. Für einen mehr oder weniger langen Augenblick ohne die üblichen Beschäftigungen und konfrontiert mit der *äußeren* Stille, entdecke ich dann zu meiner Bestürzung, dass ich weiterhin innerlich mit mir selbst und mit vielen anderen Stimmen spreche, ohne sie zu hören, ohne mich selbst wirklich zu hören. Pläne, Erfolge und Misserfolge, Verletzungen, Trauer und Abwesenheit, glückliche Liebesbegegnungen, aber auch Misserfolge, Enttäuschungen und vieles andere mehr sind Gegenstand dieser einsamen Selbstgespräche. Ich höre vielleicht diese vielfältigen Stimmen und mich selbst, aber oft in verzerrter Weise, weil ich nur das höre, was ich hören will. Dabei gibt es Stimmen, die ich einfach nicht höre. Es braucht eine Zeit der „Gewöhnung", damit sich die *innere* Stille einstellen und als ein Hafen der Ruhe, als ein Geschenk erlebt werden kann. Das Chaos der Stimmen kann sich dann in dem inneren, endlich still gewordenen Raum ordnen. Angesichts der friedvollen und wohltuenden Stille Gottes, die vorübergehend und unendlich zerbrechlich in mir wohnt, fange ich an, mich in Wahrheit zu hören, wobei mein Hören und mein Sprechen sich mit dieser Stimme mischen, deren ganz und gar eigene Melodie, Klangfarbe, Tonhöhe ich bisher nicht wahrnehmen konnte.

3. Dann ist die Zeit gekommen, erneut die Heilige Schrift zu öffnen und die Berufungsgeschichten, die wir in diesem ersten Kapitel behandelt haben, *noch einmal zu lesen.*

II. Menschliche Berufung – christliche Berufung

Ohne die gerade gelesenen biblischen Geschichten zu vergessen, werden wir jetzt über eine Unterscheidung nachdenken, die das II. Vatikanische Konzil in Erinnerung ruft: die Unterscheidung zwischen der christlichen und unserer menschlichen Berufung. Die erste beginnt mit der Bekehrung zu Jesus Christus und mit der Taufe; aber es ist die zweite, auf die jeder Anruf, Christ zu werden, aufbaut.

Diese Unterscheidung ist in einem Kontext notwendig, in dem die Erfahrung der „Berufung" zu oft auf bestimmte kirchliche Gestalten reduziert wird: den Priester, die Ordensfrau, den Ordensmann. Wir klagen, dass diese Berufungen selten werden im Abendland, erkennen aber nicht, dass die Ermahnungen, sich ihnen großzügiger zur Verfügung zu stellen, nutzlos sind. Denn viele Gemeinden und Gläubige wissen nicht mehr, was eine Berufungserfahrung eigentlich ist. Sie können ihren eigenen christlichen Glauben nicht mehr auf einen Ruf zurückführen, geschweige denn diesen Glauben als eine Weise verstehen, ihr „Menschsein" zu leben. Mit dieser Schwierigkeit, den Ort der christlichen Berufung im Abenteuer des Menschseins selber zu sehen, hängt aber eine andere Schwierigkeit zusammen: die Schwierigkeit, soziale und berufliche Beziehungen als Beziehungen aus dem Glauben zu betrachten. Nur derjenige, für den seine christliche Berufung seinem Menschsein Sinn gibt – seiner manchmal dramatischen Schwere wie seiner Schönheit, seiner unendlichen Vielfalt und seiner jeweiligen Einmaligkeit –, kann einer anderen Person verständlich machen, welch unvergleichlichen Wert deren Existenz hat – unabhängig von allen Zugehörigkeiten, Lebensbedingungen oder getroffenen Lebensentscheidungen. Darüber hinaus kann solche Aufmerksamkeit und echte Sorge für die anderen im Leben eines Menschen einen immer zentraleren Platz einnehmen – bis dahin, dass er eines Tages einen besonderen Ruf hört. Aber wie kann es dazu kommen, wenn die grundlegende Erfahrung der Berufung nicht mehr gewährleistet ist? In der Tat, das ist unmöglich, wenn die christliche Leidenschaft nicht geweckt wurde für das Wirken Gottes in jedem menschlichen Wesen.

Die „Berufung" betrifft die ganze menschliche Existenz und jeden Menschen. Wir müssen daher etwas für jeden Hörbares darüber sagen können, ohne unbedingt die biblische oder kirchliche Sprache zu benutzen. Ich werde in einem ersten Schritt versuchen, die grundlegende Erfahrung eines jeden menschlichen Lebens darzulegen, das seinen Sinn und seine Orientierung in einem „Hören" dessen findet, was ursprünglich und oft tief in einer Existenz begraben ist. Damit das eigene Hören geweckt werden kann, bedarf jeder von uns anderer Menschen mit der Fähigkeit, selber zu hören und in anderen das Hören zu wecken. Solche „Über-setzer" können die Eltern sein, auch andere Ältere oder irgendeine andere „Identifikationsperson", da die Bewunderung für einen Dritten den Wunsch weckt, „wie er" zu werden. Dies bedeutet freilich nicht, mit ihm identisch zu werden, sondern sich „wie er" auf die Suche nach dem eigenen Weg zu machen. Das werden wir in einem zweiten Schritt sehen. Diese grundlegende Beziehungsstruktur jeder menschlichen Berufung öffnet uns dafür, in Jesus Christus einen einzigartigen „Über-setzer" zu erkennen: Er ruft, wen er will, und gibt zugleich dem, der ihm folgt oder ihn nachahmt, die Möglichkeit, seinen eigenen Weg bis zum Ende zu gehen. Um dieses Ziel geht es in der Bibel bei dem an jeden gerichteten Ruf: nach dem Bild dessen gestaltet zu sein, von dem wir uns kein Bild machen dürfen (vgl. Gen 1,26; Dtn 4,16–18). Das werden wir in einem dritten Schritt präzisieren.

Die menschliche Berufung: eine einzigartige und universelle Dynamik

Der Begriff der „menschlichen Berufung" wird manchen überraschen. Er spielt eine wichtige Rolle in den Texten des II. Vatikanischen Konzils, besonders in seiner Pastoralen Konstitution über die Kirche. In ihrem ersten Teil spricht sie ausführlich von der Kirche im Verhältnis zur „menschlichen Berufung". Der Begriff findet sich auch in den Schriften einiger Philosophen. Ein Beispiel ist Martin Heidegger, der das Vokabular der „Berufung" verwendet, um über das menschliche Gewissen nachzudenken. Er legt besonderen Wert auf die Metapher der „Stimme", die uns im ersten Kapitel begleitet hat. Der Ort des Gewissens ist da, wo jemand aus der unechten Existenzform des „Man" hinaustritt: „Man" hört, „man" sagt, „man" macht ... Sich der allgemeinen Meinung anzuschließen, ist eine vertraute Art und Weise, im Leben seinen Ort einzunehmen. Das Gewissen kommt erst dann zum Vorschein, wenn ich beginne, mir meine eigene Idee, mein eigenes Urteil zu bilden und mich in Übereinstimmung damit zu verhalten, was ich denke und zum Ausdruck bringe. Das Auftauchen dieses „Selbst" identifiziert Heidegger an einer zentralen Stelle seines Werkes *Sein und Zeit* mit einem gehörten Ruf:

> *Was* ruft das Gewissen dem Angerufenen zu? Streng genommen – nichts. Der Ruf sagt nichts aus, gibt keine Auskunft über Weltereignisse, hat nichts zu erzählen. Am wenigsten strebt er danach, im angerufenen Selbst ein ‚Selbstgespräch' zu eröffnen. Dem angerufenen Selbst wird ‚nichts' zu-ge-

rufen, sondern es ist *aufgerufen* zu ihm selbst, das heißt zu seinem eigensten Seinkönnen.[12]

Dieser schöne Text wird uns eine Weile begleiten. Er gibt uns zu verstehen, dass der Ruf nicht in erster Linie diesen oder jenen Aspekt unseres Daseins in der Welt betrifft, mag er noch so wichtig sein, sondern das *Ganze unseres Lebens*. Dieses Ganze unseres Lebens ist „nichts" von dem, was uns normalerweise in unseren Selbstgesprächen beschäftigt. Wenn wir auf den Ruf so achten wie auf ein Geschehen, ein Gefühl oder Bild, einen Einfall oder Gedanken, „die uns durch den Kopf gehen", hören wir tatsächlich „nichts". Aber wenn wir uns der Ganzheit unseres Lebens öffnen, obwohl sie sich uns entzieht, hören wir den Ruf, der uns auffordert, bei uns selbst zu sein. Das haben wir im ersten Kapitel verstanden, als es um den „Namen" ging: „Samuel, Samuel!" – „*Hier bin ich!*" Wenn der Apostel Paulus Gott an der Stelle des Gewissens „einführt", beschreibt er dieselbe Erfahrung. Erinnern wir uns, was er von Abraham sagt: „Er ist unser aller Vater … – im Angesicht des Gottes, dem er geglaubt hat, des Gottes, der die Toten lebendig macht und *das, was nicht ist, ins Dasein ruft*." (Röm 4,17) Es ist diese Erfahrung, die Heidegger auf seine Weise übersetzt, wenn er vom Aufruf eines Menschen zu seinem „eigensten Seinkönnen" spricht.

Wir müssen also zwei eng verbundene Aspekte jeder „menschlichen Berufung" näher betrachten: Diese Berufung betrifft die Ganzheit eines Lebens – zwischen seinem rätselhaften Anfang und seinem nicht weniger rätselhaften Ende –, und sie besteht darin, jemandem dieses Leben zu eigen zu geben.

Ich habe nur ein Leben

Erinnern wir uns, dass Jesaja, Jeremia und Paulus ihre „Berufung" bis zum Beginn ihres Lebens im Mutterleib zurückführen. Damit wollen sie sagen, dass das, was sie „heute" leben, am Gesamtzusammenhang und der Ausrichtung auf das Ganze ihrer Existenz teilhat, die sich ihnen als solche zugleich entzieht. Ist es denn überhaupt möglich, sein *ganzes* Leben als eine Einheit zu sehen, die sich zwischen Geburt und Tod entfaltet? Wir werden selten Gelegenheit haben, darüber nachzudenken, aber wenn, dann liefert uns unser Gedächtnis eher „Fragmente", „Ausschnitte" oder „Episoden", deren roten Faden wir nicht sofort wahrnehmen. Außerdem ist es einfacher, Tag für Tag sein Leben zu leben, ohne daran zu denken, dass es ein Ganzes

---

[12] Heidegger, Martin: Sein und Zeit, Tübingen [12]1972, 273 (§ 56).

bildet – also, wie Blaise Pascal gesagt hätte, in der „Zerstreuung" zu leben.[13] Das muss noch nicht einmal ausschließen, dass man so gut wie möglich auf die Erwartungen und Forderungen der Umwelt reagieren will. Es gibt aber in jeder Existenz entscheidende Momente: einen mehr oder weniger kritischen Übergang von einer Lebensphase in eine andere, ein unvorhergesehenes Ereignis, das die Lebensbahn radikal verändert, eine entscheidende Begegnung oder eine schmerzhafte Trennung, ein Angsterlebnis oder eine unerwartete Freude. Das sind Erfahrungen, die unseren Blick auf die Gesamtheit unseres Lebens hin zu öffnen vermögen, indem sie uns sowohl mit der Unvermeidbarkeit des Todes konfrontieren als auch auf das „Wunder" unserer Geburt verweisen.

Sobald jemand die kränkende Erfahrung seiner Endlichkeit hinter sich lässt und zu staunen beginnt, über sein eigenes Dasein und das der anderen, drängen sich ihm Geburt und Tod als universelle und unverrückbare Grenzen auf. Diese werden jedoch unterschiedlich gesehen in den spirituellen Traditionen der Menschheit, die heute in so großer Nähe wie nie zuvor existieren und sich wechselseitig hinterfragen. Der Orient würde dazu neigen, diese „Grenzen" von Geburt und Tod zu relativieren, indem er auf einen langen Prozess der Reinigung von kosmischen Ausmaßen setzt – einen Prozess, der über Geburt und Tod hinausgeht, sofern er möglicherweise in einem früheren Leben begonnen hat und sich in einem oder mehreren anderen Leben fortsetzt. Das von der biblischen Kultur geprägte Europa betont den Tod stärker in seiner Endgültigkeit.

Der Brief an die Hebräer drückt die Substanz der menschlichen Erfahrung sehr lapidar aus: „Und wie es dem Menschen bestimmt ist, *ein einziges Mal (hapax)* zu sterben ..." (Hebr 9,27)! Unsere europäische Tradition verleiht dem Lebensende eine *Macht*, die es nicht hat, und lässt die Menschen „durch die Furcht vor dem Tod ihr Leben lang der Knechtschaft verfallen" sein (Hebr 2,15). Aber dem Tod diese Macht zu geben, ist *trügerisch*, sagt die Bibel. Denn das Leben wäre dann ein vergiftetes Geschenk und würde sein Versprechen nicht halten. Eine schreckliche Vorstellung, weil sie den schwachen Boden, auf den sie fällt, unmerklich durchdringt und es uns noch schwerer macht, einfach dem zu vertrauen, was wir empfangen haben. Christus löscht den Tod nicht aus, aber, wie der Hebräerbrief sagt: Durch seinen eigenen Tod hat er ihn entmachtet und diejenigen befreit, die Sklaven des Todes waren (vgl. Hebr 2,14–16). Der Tod, der seine trügerische Macht verloren hat, kann sich nun zusammentun mit der Geburt und mit ihr zum Boten werden, der jedem von uns lautlos sagt: *Du hast nur ein Leben!*

---

[13] Vgl. Pascal, Blaise: Pensées – Gedanken, ed. u. komm. v. Philippe Sellier, übers. v. Sylvia Schiewe, Darmstadt 2016, 107–111 (Frgm. 174–180).

Es ist nicht leicht, diese „Botschaft", die aus unserem Leben ein Ganzes macht, ein absolut einmaliges und unersetzliches Ganzes, in einem Kulturkreis zu hören, der grundsätzlich die Grenzen von Geburt und Tod relativiert, indem das Leben in ein „Vorläufiges" verwandelt wird, dem andere vorläufige Stadien vorausgehen oder folgen, ob wir es nun „Wiedergeburt" nennen oder nicht. Wenn wir diese „lautlose Botschaft" aber wirklich hören, dann hängt alles Folgende von der *Art und Weise ab, wie wir sie hören*.

Wir laufen dagegen Gefahr zu dramatisieren. „*Du hast nur ein Leben*", kann nämlich als Aufforderung verstanden werden, gegen den Tod zu kämpfen – als ob es sich um einen „Feind" handelt, den „letzten Feind", wie Paulus sagt (vgl. 1 Kor 15,25–27) – und die Grenzen, die mir das Leben setzt, immer weiter hinauszuschieben. Es stimmt: Dieses Leben ist kurz. Wir müssen uns also beeilen, um das zu bekommen, was wir wollen, und dafür alle verfügbaren Mittel einsetzen und noch weitere erfinden, um unsere Ziele besser, das heißt schneller zu erreichen. So haben ja wir Europäer eines Tages den „Ruf" gehört, diese Welt hier unten zu verändern. Unsere menschliche „Berufung" ist zu einem „Beruf" oder „Job" geworden. Diesen Wandel der Mentalitäten bringt die deutsche Sprache durch die Nähe der beiden Wörter „Berufung" und „Beruf" zum Ausdruck.

Aber es gibt eine andere Art, wie man das *„Du hast nur ein Leben"* verstehen kann: Der Tod ist dann nicht der „Sensenmann", der unsere Existenz „hinwegmäht", oder der Dieb, der unser Leben „stiehlt" – Vorstellungen, die wir instinktiv abwehren. Vielmehr könnten wir, wie beispielsweise der heilige Franziskus, uns von unserem Bruder Tod überraschen lassen wollen. Das setzt allerdings Situationen voraus, die uns unversehens „öffnen": Entscheidungssituationen und zuweilen schwer zu ertragende Übergänge, die unseren inneren Blick aber unversehens auf die Gesamtheit unseres Daseins öffnen. Sie können uns langsam an die Aussicht „gewöhnen", dass wir kein anderes Leben als unser jetziges haben. Dann werden wir uns vielleicht mit dieser unvermeidlichen Perspektive aussöhnen und das Nahen unseres Todes sogar als eine gute Nachricht verstehen. Diese stille Botschaft vermag den Tod in ein „Nicht-Ereignis" zu verwandeln. Schon Irenäus sagte von den Christen, die in der Endzeit leben würden (vgl. Off 20,1–6), dass sie „sich auf die Unverweslichkeit einstellen und auf das Heil vorbereitet werden",[14] und er fügte hinzu, dass „der gerechte Mensch, der noch auf der Erde lebt, den Tod schon vergessen" wird.[15] Gewiss hebt diese wortlose Stimme den Tod nicht auf, aber sie nimmt ihm den „Stachel" (vgl.

---

[14] Irenäus von Lyon: Adversus haereses – Gegen die Häresien, Teilbd. 5, übers. u. eingel. v. Norbert Brox (Fontes Christiani 8/5), Freiburg i. Br. 2001, 267 (V, 35, 2).
[15] Ebd., 273 (V, 36, 2).

Hos 13,14; 1 Kor 15,55) und verweist den, der sie hört, auf das einmalige Wunder seiner Geburt, der Geburt eines einmaligen Wesens, und somit auf die Geburt aller anderen Menschen.

Eine solche Erfahrung der „menschlichen Berufung" schmälert den Wert des „Berufs", der erforderlichen Kompetenzen und der Arbeit nicht. Im Gegenteil, Freundschaften, gesellschaftliche Bindungen, Arbeit und Kommunikation, Freizeit und Kunst gewinnen so mehr Gewicht. All diese Facetten des menschlichen Lebens werden von innen her durch die „Stimme" umfangen und belebt – diese „Stimme", die vom Horizont des Endes herkommend jemanden sanft zum Beginn und zu seinen Verheißungen führt und ihn dem *Ganzen* der Existenz aussetzt, seiner eigenen Existenz und der ihm entgleitenden Existenz der Welt.

Zum Seinkönnen gerufen

Drei Elemente dieser menschlichen Erfahrung müssen nun näher ausgeführt werden.

1. Das erste Element hat unmittelbar mit dem zu tun, was die *Erfahrung des Hörens* auf eine „Stimme" in einem Menschen hervorruft. Das Zitat von Martin Heidegger, der als Ergebnis dieses Hörens den Zugang zum *eigensten Seinkönnen* betont, weist uns den Weg. Nach der Heiligen Schrift ist „Gott" der Ursprung dieser „Stimme". Er wird in dem Moment genannt, in dem ein Mensch entdeckt, wie gewaltig diese „Stimme" ist. In dem Augenblick nämlich, in dem er diese in ihm wohnende „Stimme" hört und sich des Bösen bewusst wird, dem er in so vielen Erscheinungsformen die Stirn bieten muss – Unglück, Krankheit, Misstrauen oder Feindseligkeit –,[16] hört er, wie diese Stimme ihn einen „Glücklichen" nennt, einen „Segen". Er hört, dass sie ihn dazu bringt, sich aufrecht zu halten, obwohl er sich am Abgrund eines Nichts aufhält. Sie „ruft ins Dasein, was nicht existiert". Ich betone diese dem Menschen innewohnende Alterität, weil sie in der Philosophie des Gewissens von *Sein und Zeit* leicht übersehen wird.

Dieses ursprüngliche „Evangelium" oder Proto-Evangelium wird nur in bestimmten Situationen gehört, die wir als „Situationen der Öffnung" beschrieben haben – unter Bedingungen also, die jemanden unversehens für die Ganzheit seines Daseins „öffnen" und ihn mit dem Tod in seinen unterschiedlichen Erscheinungsformen konfrontieren. Es handelt sich wirklich um ein Erlebnis menschlicher „Berufung", wenn das „Du kannst ..." wie

---

[16] Im Französischen liegt hier ein Wortspiel vor. Neben dem Misstrauen, *méfiance*, werden als Erscheinungsformen des Bösen, *mal*, benannt: *malheur, maladie* und *malveillance*.

ein radikales Wohlwollen verstanden wird. Dabei ist unwichtig, ob diese absolute Güte von dem, der sie erfährt, auf Gott zurückgeführt wird oder nicht.
2. Gleichzeitig bekommt ein Mensch Zugang zur *Einmaligkeit seines Lebens*. Das ist das zweite Element dieser Erfahrung des Hörens. Niemand kann anstelle eines anderen die lautlose „Stimme" der Verheißung hören, die jedem Leben eingeschrieben ist. Das bringt eine letzte unvermeidbare Einsamkeit mit sich, in der jeder nur er selbst ist. Die Einmaligkeit des Lebens beruht aber auf etwas anderem. Sie gründet auf dem Übermaß, der Überfülle, die sich darin zeigt, wie unfassbar das Leben *in seiner Ganzheit* ist, „dass der Mensch unendlich über den Menschen hinausgeht", wie Pascal sagte.[17] Diese Dimension des Übersteigens, der Maßlosigkeit, widersteht jedem Gesetz, das sie genauen Begrenzungen oder Bestimmungen unterwerfen würde, und auch jedem Vergleich zwischen Existenzen, würde dieser doch ein gemeinsames Maß voraussetzen. Sie führt ein „un-vergleichlich" ein, eine negative Annäherung, und nichts entspricht besser dem Geheimnis der Einmaligkeit.

Ein spirituelles Abenteuer voller Fallstricke ist der Weg vom „Man" zum „Selbst" (Heidegger) oder vom Vergleich mit dem anderen zu einer ruhigen Zustimmung zur eigenen un-vergleichlichen Einmaligkeit. Nur wer sich selbst schätzt, kann den anderen respektieren, ja lieben. Nicht, dass Gesetz und Vergleich nicht notwendig wären. Sie haben soziale Funktion, sind wie Markierungen auf dem Weg zur Singularität. Als solche bleiben sie unumgänglich, auch wenn sie einem Menschen einen bestimmten Weg vielleicht verstellen. Da niemand mir abnehmen kann, mich dem auszusetzen, was in meinem Leben abgründig ist, kann mich die Angst in einem Streben nach Konformität festhalten, oder sie kann mich dazu bringen, Vergleich und Wettstreit mit dem anderen – die ja unumgänglich sind – in einen Kampf auf Leben und Tod zu verwandeln. Ich kann aber auch in dieser oder jener Situation der Öffnung von der Angst zum „Glauben" übergehen und hören, wie die „Stimme" des radikalen Gutseins, das Protoevangelium, in mir widerhallt und mich mit einem Mal entdecken lässt, dass das, was in meiner Existenz maßlos ist, sich hier und jetzt als ihr einziges Maß herausstellt.

Dieses zweite Element jeder menschlichen Berufung, der Zugang zur eigenen Einmaligkeit, kommt hier mit dem ersten zusammen, der Erfahrung des Hörens. Und wenn man im Sinne der Heiligen Schrift das Wort „Gott" eben hier, am Ort dieser Erfahrung, „einführt", kann Gott nur als der Unvergleichliche, der Einmalige erscheinen, der sich genau dann kundtut, wenn jemand in seinem Innern diesen Ruf hört: „Du kannst einmalig sein."

---

[17] Vgl. Pascal: Pensées – Gedanken, 102 (Frgm. 164).

3. Das dritte und letzte Element jeder menschlichen Berufung ist die *Entscheidung*, die sie ermöglicht und impliziert. Einige Präzisierungen sind nötig, um zu verstehen, was diese Entscheidung im Besonderen ausmacht und was sie mit der Inkarnation gemeinsam hat. Im Laufe des Lebens müssen wir alle möglichen Entscheidungen treffen. Wir können uns für dieses oder jenes entscheiden; beschließen, einem Befehl Folge zu leisten oder nicht – vorausgesetzt, dass wir uns der emotionalen Bindungen und Schwächen einigermaßen bewusst sind, welche die Freiheit unserer Entscheidungen im Einzelnen einschränken. Wir können mehr oder weniger langfristige Pläne schmieden und uns entscheiden, wie wir sie erreichen wollen, wenn wir eingeschätzt haben, welche Möglichkeiten uns zur Verfügung stehen.

Alle diese Facetten unseres Lebens kommen auch bei der Entscheidung bzw. dem „Schnitt" zum Tragen, die der Ruf, unser „Menschsein auszuüben", verlangt. Zugleich liegt diese Entscheidung noch auf einer anderen Ebene: Sie impliziert das *Ganze* unserer Existenz. Weil es jedem zu eigen gegeben ist, *kann* das Leben – gerade in seiner Einmaligkeit – für den anderen aufs Spiel gesetzt werden. Eben das meint der schöne Begriff „Engagement": Sich-Verpfänden, Sich-Einsetzen. Wir können bei dieser Entscheidung auch von „Großmut" sprechen oder von „Fruchtbarkeit", weil der Ruf, sein eigenes Leben aufs Spiel zu setzen, zunächst und in erster Linie dort erklingt, wo das elementarste Merkmal des Lebens sichtbar wird, dass es nämlich nur existiert, indem es weitergegeben wird. In diesem Sinn wird das Leben einem jeden wirklich zu eigen *gegeben*. Kein anderer Text als das erste Buch der Bibel, die *Genesis* oder das *Buch der Geschlechterfolgen* (hebräisch: *Toledot*), erzählt dieses „Leben zeugende" Engagement jeder menschlichen Berufung besser; man kann auch von „Gabe" sprechen, wie es das Neue Testament oft tut.

Die Entscheidung, das eigene einmalige Dasein für andere aufs Spiel zu setzen, ist nie ein für alle Mal getroffen. Sie existiert nur als eine Ausrichtung, die durch bestimmte *Optionen* unaufhörlich neu konkretisiert werden muss: Entscheidungen, die in Achtung vor dem Gesetz jegliche Gewalt dem anderen gegenüber ablehnen; Entscheidungen, die unsere Fähigkeit betreffen, uns selbst zu verändern und auf die Gesellschaft und unsere Umwelt Einfluss zu nehmen; und schließlich Entscheidungen, die uns vis-à-vis dieser oder jener Person verpflichten und unsere Treue einfordern.

Diese drei Elemente unserer menschlichen Berufung lassen sich in der scheinbar einfachen Formel zusammenfassen: „Du kannst – einmalig sein – und deine einmalige Existenz für andere in all deinen Entscheidungen aufs Spiel setzen." Diese Formel verweist nicht nur jeden Einzelnen auf seine ursprünglichste Freiheit (*du kannst*). Sie macht auch die unfassbare Grenze des Lebens sichtbar, nicht in negativer Weise, sondern um denjenigen, der sich ihrer bewusst wird, zu dem im Wunder seiner Geburt verborgenen Geheimnis zu führen (*einmalig zu sein*). Sie verweist auf die Forderung, eine zu enge Bleibe aufzugeben, nicht um sie zu verlassen, sondern um bis ans Ende dessen zu gehen, was das Leben in seinem Übermaß verspricht (*dein Leben für andere aufs Spiel zu setzen*). Die Geschichte von Abraham hat es uns gezeigt: „Der HERR sprach zu Abram: Geh fort aus deinem Land, aus deiner Verwandtschaft und aus deinem Vaterhaus in das Land, das ich dir zeigen werde! Ich werde dich zu einem großen Volk machen, dich segnen … *Ein Segen sollst du sein.*" (Gen 12,1 f.)

Die menschliche Berufung ist also ein Weg voller Möglichkeiten, zu Fall zu kommen. Es ist nicht leicht, sich Tag für Tag daran erinnern zu lassen, dass das Leben ein geheimnisvolles Ganzes ist. Noch weniger leicht ist es, die Kräfte des Todes nicht zum Zuge kommen zu lassen, die uns auflauern und die jederzeit die leise „Stimme" des „Du kannst" überlagern; und ehrlich gesagt: Es ist schwer, in den vielen, mehr oder weniger komplexen Entscheidungen, die wir täglich treffen, den Ruf wahrzunehmen, unserer menschlichen Berufung gerecht zu werden. Ist unser Vorschlag also heroisch oder gar utopisch?

Jedenfalls gleicht in der Verwirklichung dieses Vorschlags kein Mensch einem anderen. Sie hängt nicht zuletzt von unseren Beziehungen ab und von Menschen, die wir „Über-setzer" nennen, die in uns wecken können, was der Ausgangspunkt für alles ist: das Hören. Diese Beziehungen werden wir jetzt untersuchen.

Identifikationsfiguren

Wenn wir auf den von uns bereits zurückgelegten Lebensweg blicken, werden wir uns bewusst, wie viel wir manchen Menschen „schulden", die uns den Weg gewiesen haben. – Aber ist es wirklich ein Schulden? Diese „Über-setzer" haben uns erlaubt, weiter zu gehen und uns aus eigener Kraft zu bewegen. Sie haben uns im Grunde gerade vom Gefühl des Schuldens befreit, indem sie in den Hintergrund getreten und ihrem eigenen Weg gefolgt sind. Es gibt also Voraussetzungen, um die Hindernisse auf dem Weg zur eigenen Berufung zu überwinden: Sie haben mit diesen Identifikationsfiguren und mit unserer Art der Beziehung zu ihnen zu tun.

Die „Über-setzer"

Das Wort „Über-setzer" weckt in uns alte Bilder von Menschen, die mit ihren Booten am Fluss warten, um den Reisenden auf die andere Seite „überzusetzen". Was für eine großartige Metapher für unseren Eintritt in das „Leben"!

Um diese Personen zu charakterisieren, denken wir spontan an die Eltern und an alle, die die ersten Schritte eines Kindes begleiten, das nach seiner Geburt seine Umwelt noch nicht allein entdecken kann und eine Phase der „Erziehung" und „Bildung" durchläuft. In diesem Raum der Initiation, der Belehrung und des Lernens lebt das Kind einen grundlegenden „Übergang" und einen „Ausgang", der für alles Weitere entscheidend ist, und zwar dank der Beziehung zwischen ihm und denjenigen, die es weiterhin „zeugen" und begleiten. Das noch für viele Bestimmungen offene Kind muss sich mit diesen Personen identifizieren, um zu wachsen, hoffentlich nicht um sich zu verlieren, sondern um sich nach und nach zu strukturieren. Die Personen, die es auf seinem Weg trifft, sollen ihm ermöglichen, in ihnen und durch sie die spannende und schwierige Aufgabe zu entdecken, selber seinem Leben „Gestalt" zu geben – eine einmalige Gestalt, wie sie sich in Situationen zeigt, wo das Ganze des Lebens aufscheint, das grundsätzlich unzugänglich ist.

Diese menschliche „Bildung" endet nicht mit der Jugend oder mit dem Übergang zum Erwachsenenalter. Die Grenzen zwischen den Altersstufen des menschlichen Lebens sind durchlässiger und fließender geworden als früher. In dem Maße, wie Bildung heute ein lebenslanger Prozess ist, zeigt sich in allen Phasen des Lebens immer deutlicher die Notwendigkeit eines „Über-setzers". Wer erinnert sich nicht, von einem anderen ein Wort *gehört* zu haben, das entscheidend wurde, oder durch einen wohlwollenden *Blick* ermutigt worden zu sein, einen schweren Schritt zu tun? Das erste Merkmal dieser verschiedensten Menschen ist eben das „Du kannst ...", das sie hier und jetzt hören lassen, womit sie dem anderen oft unbeabsichtigt eine verborgene Kraft zu leben übermitteln, ohne an seine Stelle zu treten.

Dieser komplexe Prozess der Autorisierung und Identifizierung verläuft weitgehend unbewusst. Die Bilder dieser Identifikationsfiguren transportieren elterliche, gesellschaftliche und kirchliche „Schemata": Lebensformen, die für ein jeweiliges Milieu typisch sind, Verhaltensweisen, die ständigen Schwankungen und auch Vorurteilen aller Art unterliegen – kurzum, vorgefertigte *Muster*, die den Einzelnen tragen und gleichzeitig die Gefahr beinhalten, ihn einzuschließen. Man könnte meinen, dass die feste Ordnung des gesellschaftlichen und kirchlichen Lebens vor der liberalen Revolution das Individuum daran gehindert hat, seine eigene Einmaligkeit zu (er)finden, und dass die aktuelle, fast unbegrenzte Pluralisierung der Lebensstile sie begünstigt. Nichts ist weniger sicher, denn neue, weniger offenkundige Kräfte besetzen diese in der menschlichen Bildung so entscheidenden Stelle und drohen, die menschliche Bildung in Dressur zu verwandeln. Eine unbestreitbar weniger geordnete Situation der Lebensformen *kann* innere Widerstandskräfte hervorrufen und zu originellen Lebensläufen führen. Sie *kann* aber auch eine Betäubung zur Folge haben, eine Unfähigkeit, den eigenen Ort zu finden und sich zu engagieren – bis hin zur Neigung zu Gewalt. Menschen sind es müde, sie selber zu sein. Das ist zweifellos die Auswirkung dieser ganz und gar neuen Situation, in der die Existenz eines jeden von seiner eigenen wachen oder eben auch eingeschlafenen Kreativität abhängt. Diese schwierigen Bedingungen können Krankheiten begünstigen, denn vom Stress zur Somatisierung eines Unwohlseins ist es nur ein kleiner Schritt. Der „Über-setzer" muss dann zum „Arzt" werden: jemand, dessen Anwesenheit einfach als heilsam empfunden wird, oder jemand mit medizinischer Kompetenz, der sich der zwischenmenschlichen Dimension seines Berufes bewusst ist.

Bei diesem höchst komplexen Identifikationsprozess sind wir immer auf die innere Stimmigkeit oder Authentizität der uns umgebenden „Übersetzer" angewiesen. Was zählt, ist ihre *Kohärenz*, die Art, wie sie in ihren Worten und Taten selber leben. Es ist auch ihre Fähigkeit, *dem anderen seinen unersetzbaren Platz zu lassen*, und es ist ebenfalls ihre einigermaßen versöhnte Beziehung zu ihren Grenzen und zu der *äußersten Grenze ihrer Existenz*. Kurzum, ihre „Präsenz", ihre *hörende Präsenz* kann in demjenigen, der ihnen begegnet, das Verlangen wecken, wie sie zu werden, d. h. den eigenen Weg aktiv zu suchen, ausgehend von einem ganz und gar inneren Hören des „Du kannst ...", das die „Über-setzer" nur von außen hören lassen konnten.

Identifikation und persönliche Freiheit

Wenn wir so die erste Bedingung des Zugangs zu unserer eigenen menschlichen Berufung beschreiben, werden wir uns bewusst, dass jeder von uns mehr oder weniger günstige, mehr oder weniger schwierige und in jedem Fall *keineswegs ideale* Umstände geerbt hat. Sie *können* sehr schlecht sein und den Identifikationsprozess ernsthaft behindern. Sie *können* aber auch als Alibi dienen für jemanden, der sich unaufhörlich beschwert und sich aus seiner eigenen Verantwortung stehlen will. Hier gilt es, Ezechiel Gehör zu schenken, der uns warnt:

> Wie kommt ihr dazu, auf dem Ackerboden Israels das Sprichwort zu gebrauchen: Die Väter essen saure Trauben, und den Söhnen werden die Zähne stumpf? So wahr ich lebe – Spruch GOTTES, des Herrn –, keiner von euch in Israel soll mehr dieses Sprichwort gebrauchen. Siehe, alle Menschenleben gehören mir. Das Leben des Vaters ebenso wie das Leben des Sohnes: Sie gehören mir. (Ez 18,2–4; vgl. Jer 31,29 f.)

Nichts ist von vornherein gewiss, weder der Erfolg noch das Scheitern des Zugangs zu unserer Berufung oder unserem „Menschsein". In jeder Generation, mit jeder Geburt beginnt das menschliche Abenteuer ganz neu und einmalig. Das Gelingen ist eigentlich wie ein Wunder, das oft erst im Nachhinein erkannt wird. Umso mehr müssen wir über die Beziehung zu den Identifikationsfiguren und die Bedingungen nachdenken, die den Zugang zu unserer menschlichen Berufung begünstigen.

1. Die allererste Bedingung ist zweifellos, dass man *Trennungen* akzeptiert. Wenn wir von Zuhause weggehen und andere Menschen treffen, werden wir uns der Modelle bewusst, die uns geprägt haben, und das erlaubt uns, sie hinter uns zu lassen: Ein Jugendlicher hat ein Studium begonnen, das Eltern, Verwandte oder eine Notlage ihm eingegeben haben, bevor er, manchmal aufgrund von Schwierigkeiten oder Scheitern, seinen eigenen Weg findet. Ein anderer verfolgt über lange Zeit eine Karriere und entdeckt nach fünfzehn oder zwanzig Jahren, dass er den Kurs ändern muss. Er spürt immer deutlicher, dass ein Teil von ihm selbst nicht lebt, dass seine Lebensenergie schwindet und dass er dabei ist, krank zu werden. Bekannte Ufer zu verlassen, bedeutet immer auch, eine neue Verletzlichkeit zu akzeptieren durch materielle und psychische Unsicherheit, die dadurch vergrößert wird, dass Beziehungen aufs Spiel gesetzt oder abgebrochen werden. Es geht nicht darum, zu verlassen um des Verlassens willen, zu brechen um des Brechens willen, sondern um die lebenswichtige Notwendigkeit, weiterzugehen und dem Verlangen zu folgen, das ein geheimer, innerer Kompass anzeigt. Wenn die Lebensenergie erneut und vielleicht auf unerwartete Weise wieder auftaucht, ist das das Zeichen, dass jemand persönlich frei wird.

2. Eine andere Bedingung besteht darin, einen *Sinn für den Unterschied zwischen dem Endgültigen und dem Vorläufigen* zu bekommen. Das lehrt uns früher oder später das Leben selbst. Wenn wir einen Lebensabschnitt hinter uns lassen oder eine Krise durchmachen, dann ändert sich aufgrund der gemachten Erfahrungen der Blick auf diejenigen, die uns gezeugt und auf unserem Weg begleitet haben. Im Lauf der Zeit tritt dieser oder jener Charakterzug einer uns nahestehenden Person in den Hintergrund, und wir werden sensibler für ihr persönliches Ringen um mehr *Kohärenz* in ihrem

Leben. Wir lassen uns von der *Gastfreundschaft* eines Menschen überraschen, den wir als zu sehr auf sich selbst fixiert erlebt haben. Wir werden nachsichtiger mit denen, die angesichts der Grenzen des Daseins voller Angst sind, und erkennen in ihnen die Hinweise auf eine beginnende *Aussöhnung*. Kurzum, je weiter wir im Leben fortschreiten, desto mehr ändert sich unsere Wahrnehmung der anderen, vor allem der uns Nahestehenden; und nach und nach tauchen die entscheidenden, ja, die endgültigen Fragen des Lebens auf.

3. Dieser veränderte Blick auf unsere „Über-setzer" hängt mit einer dritten Bedingung für den Zugang zu unserer eigenen menschlichen Berufung zusammen: Das ist die Fähigkeit, um „*Rat*" *zu fragen*. Es ist nämlich eine Kunst, von den Erfahrungen des anderen und seiner Weisheit zu profitieren, ohne die eigene Freiheit zu verlieren bzw. diese sogar von jemand anderem wecken und aktivieren zu lassen. Die Unterscheidung zwischen „Rat" und „Vorschrift" besagt ja, dass es einen Unterschied gibt zwischen allgemeinen elementaren Lernerfahrungen und dem absolut singulären Weg, den jeder finden muss, manchmal in Konfliktsituationen, die niemand an seiner Stelle lösen kann.

Um Rat fragen heißt: Ich akzeptiere den mehr oder weniger distanzierten Blick des anderen auf mich und meine Situation und erkenne dabei, dass sich mir das Ganze meines Lebens entzieht. Einen „Über-setzer" in die Lage zu versetzen, mich zu beraten, verlangt, dass ich in dem, was er sagt, erkennen kann, was mich wirklich betrifft, und dass ich auch weiterhin das „Du kannst…" höre, mitsamt der darin enthaltenen Forderung, der ich mich nicht entziehen kann.

Manche Menschen fragen häufig um Rat und multiplizieren ihre Berater, vielleicht, um sich vor der unvermeidlichen Einsamkeit jeder Entscheidung zu schützen oder um jemanden zu finden, der so denkt wie sie. Andere halten sich für stark genug, nie auf andere hören zu müssen. Die echte Praxis der Bitte um Rat hat einen fragilen Ort, wo nämlich unsere eigene Freiheit unaufhörlich aus unseren grundlegenden Beziehungen erwächst: Sie offenbart, wie es um diese Beziehungen einer Identifizierung und um die persönliche Suche eines singulären Weges steht. Sie lässt uns zwischen unseren „Über-setzern" unterscheiden. Nicht jeder weiß zu beraten, und manche geben ihren Rat, ohne gefragt zu werden; wir erfassen das instinktiv. In einer echten Beratungsbeziehung jedoch, in der jeder auf seine unvergleichliche Einmaligkeit verwiesen wird, taucht eine geheimnisvolle Weisheit auf, die beide Gesprächspartner überschreitet.

Es geht um die Fruchtbarkeit

Der Zugang zum Menschsein, wie wir ihn definiert haben, hat also seinen Ort in diesem komplexen Zusammenspiel zwischen Identifikationsfiguren und denjenigen, die sich auf sie beziehen. Sie finden in diesen Personen und dank dieser Beziehungen ihre eigene Freiheit, um ihrem Leben Gestalt zu geben. Die entscheidende Schwelle auf diesem Weg ist die Fruchtbarkeit, die gleichzeitig das letztendliche Kriterium für jede menschliche Berufung bildet. Wenn die menschliche Berufung dort hörbar wird, wo sich am deutlichsten zeigt, dass *das Leben nur im Weitergegeben-Werden existiert,* so ist klar, dass die Fruchtbarkeit das Zeichen dafür ist, dass ein Ruf wirklich gehört wurde. Diese Fruchtbarkeit ist nicht nur als „generativ" im Sinne biologischer menschlicher Zeugung zu verstehen; sie kann auch „grundlegend" sein. In einem weiteren Sinn zeigt sie sich in jedem schöpferischen Werk, durch das Menschen von ihrem eigenen Leben und ihrer ganzen Existenz Spuren in der Geschichte hinterlassen – Spuren, an die andere anknüpfen können. Die Zeit kommt hier ins Spiel als etwas, was Verbindung schafft: Was in die Welt gesetzt wurde, entzieht sich unvermeidbar denen, die es gezeugt haben. Das Band einer gewissen Kontinuität bindet es aber *gleichzeitig* an sie und ihr „Wirken" zurück und öffnet überdies den Blick auf spätere Generationen und auf das, was diese mitten im Vorübergehenden jeweils als „Bleibendes" mitbringen werden.

Die grundlegenden Triebfedern unserer Existenz werden durch diesen paradoxen Zugang zu unserer eigenen Identität *in* der Weitergabe des Lebens aktiviert: der Sexualtrieb und das Bedürfnis zu spielen und zu genießen, die Sucht, Güter aller Art zu sammeln, der Wunsch nach Anerkennung und das Streben nach Macht. Das Gebot, demzufolge diese Triebe der Achtung vor dem anderen gehorchen sollen, zielt auf ein *labiles Gleichgewicht* zwischen ihrer Beherrschung zugunsten einer sozialen Ordnung, die dazu führen kann, dass jegliche Spannung und Kreativität verlorengehen, und ihrem ungebremsten Ausleben, das pathologische Auswirkungen auf individueller und sozialer Ebene haben kann. Ziel der Erziehung ist es, dieses (immer wieder bedrohte) Gleichgewicht herzustellen und die Individuen zu befähigen, es aufrechtzuerhalten. Sie stützt sich dabei auf mehr oder weniger stabile „Formen" oder „Stände" des Lebens, über die eine Gesellschaft verfügt, um unsere grundlegenden Triebfedern für die Weitergabe des Lebens zu ordnen.

Seit jeher treten unübersehbare und schmerzhafte Spannungen eben hier auf, wo die soziale Seite unseres Weges und die persönliche Seite, die libidinöse Energie jedes Einzelnen, aufeinander treffen. Das Christentum, das bestimmten Ständen – der Ehelosigkeit um des Reiches Gottes willen, dem geistlichen Stand und dem Ordensleben – den Wert der Berufung gibt und gleichzeitig die Lebensform der Ehe regelt, hat an dieser Grenze seinen Platz gefunden. Es hat die Weitergabe des Lebens zum Ort menschlicher Berufung par excellence gemacht und ihren Sinn der Sicherung der Nachkommenschaft auf andere Typen von Fruchtbarkeit ausgeweitet. Es hat den Einzelnen Lebensformen geboten mit entsprechenden Identifikationsfiguren und sie auch rechtlich geregelt. Allen hat es zu starken, am Evangelium orientierten Motivationen und Energien für den Umgang mit ihrem libidinösen und spirituellen Menschsein verholfen. Es hat Bildungssysteme hervorgebracht, durch die das Erbe der humanistischen Kultur dazu genutzt wurde, dass Frauen und Männer das individuelle und kollektive Abenteuer ihres Menschseins in größerer Freiheit angehen können.

In einem gewissen Sinn ist es gerade der Rückzug des Christentums in unseren westlichen Gesellschaften, der die Aufgabe eines jeden Menschen freilegt, zu seiner einmaligen Berufung zu gelangen, und der vor allem die verschiedenen davon betroffenen Schichten unseres Wesens zu unterscheiden erlaubt. Die entscheidende Wegkreuzung ist dort, wo die Existenz sich mir *vielleicht* als ein *Ganzes* zeigt, *das mir zu eigen gegeben ist, ohne dass ich darüber verfügen könnte*. Außerhalb dieses Blicks nach vorn – auf den Horizont meines Todes – und zurück – zu meiner Geburt – verliert die Sprache der „Berufung" jede Bedeutung. Nur in diesem umfassenden, prekären und verletzlichen „Raum" können die verschiedenen Seiten der menschlichen Erfahrung, die hier das Wort „Berufung" bezeichnet, zusammenkommen. Wir haben sie auf den Nenner gebracht: „Du kannst – einmalig sein – und deine einmalige Existenz für den anderen in allen deinen Entscheidungen aufs Spiel setzen." Der Zugang zum Hören dieses „Du kannst …" öffnet sich im *Beziehungsgeschehen* der Identifikation. Dieses Beziehungsgeschehen trägt den Entwicklungsprozess des jungen Menschen, bis er dahin gelangt, selber seinem Leben Gestalt zu geben und ausgehend von der Fruchtbarkeit seiner Entscheidungen seine ursprüngliche Berufung immer mehr zu entdecken. Stabile „Lebensformen" oder „Stände" erleichtern es, diesen Weg hin zu mehr Fruchtbarkeit zu finden. Sicherlich erschwert die Wandelbarkeit und Vervielfältigung dieser Lebensformen in unseren europäischen Gesellschaften heute die Suche eines jeden nach seiner eigenen menschlichen Berufung. Wer einen Partner wählt oder die Beziehung zu ihm abbricht, wer ehelos bleibt, ob aufgrund seiner Entscheidung oder aufgrund von Umständen, die ihn dazu gebracht haben, kann nicht mehr meinen, einfach in einen „Stand" einzutreten, der bereits als etwas „Vorgefertigtes" existiert und den er nur mit Leben füllen würde. Er muss ihn gewissermaßen auf der Stelle neu erfinden. Das erklärt teilweise, warum viele Situationen so aufreibend sind.

Das Evangelium schreibt sich in diesen komplexen Prozess des Zugangs zu unserem Menschsein ein und gibt ihm einen „neuen Rahmen" oder eine „*neue* Orientierung". Der Blick, den wir gerade auf die menschliche Berufung geworfen haben, ist allerdings schon durch diese gute Nachricht bestimmt. Das „Du kannst …" nimmt ja die Tonart des Evangeliums Gottes auf und lässt die Glaubwürdigkeit des „Über-setzers" erkennen, der es hier und jetzt hörbar macht. So kann Jesus Christus für einen Menschen Bedeutung und Gewicht gewinnen. Er geht dann von der „menschlichen Berufung" zu der sehr spezifischen Gestalt über, die diese in der „christlichen Berufung" erhält.

Christus nachahmen – Christus nachfolgen

Wir knüpfen an das an, was wir im ersten Kapitel über den von Jesus von Nazareth und von Paulus von Tarsus gehörten Ruf gesagt haben, jetzt allerdings in einem größeren anthropologischen Rahmen: dem jeder menschlichen Berufung. Jetzt befinden wir uns nämlich inmitten des Beziehungsgeschehens zwischen Identifikationsfiguren und dem, der sich auf sie bezieht. Wo es sich um Christus handelt und um jene, die sich auf ihn beziehen, verwendet das Neue Testament zwei Sprachspiele, um ihre Beziehung zueinander zu beschreiben: das der „Nachahmung" und das der „Nachfolge". Wenn diese beiden Sprachspiele im Gesamtzusammenhang der Heiligen Schrift betrachtet werden, rücken sie die grundlegende biblische Orientierung, die Menschen nach dem Bild und Gleichnis Gottes zu „formen" (vgl. Gen 1,26 f.), wieder ins rechte Licht und konkretisieren sie. Das II. Vatikanische Konzil baut darauf auf, um zu erklären, dass die christliche Berufung im *Dienst* der menschlichen Berufung steht.

Der Apostel Paulus und die Evangelien

Während sich die Evangelien, insbesondere die Synoptiker, auf die Beziehung zwischen dem Meister Jesus und seinen Jüngerinnen und Jüngern stützen und sie als „Nachfolge" (*akolouthein*) beschreiben, benutzen die Paulusbriefe den Begriff der „Nachahmung" (*mimesis*), der der griechischen Kultur der Bildung eigen ist. Sie öffnen damit die einzigartige Beziehung zur Person Christi auf andere Bezugspersonen und schaffen so einen weiteren

Kreis von Identifikationsfiguren. Dazu gehören der Apostel, ja sogar die von ihm gegründeten Gemeinden. In diesem Punkt befindet sich das *Corpus Paulinum* näher an unserer eigenen Fragestellung als die Evangelien. Wir beginnen also mit ihm.

1. Die Sprache der Nachahmung findet sich zum ersten Mal in der ältesten christlichen Schrift (aus dem Jahr 51), dem ersten Brief des Paulus an die Christen in Thessaloniki. In einem wenig doktrinären Stil berichtet der Brief im ersten Teil (vgl. 1 Thess 1–3), was sich zwischen Paulus und seinen Mitarbeitern Sylvanus und Timotheus einerseits und der Gemeinde von Thessaloniki andererseits ereignet hat:

> Wir danken Gott für euch alle … Wir wissen, von Gott geliebte Brüder und Schwestern, dass *ihr erwählt seid*. Denn unser Evangelium kam zu euch nicht im Wort allein, sondern auch mit Kraft und mit dem Heiligen Geist und mit voller Gewissheit; ihr wisst selbst, wie wir bei euch aufgetreten sind, um euch zu gewinnen. Und *ihr seid unserem Beispiel gefolgt und dem des Herrn;* ihr habt das Wort trotz großer Bedrängnis mit der Freude aufgenommen, die der Heilige Geist gibt. So wurdet ihr *ein Vorbild für alle Glaubenden in Mazedonien und Achaia.* Von euch aus ist das Wort des Herrn aber nicht nur nach Mazedonien und Achaia gedrungen, sondern überall ist euer Glaube an Gott bekannt geworden, sodass wir darüber nichts mehr zu sagen brauchen. Denn man erzählt sich überall, welche Aufnahme wir bei euch gefunden haben und wie ihr euch von den Götzen zu Gott bekehrt habt … (1 Thess 1,2.4–9)

In diesem Auszug aus dem Anfang des Briefes erkennen wir gut, wie sich das Evangelium ausgebreitet hat: Das Evangelium Gottes existiert nicht unabhängig von *dem*, der es verkündet und der zum „Bild" wird, dessen „Nachahmung" die Aufnahme des Wortes konkretisiert, bis die Adressaten ihrerseits zu einem „Vorbild" für andere werden und so weiter. Bemerkenswert ist, dass Paulus anschließend auf die anthropologischen Wurzeln dieses Prozesses zu sprechen kommt, indem er seinen innersten Antrieb offenlegt, nämlich die Kohärenz desjenigen, der das Evangelium verkündet:

> [W]ir predigen nicht, um euch irrezuführen, und nicht in unlauterer oder betrügerischer Absicht, sondern wir tun es, weil Gott uns geprüft und uns das Evangelium anvertraut hat, nicht also um den Menschen, sondern um Gott zu gefallen, der unsere Herzen prüft. … [W]ir sind euch freundlich begegnet: *Wie eine Mutter* für ihre Kinder sorgt, so waren wir euch zugetan und wollten euch nicht nur am Evangelium Gottes teilhaben lassen, sondern auch an unserem Leben; denn ihr wart uns sehr lieb geworden. … Ihr wisst auch, dass

wir, *wie ein Vater seine Kinder, jeden Einzelnen von euch* ermahnt, ermutigt und beschworen haben ... (1 Thess 2,3 f. 7 f. 11 f.)

Die Nachahmung im Prozess der Evangelisierung „funktioniert" also *wie* die elterliche Zeugung, auch wenn es sich hier um eine unendlich viel radikalere „Zeugung" handelt, die nämlich zur Schaffung einer geschwisterlichen Gemeinschaft führt (vgl. 1 Thess 1,3 f.), die alle Grenzen zwischen Geschwistern überschreitet. Ausgehend von der Erfahrung der Nachahmung und der ihr eigenen Fruchtbarkeit geht Paulus bis zum Ursprung zurück, nämlich bis zur „Wahl" oder zur „Berufung" durch Gott (vgl. 1 Thess 1,4: *eklogē*), die in diesem Prozess offenbar wird:

> Darum danken wir Gott unablässig dafür, dass ihr das Wort Gottes, das ihr durch unsere Verkündigung empfangen habt, nicht als Menschenwort, sondern – was es in Wahrheit (*alēthōs*) ist – als Gottes Wort angenommen habt; und jetzt ist es in euch, den Glaubenden, wirksam. Denn, Brüder und Schwestern, ihr seid dem Beispiel der Gemeinden Gottes in Judäa gefolgt, die in Christus Jesus sind. (1 Thess 2,13 f.)

In einem sehr realen Sinn zeigt sich das Evangelium im Prozess der Verkündigung und Nachahmung als menschliches Wort. Seine Fruchtbarkeit offenbart jedoch zugleich, was es „in Wahrheit" ist: Wort Gottes oder Ruf, der seinen göttlichen Ursprung eben dadurch offenbart, dass er schon im „Herzen" des Adressaten an der Arbeit ist, und ihn zur höchsten Kohärenz mit sich selbst führt. Dieser Rückbezug zum immer aktuellen Ursprung des Evangeliums geschieht *gleichzeitig* durch eine „Rückkehr" zum Anfang des Nachahmungsprozesses. Paulus beginnt seinen Gedankengang, indem er den Thessalonichern sagt, dass sie ihn, Sylvanus und Timotheus *sowie den Herrn* nachgeahmt haben (vgl. 1 Thess 1,6), und er endet, indem er von ihrer Nachahmung der Kirchen Gottes in Judäa spricht, „die in Christus Jesus sind" (1 Thess 2,14).

2. Vom Sprachspiel der „Nachfolge Christi" war schon am Ende des ersten Kapitels die Rede, anlässlich der Geschichte von Elija und Elischa. Verglichen mit der „Nachahmung", betont diese Wortwahl eher den *Bruch* in Bezug auf die Weitergabe des Lebens in der Familie: Elischa kann Vater und Mutter umarmen, bevor er Elija folgt, während Jesus dem, der ihm nachfolgen will, keinen Aufschub gewährt: „Keiner, der die Hand an den Pflug gelegt hat und nochmals zurückblickt, taugt für das Reich Gottes." (Lk 9,62 par.) Wir hatten anlässlich der Bedingungen für den Zugang zu unserer menschlichen Berufung vom notwendigen Akzeptieren einiger *Brüche* gesprochen, was bereits mit der Erschaffung von Mann und Frau gegeben ist:

„Darum *verlässt* der Mann Vater und Mutter *und hängt* seiner Frau *an* ..."
(Gen 2,24)

Die vier Evangelien zeigen uns *zwei unterschiedliche Figuren des ersten Rufs, Jesus zu folgen.* In den drei synoptischen Evangelien, Markus, Matthäus und Lukas, *hat Jesus selbst die Initiative:*

> Als Jesus am See von Galiläa entlangging, sah er Simon und Andreas, den Bruder des Simon, die auf dem See ihre Netze auswarfen; sie waren nämlich Fischer. Da sagte er zu ihnen: Kommt her, mir nach! Ich werde euch zu Menschenfischern machen. Und sogleich ließen sie ihre Netze liegen und folgten ihm nach. Als er ein Stück weiterging, sah er Jakobus, den Sohn des Zebedäus, und seinen Bruder Johannes; sie waren im Boot und richteten ihre Netze her. Sogleich rief er sie und sie ließen ihren Vater Zebedäus mit seinen Tagelöhnern im Boot zurück und folgten Jesus nach. (Mk 1,16–20 par.)

Die Initiative Jesu ist die erste Manifestation seiner Autorität. Er bringt sich sehr radikal in den „schöpferischen" Ruf ein, der von denjenigen, die ihn hören, so etwas wie einen Blankoscheck verlangt. Der Text erlaubt uns natürlich nicht, die *Stimme* dessen zu hören, der diese neue Beziehung als eine allererste Gewissheit ermöglicht, auf die sich alles Weitere stützen kann. Wir, die Leser, sehen nur das Ergebnis dieser Begegnung: Die vier lassen ihre Arbeitsgeräte zurück, ihren Vater und seine Arbeiter, um Jesus zu folgen, der hier eine beinahe elterliche Position einnimmt. Gewiss, sie bleiben Brüder – Simon und Andreas, Johannes und Jakobus sind leibliche Geschwister –, aber sie sind in ein neues Beziehungsgeschehen eingebettet. Und der Beruf des „Fischers" ist ebenfalls weiterhin eine Kraftquelle, aber er verändert sich und wird zur Sendung als „Menschenfischer". Der Bruch ist eindeutig: Es gilt wegzugehen.

Anders das vierte Evangelium. Hier *geht die Initiative von den ersten Jüngern aus* oder, genauer gesagt, vom Täufer:

> Am Tag darauf stand Johannes wieder dort, und zwei seiner Jünger standen bei ihm. Als Jesus vorüberging, richtete Johannes seinen Blick auf ihn und sagte: Seht, das Lamm Gottes. Die beiden Jünger hörten, was er sagte, und folgten Jesus. Jesus aber wandte sich um, und als er sah, dass sie ihm folgten, sagte er zu ihnen: Was sucht ihr? Sie sagten zu ihm: Rabbi – das heißt übersetzt: Meister –, wo wohnst du? Er sagte ihnen: Kommt und seht! Da kamen sie mit und sahen, wo er wohnte, und blieben jenen Tag bei ihm; es war um die zehnte Stunde. (Joh 1,35–39)

Das Johannesevangelium füllt auf seine Weise die „Leerstelle" aus, welche die Berufungserzählung der Synoptiker hinterlassen hat: Der Blick auf den „vorübergehenden Jesus" und die Interpretation des Täufers — „Seht, das Lamm Gottes" – genügen, zwei seiner eigenen Jünger zu „verführen". Einer von ihnen ist Andreas, der Bruder des Simon. Sie wechseln daraufhin ihren Meister und folgen Jesus. Dieser befragt sie über ihren Wunsch: „Was sucht ihr?" Ihre Antwort betrifft sowohl den Meister selbst als auch sein Geheimnis: „*Wo* wohnst du?" – Wohn-„Ort" des Wandernden gewiss, aber vor allem „Bleibe", von der der Leser (vielleicht der erste der fünf Jünger, der im Text anonym bleibt) dank des Prologs des Evangeliums bereits alle Dimensionen kennt: „[D]as Wort ist Fleisch geworden und *hat unter uns gewohnt* ..." (Joh 1,14)

Diese ersten beiden „Wechsel des Meisters" führen zu anderen Begegnungen und Rufen, bei denen die Tatsache, dass Andreas und Simon leibliche Brüder sind (vgl. Joh 1,40–42), und ihr gemeinsamer Herkunftsort, Betsaida (vgl. Joh 1,43–51), nach wie vor eine Rolle spielen. Philippus, der vierte der Gruppe (mit dem Namenlosen und mit Andreas und Simon, Kephas genannt), wird wie bei den Synoptikern gerufen: „Folge mir nach!" Außer der Tatsache, dass er aus derselben Stadt wie Andreas und Petrus kommt, bringt er einen fünften mit, Nathanael, der überrascht entdeckt, dass Jesus ihn in Wahrheit schon gekannt hat, „bevor" ihn der Ruf des Philippus erreicht hat.

Brüche skandieren diese Episoden. Die ersten Jünger verlassen den Täufer; und bevor der Leser – Ist er der Namenlose? – mit Nikodemus erfährt, dass er „wiedergeboren" oder „von oben geboren" werden muss (vgl. Joh 3,1–9), hat er bereits – nach wie vor im Prolog des Evangeliums – entdeckt, dass die Kinder Gottes „nicht aus dem Blut, nicht aus dem Willen des Fleisches, nicht aus dem Willen des Mannes, *sondern aus Gott* geboren sind." (Joh 1,13) Der Jesus des vierten Evangeliums führt die Jüngerinnen und Jünger zu dieser andersartigen „Zeugung" der „Kinder *Gottes*", setzt dabei aber an erster Stelle auf ihr Verlangen und den Ausdruck dieses Verlangens in den Ungewissheiten der Begegnungen.

Dem Anfangsmoment des „Rufs" (in seiner ganzen synoptischen und johanneischen Komplexität, die wir gerade beschrieben haben) folgt dann ein langer Weg der gemeinsamen Wanderschaft in der *Schule des Meisters*, der in vielen Aspekten dem Weg ähnelt, der bei der Initiation, der Hinführung zur Erwachsenentaufe, durchlaufen wird. Konkret handelt es sich um das *Unterwegssein* mit Jesus, was die Fähigkeit beinhaltet, sich verwundbar zu machen in der Beziehung zum anderen und angesichts von unerwartet auftretenden Ereignissen. Eine gewisse Genügsamkeit und Einfachheit in den Beziehungen sind die Bedingungen dafür. Diese Lebensweise, die die Jüngerinnen und Jünger auszeichnet, ist nur dank der Menschen möglich, die ihre *Häuser* öffnen und den Vorbeikommenden Gastfreundschaft bieten; dies ist der andere, „soziale" Aspekt der Schule Jesu, der, wie die *Apostelgeschichte* und die Briefe des Paulus zeigen, in den frühen christlichen Gemeinden immer wichtiger wird. Ohne diese „Häuser des Evangeliums" liefe das Unterwegssein Gefahr, seine Verwurzelung in der Gesellschaft zu verlieren und bliebe ohne Nachhaltigkeit. Eine Stelle aus dem Markusevangelium macht das deutlich:

> Da sagte Petrus zu ihm [Jesus]: Siehe, wir haben alles verlassen und sind dir nachgefolgt. Jesus antwortete: Amen, ich sage euch: Jeder, der um meinetwillen und um des Evangeliums willen Haus oder Brüder, Schwestern, Mutter, Vater, Kinder oder Äcker verlassen hat, *wird das Hundertfache dafür empfangen. Jetzt in dieser Zeit wird er Häuser und Brüder, Schwestern und Mütter, Kinder und Äcker erhalten, wenn auch unter Verfolgungen,* und in der kommenden Welt das ewige Leben. (Mk 10,28–30)

Die Weggenossenschaft mit Jesus endet schließlich oder verwandelt sich radikal, als der Meister – von der Gewalt verschlungen – verschwindet und den anfänglichen Ruf bis zum Ende führt. Man kann die vier Evangelien in dieser Perspektive der „Initiation" lesen: Gewiss, sie erzählen den Weg Jesu vom Anfang bis zum Ende, aber sie berichten auch und vor allem, *was er in und für diejenigen wird*, deren Weg er kreuzt. Die Gesten Jesu, sei es das Abendmahl in den synoptischen Evangelien (vgl. Mk 14,22–25 par.) oder die Fußwaschung und die Abschiedsreden im Johannesevangelium (vgl. Joh 13,1–30), bedeuten und erzeugen nicht nur eine Intimität in der Beziehung *für* diejenigen, die seinen Weg kreuzen, sondern auch eine *Immanenz*. Jesus „geht über" *in* diejenigen, die am eucharistischen Mahl teilnehmen: Nehmt und esst, nehmt und trinkt! Das ist mein Leib, das ist mein Blut. Johannes führt mit der Geste der Fußwaschung die gleiche Bewegung der Immanenz Christi in diejenigen ein, die er gerufen hat: Sich von ihm die Füße waschen zu lassen, heißt *Anteil an ihm haben* (vgl. Joh 13,8), an dem, der bereits in der Rede über das Brot des Lebens gesagt hatte: „Wer mein Fleisch isst und mein Blut trinkt, der bleibt in mir und ich bleibe in ihm." (Joh 6,56)

Hier vollendet und erfüllt sich die christliche Berufung und kommt zugleich mit dem Letztmöglichen der menschlichen Berufung zusammen: *Sein Leben geben* – das tut *Christus* in diesen einfachen und zugleich komplexen „Gesten", die seinen gewaltsamen Tod „interpretieren". Was das heißt, lässt sich dreifach entfalten: Er selber hat die „Stimme" gehört, welche die Macht des Todes in ihm entwaffnet (1). Er „sammelt" hier und jetzt das Ganze seiner einmaligen Existenz zwischen ihrem Anfang und ihrem Ende ein (2). Und er setzt es für alle aufs Spiel (3): *Dieses* Brot, *dieser* Wein, *das ist* mein Leib und *das ist* mein Blut *für euch*. Für diejenigen, die dieses Brot essen und diesen Wein trinken, offenbart sich hier etwas „Unmögliches", ein maßloses Aus-sich- und Über-sich-Hinausgehen, das auch der Ort all ihrer Kompromisse, Lügen und Gewalttaten ist: „Der mein Brot isst, hat seine Ferse gegen mich erhoben" (Joh 13,18 par., vgl. Ps 41,10), wie es in der Erzählung vom Verrat des Judas heißt. In jeder Weitergabe des Lebens ist die Selbsthingabe ein „unmöglicher" Schritt. In dem Moment aber, in dem der Messias ihn ermöglicht, offenbart er alles, was dem Menschen im Innern widersteht, und öffnet die Augen seiner Jüngerinnen und Jünger für das „Wunder" des Gelingens. Sie erkennen die Widerstände und das Gelingen, wenn sie sich in Christus „einverleiben" lassen, um tagtäglich demütig von ihm zu leben.

Nach dem Bild Gottes „geformt" werden

Das Ziel der christlichen Berufung, das sich hier abzeichnet, ist ein und dasselbe, egal ob es sich um das Sprachspiel der „Nachfolge Christi" oder das der „Nachahmung" handelt. Beide zielen auf die „Formung" des Menschen nach dem Bild und Abbild DESJENIGEN, von dem wir uns kein Bild machen dürfen (vgl. Gen 1,26, Dtn 4,16–18). Alles, was vorausgeht, läuft auf dieses letzte Geheimnis zu: Das Verbot, Gott in unsere Vorstellungen einzuschließen, und das Verbot, die anderen in unsere Bilder einzusperren, sind untrennbar miteinander verbunden. Das Kind ist bei seiner Geburt noch wenig bestimmt und muss seiner Existenz selbst „Form" geben; das ist die positive Seite dieses zweifachen Verbotes. Um aber wir selbst zu werden, müssen wir denen „folgen", die uns zeugen, oder sie „nachahmen". Zum Bild des anderen gehört also notwendigerweise eine grundlegende Zweideutigkeit. Der Vergleich mit ihm kann denjenigen, der sich mit ihm identifiziert, entfremden, oder er kann ihn weiterführen zu dem, was der andere und was er selbst jeweils absolut *unvergleichlich*, *unvorstellbar* und *einmalig* in ihren horizontalen und vertikalen oder inter-generationellen Beziehungen sind. Die Nachfolge oder die Nachahmung entsprechen dann dem Ruf in seinem allerersten Inhalt, in dem er das Vertrauen des „Du kannst ..." zuspricht, dem Ruf also, sich den grundlegenden Fragen der *eigenen* Existenz mehr und mehr zu stellen.

Mit jedem Menschen, der geboren wird, und mit jeder neuen Generation wiederholt sich das Abenteuer der „*Formung*" *eines einmaligen Wesens*. Der narrative Ausdruck dieses Prozesses und das Bewusstsein dafür, was ihn vielleicht strukturiert, beginnen anfanghaft schon mit der biblischen Tradition und treten mit dem historischen Kommen Jesu Christi in eine entscheidende Phase ein, deren letzte Bedeutung wir erst heute in der Auseinandersetzung mit der radikalen Vielfalt der spirituellen Traditionen der Menschheit entdecken. Christus ist „Bild des *unsichtbaren Gottes*", sagt der Brief an die Kolosser (1,15), und zwar nicht in dem Sinn, dass die Unsichtbarkeit Gottes in Christus beseitigt wäre, sondern dass uns *die Unsichtbarkeit eines jeden Menschen* offenbart wird – nämlich auf dem Weg des Blutes und des Kreuzes (vgl. Kol 1,20), der *Selbst*hingabe, welche die Menschen versöhnt und ihnen ermöglicht, ihrerseits die „Feindseligkeit" aufzugeben und „heilig, untadelig und schuldlos" (Kol 1,22) vor Gott zu treten.

Im Johannesevangelium finden wir dieselbe Zielsetzung des Werkes Christi. Gewiss ist Jesus der einzige „Exeget" des unsichtbaren Gottes: „Niemand hat Gott je gesehen. Der Einzige, der Gott ist und am Herzen des Vaters ruht, er hat Kunde gebracht." (Joh 1,18) Doch müssen aber sofort hinzufügen, dass diese absolut *einzigartige* „Exegese" des unsichtbaren Gottes völlig nutzlos wäre, wenn der einzige Sohn (*monos*) allein bliebe. Das ist die Zweideutigkeit der Einmaligkeit, die entweder zur Unfruchtbarkeit dessen führen kann, der allein in seiner Art ist, oder im Gegenteil ihre wahre Bedeutung in der Fruchtbarkeit dessen manifestieren kann, der seine einmalige Existenz hingibt. Den *Griechen, die ihn sehen wollen*, sagt der johanneische Christus:

> Die Stunde ist gekommen, dass der Menschensohn verherrlicht wird [antwortet der johanneische Christus den Griechen, *die ihn zu sehen wünschen*]. Amen, amen, ich sage euch: Wenn das Weizenkorn nicht in die Erde fällt und stirbt, bleibt es allein (*monos*); wenn es aber stirbt, bringt es reiche Frucht. Wer sein Leben liebt, verliert es; wer aber sein Leben in dieser Welt gering achtet, wird es bewahren bis ins ewige Leben. Wenn einer mir dienen will, folge er mir nach; und wo ich bin, dort wird auch mein Diener sein. Wenn einer mir dient, wird der Vater ihn ehren. (Joh 12,[20 f.].23–26)

Dieser Abschnitt ist wie eine Zusammenfassung unserer ganzen Darlegung über die christliche Berufung und ihre Zielsetzung, zur „Entwicklung" des Menschen beizutragen. Die christliche Berufung führt zur Offenbarung des unsichtbaren Gottes in nichts anderem, als dass Menschen ihre je einmalige Existenz für die anderen aufs Spiel setzen.

In diesem Sinn haben wir von der christlichen Berufung als „einer sehr spezifischen Form" der menschlichen Berufung gesprochen. Der Ruf, Christus zu folgen oder ihn nachzuahmen, führt unsere menschliche Berufung zu ihrem Zielpunkt und offenbart ihre tiefsten Triebfedern. Und zwar noch mehr heute, in unserer Situation des schwierigen Nebeneinanders von so vielen Religionen und spirituellen Optionen der Menschheit auf ein und derselben Erde. Dieser Kontext führt zu ungezählten Gewalttaten. Er erfordert nicht nur den Respekt vor der Andersartigkeit dieser Traditionen, sondern weckt auch und vor allem die Fähigkeit der Jüngerin und des Jüngers Christi, das eigene Leben für die Befriedung der Beziehungen zwischen den Generationen aufs Spiel zu setzen – auf einer Erde, die alle als Erbe erhalten haben und die als solche weitergegeben werden muss: „Selig, die Sanftmütigen; denn sie werden das Land erben." (Mt 5,5)

Die christliche Berufung im Dienst der menschlichen Berufung

Diese grundlegende Verbindung zwischen der christlichen Berufung und der menschlichen Berufung führt dazu, dass der Ruf nicht anders kann, als denjenigen zu berühren, der ihn wirklich in seinem Menschsein hört, das zuinnerst mit dem Menschsein des anderen verbunden ist. Ob es der „Nahestehende" unter Geschwistern oder in der Beziehung zwischen Eltern und Kindern ist, oder der „Nächste": Wie könnte man Jüngerin oder Jünger Christi sein wollen, ohne sich mit allen Fasern für die Zukunft der Männer und Frauen zu interessieren, die uns anvertraut sind oder denen wir unerwartet auf unseren Wegen begegnen? Kurzum, die christliche Berufung ist im Vergleich zur menschlichen Berufung von Grund auf *dezentriert*; im Namen Christi steht sie *im Dienst* der menschlichen Berufung.

Das II. Vatikanische Konzil und die Pastoralkonstitution *Gaudium et spes* haben dem Begriff der „menschlichen Berufung" einen zentralen Stellenwert im christlichen Sprachgebrauch gegeben und sowohl die christliche Berufung als auch den Dienst der Kirche in Bezug auf sie definiert:

> Die heilige Synode bekennt darum die hohe Berufung des Menschen, sie erklärt, dass etwas wie ein göttlicher Same in ihn eingesenkt ist, und bietet der Menschheit die aufrichtige Mitarbeit der Kirche an zur Errichtung jener brüderlichen Gemeinschaft aller, die dieser Berufung entspricht. Dabei bestimmt die Kirche kein irdischer Machtwille, sondern nur dies eine: unter Führung des Geistes, des Trösters, das Werk Christi selbst weiterzuführen, der in die Welt kam, um der Wahrheit Zeugnis zu geben (vgl. Joh 18,37); zu retten, nicht zu richten; zu dienen, nicht sich bedienen zu lassen (vgl. Joh 3,17; Mt 20, 28; Mk 10,45). (*Gaudium et spes,* Art. 3, Abs. 2)

Diese grundlegende Charta, die bereits im Vorwort der Konstitution formuliert wird, leitet das Konzil, sodass es die verschiedenen Facetten dieser Berufung nach und nach erläutert, ob es sich um die Würde der menschlichen Person, um die menschliche Gemeinschaft oder das menschliche Tun handelt. Indem es so das *Licht,* das von der Person Christi herkommt, auf das Geheimnis des Menschen richtet, gibt es vor allem zu verstehen, dass die Antwort auf den Ruf ebenso wie die Ausübung des Berufes als Mann und als Frau Energie und spirituelle Kraft erfordert (vgl. *Gaudium et spes,* Art. 10, Abs. 2), die letztlich nur von Gott kommen können. Der Text betont dies in einer überraschenden Formulierung, welche die Berufung des Menschen mit seiner Entstehung verbindet:

> Ein besonderer Wesenszug der Würde des Menschen liegt in seiner Berufung zur Gemeinschaft mit Gott. *Zum Dialog mit Gott ist der Mensch schon von seinem Ursprung her aufgerufen:* er existiert nämlich nur, weil er, von Gott aus Liebe geschaffen, immer aus Liebe erhalten wird; und er lebt nicht voll gemäß der Wahrheit, wenn er diese Liebe nicht frei anerkennt und sich seinem Schöpfer anheim gibt. (*Gaudium et spes,* Art. 19, Abs. 1)

Die Berücksichtigung dieser menschlichen Berufung, die in jeder Existenz für denjenigen lesbar ist, der sich dafür in Wahrheit interessiert, erfordert heute eine neue Umkehr seitens der Jüngerinnen und Jünger Christi und der Kirche. Erst wenn wir den Ruf, Christ zu werden, *als* Einladung hören, unser Menschsein und die Welt der Menschen in einer neuen Weise zu bewohnen, werden wir wirklich das Werk Gottes in jedem Menschen entdecken und den Wunsch verspüren, sich in seinen Dienst zu stellen. Dieser Übergang ist nur dank der „Über-setzer" möglich, Christen in Gegenwart und Vergangenheit und in letzter Instanz Jesus Christus selbst. Seine absolute Glaubwürdigkeit, die in den Evangelien lesbar und sichtbar gemacht wird, weckt das Vertrauen derer, die ihm folgen oder ihn nachahmen: das Vertrauen, bis zum Ende ihrer menschlichen Berufung gehen zu können.

Hören ... und sich mit einer Gestalt identifizieren, um den eigenen Weg zu finden

Am Ende des ersten Kapitels haben wir den Leser eingeladen, über die individuellen und kollektiven Bedingungen *der Erfahrung des Hörens* und darüber nachzudenken, wie er Zugang zur inneren Stille bekommt. Jetzt wollen wir ihm vorschlagen, sich um*zusehen* und sich der Personen bewusst zu werden, die ihn umgeben und die sein inneres Leben bevölkern. Wir wissen, dass unsere Sinne häufig wie betäubt sind: Wir treffen die uns „Nahestehenden" so häufig, dass wir sie nicht mehr sehen. Zudem laufen wir

Gefahr, unsere Vorstellungswelt mit Bildern von „Personen des öffentlichen Lebens" zu schmücken, die wir täglich in unseren Zeitschriften, auf den Reklametafeln und im Fernsehen oder Internet sehen. Dabei beteiligt sich jeder auf seine Art am Kult der Stars und Helden, der seit der Antike unsere Neigung verstärkt, sich mit einem geliehenen Leben zu begnügen. Wenn wir in einem ersten Schritt den Leser eingeladen haben, in der inneren Stille das Konzert der ihn umgebenden menschlichen „Stimmen" erklingen zu lassen, Stimmen der Heiligen Schrift eingeschlossen, so fordern wir ihn jetzt auf, mit anderen Augen diejenigen zu sehen, die ihm geholfen haben und immer noch helfen, seinen eigenen Weg zu gehen.

1. Dieser Blick muss immer wieder neu eingeübt werden. Er erfordert als Erstes, dass wir ein wenig über unsere häufigsten Begegnungen nachdenken: mit vertrauten Menschen, mit denen, die uns ferner stehen und die wir seltener treffen, mit Familienmitgliedern, Arbeitskollegen oder denen, die wir „Freunde" nennen. So viele Beziehungen konstituieren uns! Manche hinterlassen ein Gefühl von Verpflichtung, von Schuld oder Unfreiheit; andere dagegen befreien uns und schenken uns Vergnügen und Freude. Wer sind in diesem geheimnisvollen Netzwerk die Menschen, die uns wirklich auf Dauer leben lassen, die uns autorisieren, weiterzugehen? Wer sind diejenigen, die unser Erstaunen und sogar unsere Bewunderung wecken – bis dahin, dass wir uns mit ihnen identifizieren? Wen unter ihnen fragen wir um Rat?

Die Pädagogik der Initiation, die durch die jüngeren katechetischen Texte der Kirche Frankreichs neu belebt wurde, führt hier die Figur des *„Älteren im Glauben"* ein, des *„Bruders im Menschsein* für den, der sucht", sei es ein Jugendlicher, ein Katechumene oder jemand, der in einer christlichen Gemeinschaft neu beginnt. Dieser „Ältere" ist jemand, den wir tatsächlich treffen; aber manchmal ist es auch jemand, der räumlich und zeitlich weit entfernt lebt. Unter den vielen „Idolen" der Massenmedien gibt es individuelle Wege von Menschen, deren konsequentes Handeln und deren Beziehung zu den anderen vorbildlich sind. Auch Biographien von Heiligen können unsere Sehnsucht wecken.

Es lohnt sich, sich einmal in Stille hinzusetzen, um all die Personen oder „Persönlichkeiten", die uns umgeben, Revue passieren zu lassen und eine Art „Gewichtung" der Beziehungen zu erstellen, die uns formen.

2. Diese kleine Übung wird uns die *großen Kreuzungen unseres Lebensweges* entdecken lassen: Wegkreuzungen, die sich beim Übergang von einer Etappe zur anderen ergeben, oder die mit unvorhersehbaren Ereignissen verknüpft sind. Wir sehen dann die Personen *wieder*, die in diesen Momenten präsent waren, wir hören ihre „Stimme" *wieder* und reaktivieren gewissermaßen die Lebenskraft, die sie uns übermittelt haben. Wir erinnern

uns auch an die Trennungen, denen wir zugestimmt haben, wir werden uns des vorläufigen Charakters dieser oder jener Situation oder Entscheidung bewusst und akzeptieren, was irreversibel oder endgültig geworden ist, wir genießen die Weisheit dieses oder jenes Ratschlags. Kurzum, wir ermessen in all diesen Beziehungen unsere eigene Freiheit, so wie sie nach und nach erworben wurde.

Es ist nicht selten, dass wir in diesen Momenten des „Wiederkäuens" und der lebhaften Erinnerung die „Stimme" Gottes *wieder* hören. Diese Stimme, die sich an jeden Menschen *in der Ganzheit seiner noch unvollendeten Existenz* richtet, diese Stimme erklingt *hier und jetzt, in diesem Ereignis oder dank jener Begegnung*, und sie gibt dem „Du kannst ...", das jemand zu uns sagt, seine göttliche Dimension.

Wer sich auf diese „Relektüre" einlässt, fühlt sich in seinem Innersten vielleicht dazu gedrängt, mit der gebotenen Diskretion und Bescheidenheit einem Freund oder Ratgeber zu erzählen, was gerade mit ihm geschieht. Vielleicht hat er Lust, einer Person, der er auf seinem Weg begegnet ist, einen Brief zu schreiben oder einfach einen Teil der Geschichte einem Tagebuch anzuvertrauen, oder auch mit jemand anderem einen dieser „Orte" oder eine dieser „Kreuzungen" aufzusuchen, die für seinen Weg entscheidend waren. Vielleicht wird er einfach weiter darüber nachdenken – mit einem tiefen Gefühl der Dankbarkeit, was er auf seinem Lebensweg empfangen hat.

3. Dann ist der Zeitpunkt gekommen, einen Abschnitt des Evangeliums oder einen Paulusbrief zu lesen. Und zwar nicht mehr „von außen", sondern so, dass es für jeden zu einer wirklichen „Sammlung" seiner eigenen noch unvollendeten Existenz kommen kann. Und dann kann es tatsächlich sein, dass Christus die Züge unserer Identifikationsfiguren annimmt und dass durch die Begegnung, die wir uns ausmalen, Gott uns als derjenige erscheint, der sie auf unseren Weg gestellt hat, der uns durch sie seinen Ruf hören lässt und der so nach und nach in unserer eigenen Existenz Gestalt annimmt. Als Mitte der christlichen Berufung wird dann vielleicht die Liebe zu Christus im Herzen dessen geboren, der bis ans Ende seiner stillen Meditation geht. Wie können wir von dieser unsagbaren Erfahrung sprechen, wenn nicht in einem gemeinsamen Lied, das an seine Offenbarung erinnert:

> Ihn habt ihr nicht gesehen und dennoch liebt ihr ihn; ihr seht ihn auch jetzt nicht; aber ihr glaubt an ihn und jubelt in unaussprechlicher und von Herrlichkeit verklärter Freude ... (1 Petr 1,8)

III. Einzelne besondere Rufe

Von einzelnen besonderen Rufen war die Rede, als wir bedauerten, dass die Berufungserfahrung in der Kirche allzu oft auf Priester und Ordensleute reduziert wird. Jetzt nehmen wir diese und weitere konkrete Gestalten einer christlichen Berufung in den Blick. Sie ist – wie wir eben gesehen haben – in Bezug auf die menschliche Berufung zu verstehen, die einzigartig ist, aber unendlich viele Ausdrucksformen hat. Auf diesem Hintergrund verstehen wir, warum auch der Ruf, Christin zu werden, obwohl er einer und immer derselbe ist, nur in vielfältigen Formen existiert.

Als erster hat der Apostel Paulus diese Vielfalt in seiner Theorie der „Charismen" durchdacht, vor allem in den Kapiteln 12 bis 14 seines ersten Briefs an die Korinther. Angesichts der internen Konflikte der von ihm in Korinth gegründeten Gemeinde musste er über die Einheit dieses „Leibes" nachdenken, der sich aus einer Vielfalt von Gliedern zusammensetzt. Als Erstes werde ich diese Theorie ausführlich darstellen, bevor ich in einem zweiten Schritt auf die Polaritäten und Spannungen im Einzelnen eingehe, die in dem paulinischen Modell konstitutiv sind.

Es geht nämlich um das Problem der Unterscheidung der „Gaben" bzw. der einzelnen besonderen „Berufungen". Diese Unterscheidung kann von Illusionen aller Art bestimmt sein. Deshalb bringt sich die Gemeinde von Anfang an aktiv ein, indem sie Kriterien der Unterscheidung vorschlägt. Die Bezugsgrößen dabei, die Innenseite und die Außenseite einer Berufung, sind nicht leicht miteinander in Einklang zu bringen: Wenn das Hören der göttlichen „Stimme", die ruft, nur innerlich sein kann, so wird diese „Stimme" doch immer durch einen äußeren Ruf vermittelt. Die kirchliche Unterscheidung einer besonderen „Berufung" hat genau hier ihren Ort, wo unsere Innerlichkeit auf die soziale Seite unserer spirituellen Existenz trifft. Das werde ich in einem dritten Schritt näher ausführen.

Die Kirche bietet nun nicht nur Kriterien für die Unterscheidung an. Auf der Grundlage ihrer historischen Erfahrung legt sie bis heute auch die Konturen besonderer „Berufungen" fest. Die Geschichte des Christentums zeugt von diesen „Ausprägungen" und deren fortschreitenden Überlagerungen. Im Übergang von einer Epoche zur anderen kann es ähnlich wie heute dazu kommen, dass bestehende Figuren besonderer „Berufungen" auf der einen Seite und auf der anderen das, was manche Menschen zu „hören" meinen, weit auseinandergehen. Das kann Leid hervrorufen und sogar zu Erkrankungen führen. Von daher betrifft die kirchliche Unterscheidung nicht nur die Entsprechung zwischen einem inneren Ruf und den von der Kirche vorgegebenen Berufungen. Sie berührt diese schon existierenden Gestalten kirchlicher Berufung auch selbst. Darüber werden wir in einem letzten vierten Schritt sprechen.

Die paulinische Theorie der Charismen

Wenn man heute vom „Charisma" einer Person spricht, zum Beispiel einer Politikerin, denkt man an die Autorität oder die Ausstrahlung, die sie in der Bevölkerung hat. Man erinnert sich kaum noch an die ursprüngliche Bedeutung dieses Begriffs und seine Verbindung zur „Gnade" (*charis*). Deshalb müssen wir diese Verbindung zunächst in Erinnerung rufen, ihre Bedeutung für die Gemeinschaft erklären und zeigen, in welcher Weise sie der christlichen Berufung Gestalt gibt. Erst dann werden wir die verschiedenen Listen der Charismen in den Paulusbriefen betrachten.

„Gnadengaben" für das Wohl aller

Die Terminologie des Charismas verweist uns auf das Zentrum der christlichen Berufung: die Erfahrung der Gnade (*charis*), so wie Paulus sie erläutert. Mit der Aufforderung, Jesus Christus zu folgen oder ihn nachzuahmen, ist eine Umkehr verbunden:

> Gerecht gemacht aus Glauben, haben wir Frieden mit Gott durch Jesus Christus, unseren Herrn. Durch ihn haben wir auch im Glauben den Zugang zu der Gnade erhalten, in der wir stehen ... (Röm 5,1 f.)

Diese Erfahrung beinhaltet eine radikale *Dezentrierung*: Die Glaubende sieht nicht mehr auf sich selbst und sorgt sich ängstlich darum, von den anderen anerkannt zu werden. Vielmehr bezieht sie sich innerlich auf den, den sie gehört hat und der sie zu leben „autorisiert": „Du kannst ...". Wie Abraham übergibt sie *alles* dieser Autorität und betrachtet *alles als bedingungslose Gabe*.

Diese Gnade zeigt sich nun in einer Grundhaltung immer wieder neu gelebter Dankbarkeit und nimmt in jedem Menschen eine *konkrete leibliche Gestalt* an. Eben das ist es, was Paulus „Gnadengabe" oder „Charisma" nennt. Der Apostel ist in diesem Punkt höchst eindeutig: „[E]inem jeden teilt er [der Heilige Geist] seine besondere Gabe zu, wie er will." (1 Kor 12,11) Freiheit des Geistes, Personalisierung und Vielfalt gehen hier zusammen. Der dankbare Empfang der *einen* Gnade kommt zum Ausdruck in der Anerkennung der *vielen* einzelnen mir geschenkten Gaben. Im Blick auf diese können wir auch von „Talenten" sprechen (vgl. Mt 25,14–30) und so die anthropologische Verwurzelung der Gabe betonen, die zweifellos vom Beginn des Lebens an existiert – auf jeden Fall schon, bevor sie als solche anerkannt wird.

Sie zu betonen, ist schon Teil der spirituellen Aufgabe, die in diesem Zusammenhang erkennbar wird. Es ist ja nicht selbstverständlich, realistisch und dankbar die einzelnen besonderen Gaben anzuerkennen, die man erhalten hat, damit sie Frucht bringen. Dagegen gibt es Widerstände aller Art. Während Paulus davor warnt, über das hinauszustreben, was einem zukommt (vgl. Röm 12,3), scheint Matthäus dagegen das „Zögern" oder die „Angst" des schlechten Dieners zu kritisieren (vgl. Mt 25,25 f. par.). Das von Paulus geprägte Vokabular des „Maßes" (Röm 12,3; Eph 4,7; vgl. 4,16) bewahrt vor allem Vergleichen und Moralisieren, indem es die Unvergleichlichkeit sowohl des einzelnen besonderen Charismas als auch seines Wachsens schützt. Der dem Geber alles Guten geschenkte „Vertrauensvorschuss" bezieht sich gerade auch auf das Charisma: Dieses hat „jeder *nach dem Maß des Glaubens*, das Gott ihm zugeteilt hat!" (Röm 12,3)

Aber wie kann man ein Charisma von den vielfältigen „Gaben" unterscheiden, die eine Person vielleicht ihr Leben lang empfängt und kultiviert, weil es einfach nötig ist oder weil sie Gefallen daran hat? Jedes „Hobby" oder jede fachliche Kompetenz ist nicht von vornherein eine „Offenbarung des Geistes". Der Apostel Paulus nennt hier ein entscheidendes Kriterium, das auf der Linie der Fruchtbarkeit der Gnade und der von ihr implizierten Dezentrierung liegt: „Jedem aber wird die Offenbarung des Geistes geschenkt, *damit sie anderen nützt.*" (1 Kor 12,7)

Dieses Kriterium wird dann in der stoischen Metapher vom gesellschaftlichen Leib entfaltet, der wiederum mit dem Leib Christi, der die Kirche ist, identifiziert wird. In einem imaginären Dialog zwischen den „Gliedern" gibt uns Paulus zu verstehen, wie absurd die Abspaltung oder Verabsolutierung *eines* Gliedes ist, wie notwendig dagegen die Anwesenheit *aller* ist, und wie sehr jede der anderen *bedarf*. Die Eigenart des Leibes Christi tritt dort zutage, wo er von den Gliedern spricht, von den „schwächer *scheinenden*" und von denjenigen, „die *wir* für weniger edel *ansehen*" (1 Kor 12,22 f.). Die in der Vorstellung von der Gesellschaft mitschwingenden Hierarchien kommen an dieser Stelle ins Spiel und laufen Gefahr, den Blick auf das Charisma der „Geringsten" zu verdunkeln. Gerade hier gilt es aber – mehr als anderswo – dem Schein zu misstrauen. Wer ein wenig die „Armut" mancher Pfarrgemeinden erlebt hat, weiß, dass sie einen sehr wachen geistlichen Blick haben muss, um wahrzunehmen und zu begleiten, was Gott den Pfarrgemeinden gibt. Der Apostel spricht von einer wahrhaften Umkehr oder Umwandlung des Blicks:

> Gott aber hat den Leib so zusammengefügt, dass er dem benachteiligten Glied *mehr* Ehre zukommen ließ, damit im Leib kein Zwiespalt entstehe, sondern alle Glieder *einträchtig füreinander sorgen.* (1 Kor 12,24 f.)

Die Vielfalt der Charismen erzeugt das *Miteinanderteilen:* Anteil nehmen an dem, woran ein Glied leidet und was es erfreut. Paulus leugnet die Kraft des „Eifers" nicht, der den Menschen und den gesellschaftlichen Leib belebt. Er kennt sich selber damit aus (vgl. Gal 1,13 f.). „Strebt aber nach den höheren Gnadengaben!" (1 Kor 12,31), rät er den Korinthern. Seine Bekehrung aber, bei der sich der gekreuzigte Christus in ihm offenbart, rettet ihn aus der Verschlossenheit eines selbstgerechten Menschen. Sie bringt ihn auf „einen überragenden Weg" (1 Kor 12,31). Das ist ein Weg, der unmerklich die Hierarchien umkehrt und der im Hohen Lied der Liebe wieder aufgenommen wird (vgl. 1 Kor 13): Wir werden von Gnade zu Gnade geführt und von den vielen Gnadengaben zur höchsten Bekundung der Gnade, die die Liebe ist.

Inwieweit sind nun diese konkreten Bekundungen des Geistes Figuren der einen christlichen Berufung?

Berufung und „Berufungen"

Halten wir zunächst fest, dass der Apostel einerseits nicht den Wortschatz der Berufung gebraucht, um von den Charismen zu sprechen. Dieser ist *fast* ausschließlich dem grundlegenden Ruf, Christin zu werden, vorbehalten. Im zwölften Kapitel des Korintherbriefs erinnert Paulus in einer implizit trinitarischen Formel an das Handeln Gottes:

> Es gibt verschiedene Gnadengaben (*charismata*), aber nur den einen Geist. Es gibt verschiedene Dienste (*diakoniai*), aber nur den einen Herrn. Es gibt verschiedene Kräfte (*energēma*), die wirken, aber nur den einen Gott: Er bewirkt alles in allen. (1 Kor 12,4-6)

Und wenn er die Metapher des Leibes gebraucht, spricht er drei Mal von der „An-ordnung"[18] Gottes: Gott hat den Leib so „an-geordnet" (vgl. 1 Kor 12,18.24.28). Die Terminologie der Berufung kommt nur noch an einer ähnlichen Stelle im Epheserbrief vor, und hier um das zu bezeichnen, was allen gemeinsam ist: „Ein Leib und ein Geist, wie ihr auch berufen seid zu einer Hoffnung in eurer Berufung ..." (Eph 4,4; vgl. 4,1)

Andererseits bezeichnet Paulus nach einigem Zögern (vgl. 1 Thess 2,7) sich selbst als „durch Gottes Willen *berufener* Apostel Christi Jesu" (1 Kor

---

[18] Hier und im Folgenden werden *disposé, disposition* und *dispositif* mit „an-ordnen" bzw. „An-ordnung" übersetzt, um die Schwebe zwischen dem „Anweisen" auf der einen Seite und dem „Ordnen, Gruppieren, Gliedern" auf der anderen Seite nachbilden zu können.

1,1; u. ö.); und der „Apostel" steht an erster Stelle im Katalog der Charismen. Die grundsätzlich dem Stand der Christin als solchem vorbehaltene Terminologie des Rufs kann daher *in legitimer Weise* auf alle aufgelisteten Charismen *ausgeweitet* werden und gilt weit darüber hinaus. Allerdings dürfte die Terminologie des Rufs diesen einzelnen Konkretionen einer Berufung nicht vorbehalten werden, damit nicht vergessen wird, dass sie für die christliche Berufung als solche gilt.

Dass Paulus nicht nur für sein Christ- sondern auch für sein Apostel-Sein von Berufung spricht, ist verständlich. Denn für ihn entspringen die Bekehrung zu Christus und der besondere Ausdruck, den sie in seiner apostolischen Identität findet, ein und demselben Ereignis. Allerdings hat dieser erweiterte Sprachgebrauch noch tiefere Wurzeln, die sich im siebten Kapitel des ersten Korintherbriefes zeigen. Dort denkt der Apostel über die Verbindung zwischen der christlichen Berufung und unserer allgemein menschlichen „Situation" nach. Er zählt auf, was die religiöse und ethnische Identität (Beschneidung und Nichtbeschneidung) und die gesellschaftliche Identität (Sklaven und Freie), was die Stände, in denen wir leben, und unsere Art und Weise, unser Leben zu gestalten, charakterisiert: ob wir weinen oder uns freuen, ob wir einkaufen und diese Welt genießen. Der Begriff der Berufung wird hier erweitert und meint nun genau dieses neue Verhältnis, in dem die christliche Berufung zur menschlichen Berufung steht: „Jeder soll in dem Stand bleiben, in dem ihn der *Ruf Gottes getroffen* hat." (1 Kor 7,20) Das heißt, all das, was in unserer „Situation" einfach faktisch oder rein zufällig so ist, wird bedeutungslos; und der eine Ruf, der das ganze Leben ergreift, bekommt seine ganze Bedeutung. „*Es kommt nicht darauf an*, beschnitten oder unbeschnitten zu sein ..." (1 Kor 7,19) Wer hat sich noch nicht an diesem schockierenden „als ob nicht" des Paulus gestoßen!

> Denn ich sage euch, Brüder: Die Zeit ist kurz. Daher soll, wer eine Frau hat, sich in Zukunft so verhalten, *als habe er keine;* wer weint, *als weine er nicht,* wer sich freut, *als freue er sich nicht,* wer kauft, *als würde er nicht Eigentümer,* wer sich die Welt zunutze macht, *als nutze er sie nicht;* denn die Gestalt dieser Welt vergeht. (1 Kor 7, 29–31)

Der Ruf Christi bringt also eine „Konzentration" der Zeit hervor. Jede, die mit ihm in die „eschatologische" Perspektive dieser Zeit eintritt, wird davon befreit, in ihrer Situation, ihrem Stand und ihrer Lebensweise eingeschlossen zu bleiben. Diese finden so erst zu ihrer echten menschlichen Qualität und konfigurieren eine einzelne besondere Berufung. Paulus drückt das auf eine paradoxe, für uns zweifellos Ärgernis erregende Weise aus, wenn er von Sklaven spricht:

> Wenn du als Sklave berufen wurdest, soll dich das nicht bedrücken, aber wenn du frei werden kannst, mach lieber *Gebrauch davon!* Denn wer im Herrn als Sklave berufen wurde, ist Freigelassener des Herrn. Ebenso ist einer, der als Freier berufen wurde, Sklave Christi. (1 Kor 7,21 f.)

Es gibt mithin einen „Umgang" mit allem, wodurch dieses seinen rein faktischen und schicksalhaften Charakter verliert. Ein Beispiel ist „die freiwillige Armut im Umgang mit den Gütern" (*usus pauper*) in den franziskanischen Orden. Ein anderes Beispiel ist die „ignatianische Indifferenz", die darin besteht, unsere *Vorlieben* auszuschalten oder auszusetzen, um alle Dinge insoweit gebrauchen zu können, *insoweit* sie uns helfen, unser Ziel zu erreichen.[19] Auf diese Weise wird der Ruf als die wirkliche eigene Vorliebe entdeckt.

Von diesem siebten Kapitel des Korintherbriefes an bezieht Paulus sich auf die „Charismen", vor allem im Kontext der Ehe, des Zölibats und der Witwenschaft: „Ich wünschte, alle Menschen wären unverheiratet wie ich. *Doch jeder hat seine eigene Gnadengabe von Gott,* der eine so, der andere so." (1 Kor 7,7) Im neunten Kapitel wendet er dann auf sein eigenes „Charisma" des Apostels das an, was er *von jedem einzelnen Ausdruck* der christlichen Berufung gesagt hat und von der Freiheit, die sie in einem Leben hervorzubringen vermag:

> Haben wir nicht *das Recht,* zu essen und zu trinken? Haben wir nicht *das Recht,* eine Schwester im Glauben als Frau mitzunehmen, wie die übrigen Apostel und die Brüder des Herrn und wie Kephas? Haben nur ich und Barnabas kein *Recht*, nicht zu arbeiten? ... Aber *wir haben von diesem Recht keinen Gebrauch gemacht.* Vielmehr ertragen wir alles, um dem Evangelium Christi kein Hindernis in den Weg zu legen. ... Wenn ich nämlich das Evangelium verkünde, gebührt mir deswegen kein Ruhm; denn ein Zwang liegt auf mir. ... Wäre es mein freier Entschluss, so erhielte ich Lohn. Wenn es mir aber nicht freisteht, so ist es ein Dienst, der mir anvertraut wurde. Was ist nun mein Lohn? Dass ich *unentgeltlich* verkünde und so das Evangelium bringe und so keinen Gebrauch von meinem *Anrecht* aus dem Evangelium mache. Obwohl ich also von niemandem abhängig bin, *habe ich mich für alle zum Sklaven gemacht,* um möglichst viele zu gewinnen. (1 Kor 9,4–6.12.16-19)

---

[19] Vgl. Ignatius von Loyola: Geistliche Übungen, übers. v. Peter Knauer, Würzburg [4]2006, 38 f. (Nr. 23).

Kein bequemer Charakter, dieser Apostel Paulus! Im Namen des Evangeliums geht er so weit, den sozialen Stand eines Sklaven Jesu Christi (vgl. Röm 1,1) und Sklaven aller Menschen anzunehmen. Er versucht, sich den Sklaven gleich zu stellen (siehe den Brief an Philemon), um mit ihm die Freiheit zu teilen, die der Ruf in jeder Situation, in jedem Stand und Lebensstil hervorbringt. Paulus betont nicht, dass es keine Rechte gibt, sondern dass er aus einem inneren Bedürfnis heraus von ihnen keinen Gebrauch macht, und zwar aus „apostolischen" Gründen. Damit betont er den Unterschied zwischen dem System des Anspruchs auf Rechte und dem der absoluten Bedingungslosigkeit des Charismas oder der besonderen Berufung einer Einzelnen. Dieser wesentliche Punkt darf im aktuellen Kontext nicht vergessen werden.

Was ergibt sich aus diesem kurzen Überblick über die Kapitel 7 und 9 des Briefs an die Korinther? Wir haben gesehen, dass die Erweiterung der Terminologie der Berufung auf alle Charismen völlig legitim ist. So wie die Gnade sich immer in einer besonderen oder sogar in einer absolut einzigartigen Weise in der von einer Einzelnen empfangenen Gabe (*charisma*) zeigt, so schreibt die christliche Berufung sich immer in diese oder jene Situation, in diesen oder jenen Stand und Lebensstil ein, um hier eine besondere Berufung herauszubilden. Die beiden Sprachspiele entsprechen einander. Achten wir jedoch darauf, diese einzelnen besonderen Berufungen nicht auf kirchliche Rufe zu reduzieren, wie wir es so sehr gewöhnt sind. Paulus bringt sich zwar in seinem Brief an die Korinther ganz und gar persönlich ein, indem er seine Reflexion über das Charisma und die Berufung auf seine eigene Identität als Apostel anwendet. Seine Überlegungen zum Unterschied zwischen Juden und Heiden, zu unserem sozialen Status, zu Ehe und Zölibat zeigen jedoch sehr deutlich, dass die christliche Berufung – und auch jede menschliche Berufung – nur in besonderer und einzigartiger Weise im Lebensverlauf einer jeden und in der von ihr bewirkten geistlichen Befreiungsarbeit existiert.

Das darf nicht vergessen werden, wenn wir uns jetzt mit dem zwölften Kapitel des Korintherbriefes und der Aufzählung der spezifischen Charismen befassen, die „in der Kirche an-geordnet" sind. Sie haben den gleichen menschlichen und spirituellen Status wie alle besonderen, bedingungslos geschenkten Erscheinungsformen der Gnade Gottes, auch wenn solche Konkretionen explizit noch in keiner „An-ordnung" vorkommen.

Aufgaben

Von dieser göttlichen „An-ordnung" (*etheto*) spricht der Apostel Paulus an drei Stellen und stufenweise: Zunächst im Hinblick auf die Vielfalt der Glieder des Leibes, in dem jedes seinen Platz findet (vgl. 1 Kor 12,18 [*etheto*]), dann mit Bezug auf die Umkehr unserer Bewertungskriterien, sofern Gott gerade dem geringeren Glied mehr Ehre zukommen lässt (1 Kor 12,24), und schließlich, um die spezifischen Charismen oder „Berufungen" zu rechtfertigen, so wie sie in der Kirche existieren (1 Kor 12,28 [*etheto*]). Auf dieser letzten, am ausführlichsten dargestellten Ebene betrifft die göttliche „An-ordnung" sowohl den inneren Ruf, seinen Charakter als Gabe (*charisma*), als auch die Gestalt, die er konkret annimmt dank einer Differenzierung der verschiedenen „Aufgaben" in der Kirche. Werfen wir zunächst einen Blick auf die Liste dieser Aufgaben, die in verschiedenen Fassungen existiert. Im Korintherbrief sieht sie folgendermaßen aus:

> So hat Gott in der Kirche die einen erstens als Apostel eingesetzt, zweitens als Propheten, drittens als Lehrer; ferner verlieh er die Kraft, Machttaten zu wirken, sodann die Gaben, Krankheiten zu heilen, zu helfen, zu leiten, endlich die verschiedenen Arten von Zungenrede. (1 Kor 12,28)

Dieser Katalog unterscheidet deutlich zwei Listen. Eine erste Liste bezeichnet in einer bestimmten Reihenfolge drei Typen von *Personen*, die präzise Funktionen haben: Apostel, Propheten, Lehrer. Eine zweite fügt eine Reihe von *Gaben* hinzu, unter denen wir auch die Gabe des Leitens finden. In der geistlichen Perspektive der Einheit in der Vielfalt kommt der Text aber sofort auf die allererste göttliche „An-ordnung" eines differenzierten Leibes zurück (vgl. 1 Kor 12,17 f.). Das relativiert die Reihenfolge der Prioritäten bzw. kehrt sie sogar um (vgl. 1 Kor 12,24), sofern sofort anschließend der unendlich überlegene Weg der Liebe eingeführt wird (vgl. 1 Kor 13).

Der Brief an die Römer bietet nur eine Liste, die eine Reihe von Charismen aufzählt, welche als „Aufgaben" identifiziert werden – die „Aufgabe" (*praxis*) wird hier vom Text als Fachbegriff eingeführt. Paulus besteht vor allem auf der Kohärenz in der Ausübung dieser Aufgaben. Es fällt auf, dass er hier die Aufgabe des Apostelamtes nicht erwähnt:

> Denn wie wir an dem einen Leib viele Glieder haben, aber nicht alle Glieder dieselbe Aufgabe haben, so sind wir, die vielen, ein Leib in Christus, als Einzelne aber sind wir Glieder, die zueinander gehören. Wir haben unterschiedliche Gaben, je nach der uns verliehenen Gnade. Hat einer die Gabe

prophetischer Rede, dann rede er in Übereinstimmung mit dem Glauben; hat einer die Gabe des Dienens, dann diene er. Wer zum Lehren berufen ist, der lehre; wer zum Trösten und Ermahnen berufen ist, der tröste und ermahne. Wer gibt, gebe ohne Hintergedanken; wer Vorsteher ist, setze sich eifrig ein; wer Barmherzigkeit übt, der tue es freudig. (Röm 12,4–8)

Auch der Epheserbrief schließlich kennt nur eine Liste. Wie im Brief an die Korinther ist auch hier von Gaben die Rede (ohne das Wort Charisma zu gebrauchen). Fünf Typen *von Personen* werden mit genauen Aufgaben aufgelistet:

> Und er [Christus] setzte die einen als Apostel ein [1], andere als Propheten [2], andere als Evangelisten [3], andere als Hirten [4] und Lehrer [5], um die Heiligen für die Erfüllung ihres Dienstes zu rüsten, für den Aufbau des Leibes Christi, bis wir alle zur Einheit im Glauben und der Erkenntnis des Sohnes Gottes gelangen, zum vollkommenen Menschen, zur vollen Größe, die der Fülle Christi entspricht. (Eph 4,11–13)

Diese Liste spiegelt deutlich eine spätere Festlegung der „Aufgaben" in der frühen Kirche wider. Ohne diese Aufgaben im Einzelnen zu präzisieren, können wir festhalten, dass an dritter Stelle eine neue Aufgabe auftaucht, die des „Evangelisten" – Handelt es sich hier um die Verfasser oder nur um die Verkünder des Evangeliums? –, und dass diejenigen, welche die Gabe des Leitens haben, „Hirten" geworden sind und an vierter Stelle, vor den Lehrern oder Katecheten, kommen. Diese „institutionelle" Aufstellung *zielt* eindeutig auf das, was den Höhepunkt dieser letzten Liste darstellt: Die gemeinsame Aufgabe der fünf „Persönlichkeiten" ist es, die Christinnen, die „Heilige" genannt werden, in die Lage zu versetzen, *ihren* „Dienst" (*diakonia*) als Ausdruck ihrer *christlichen Berufung* auszuüben (vgl. Eph 1,4; 4,4). Dieser „Dienst" besteht darin, gemeinsam den Leib Christi zu erbauen. Das „wir" am Ende des Textes relativiert also wieder alle früheren Unterscheidungen und gibt dem gemeinsamen Bauwerk ein einziges und letztes Ziel: die Einheit im Glauben und die *Erkenntnis Christi*. Das heißt, erwachsen zu sein im Glauben und gleichförmig mit Christus „in seiner Fülle".

Konstitutive Polaritäten

Da dieses Buch keine ekklesiologische Abhandlung sein will, werden wir historische Unterscheidungen und Entwicklungen ausklammern. Hier geht es allein um jenes Spiel von „Polaritäten" bzw. „Spannungen" innerhalb der besonderen Berufungen, das uns – so hoffe ich – helfen kann, die aktuelle Situation der einzelnen besonderen „Berufungen" besser zu verstehen.

„Aufgaben" und „Gaben"

Eine erste Spannung entsteht aus der Tatsache, dass die Listen variieren zwischen einer Rubrik und zwei Rubriken. Im Korinther- und im Epheserbrief wird die Gesamtheit der „Gaben" zwischen den Personen mit einer bestimmten „Aufgabe" oder einem „Auftrag" (*praxis*) und allen anderen „Gaben" aufgeteilt, während diese Unterscheidung im Römerbrief zu fehlen scheint. So finden wir auf der einen Seite ein Prinzip der „institutionellen" Festlegung und auf der anderen eine Öffnung, die mehr Raum lässt für die geistliche Wahrnehmung dessen, was sich konkret in dieser oder jener Gemeinde ereignet. Diese doppelte Orientierung werden wir in den folgenden zwei Punkten zu verstehen versuchen.

Die Apostel und diejenigen, die sie ablösen

In allen Listen – sogar im Brief an die Römer, wo Paulus sich selbst als „Knecht Christi Jesu, *berufen zum Apostel*" (Röm 1,1) bezeichnet – baut die Figur des Apostels auf einer besonderen und von anderen klar unterschiedenen Gabe auf. Das ist der wichtigste Berührungspunkt zwischen der paulinischen und der synoptischen Tradition. Die Figur des Apostels existiert nur im Plural: die Zwölf bei den Synoptikern (vgl. Mk 3,13–19 par.; 6,7–13 par.) und die Apostel in der Apostelgeschichte und in der paulinischen Literatur – wobei die Apostelgeschichte und die Briefe sogar den Begriff „Apostelamt" benutzen, um die Aufgabe zu beschreiben (vgl. Apg 1,25; Röm 1,5). Alle Festlegungen basieren auf diesem zentralen Punkt, wahrscheinlich in der Auseinandersetzung mit immer vielfältigeren Gemeindesituationen und aufgrund der Notwendigkeit, einen Prozess der Weitergabe zu initiieren. Außer den bereits erwähnten Listen im ersten Korintherbrief und im Epheserbrief gibt es in der Apostelgeschichte einerseits die Erzählung, wie Paulus in den von ihm gegründeten Gemeinden „Älteste" einsetzt (vgl. Apg 14,23: *presbyteroi* – wir hören hier das Wort „Priester" heraus), und andererseits die Rede an Menschen aus Ephesus (vgl. Apg 20,17.18a), die zu Vorstehern (*episkopoi* – wir finden hier die Wurzel des Wortes „Bischof") bestellt sind und die Paulus „Hirten" nennt:

Gebt Acht auf euch und auf die ganze Herde, in der euch der Heilige Geist zu Vorstehern (*episkopoi*) bestellt hat [*etheto* = „An-ordnung", vgl. 1 Kor 12], damit ihr als Hirten für die Kirche Gottes sorgt [wörtlich: zu weiden (*poimainein*) die Kirche Gottes], die er sich durch das Blut seines eigenen Sohnes erworben hat. (Apg 20,28)

Neben dieser Begrifflichkeit, die später von Ignatius von Antiochien (†117) übernommen und systematisiert wird, finden wir noch die Begrifflichkeit der johanneischen Kirchen. Für diese sind die „Apostel des Lammes" (Offb 21,14) das Fundament, und die „Propheten", die auch „Engel" oder „Mitknechte" (*syndoulos*) genannt werden, haben die Aufgabe der Gemeindeleitung.

Warum diese Betonung der Figur der Apostel oder derjenigen, die sie ablösen? Was ist der Sinn dieser institutionellen Festlegung einer besonderen Gabe oder einer „einzelnen Berufung"? Die Antwort ist relativ einfach, wenn wir an das denken, was wir über unsere „Über-setzerinnen", über die Nachfolge Jesu Christi und über seine Nachahmung gesagt haben.

Im Mittelpunkt der Existenz des Messias und seiner Mission in Galiläa wie auch im Mittelpunkt des Lebens und der Aufgabe der Apostel steht die Verkündigung des Evangeliums Gottes an alle, die Botschaft von einem radikalen und auf sehr konkrete Weise immer neuen Gutsein. Paulus sagt es auf bewundernswerte Weise: „Weh mir, wenn ich das Evangelium nicht verkünde! Wäre es mein freier Entschluss, so erhielte ich Lohn. Wenn es mir aber nicht freisteht, so ist es ein Dienst, der mir anvertraut wurde." (1 Kor 9,16 f.) Den ungeheuren Gehalt dieser göttlichen Botschaft in unserer Welt und Geschichte haben wir in den ersten beiden Kapiteln angesprochen. Es ist klar, dass niemand diese Botschaft im eigenen Namen verkünden kann, nicht einmal Jesus von Nazareth. Genau dies besagt die Terminologie des „Apostelamtes": „gesandt sein", sodass der Hebräerbrief Jesus selbst den „Apostel ... unseres Bekenntnisses" nennt (Hebr 3,1).

Dieses „Apostelamt" ist schon *im Hören auf die Stimme des Evangeliums* angelegt: Sie zu hören, bedeutet gleichzeitig, zu verstehen, dass sie in keinem Verhältnis zu dem steht, was ein Mensch aussprechen und tragen kann. Das Evangelium kann nur *von* Gott sein. Jesus Christus kann sich daher nur als *von* Gott „gesandt" fühlen. Doch die Jüngerinnen und Jünger erkennen, dass ihr Meister eins ist mit der Guten Botschaft, er *ist* das Evangelium Gottes für sie. Ganz einfach, weil er absolut glaubwürdig ist und weil er sich selbst niemals dessen Ursprung zuschreibt, sondern seine Freundinnen auf Gott verweist *und gleichzeitig* auf den „Glauben" einer jeden, der sie auf ihrem Weg begegnen werden.

Das Evangelium gelangt also als *Sendung* oder – was dasselbe ist – auf „*apostolische*" Weise von Generation zu Generation. Diese apostolische Weise hat zwei Seiten: Auf der einen Seite wirkt sich die Verbindung der Apostel zu Christus in einer Andersartigkeit, einer Differenz, einem Abstand aus. Erinnern wir uns an die Formel, die Lukas Petrus und Johannes in den Mund legt: „*Im Namen* Jesu Christi, des Nazoräers, steh auf und geh umher!" (Apg 3,6) – Der Apostel „verweist" immer auf Christus, wie Christus auf seinen Vater „verweist"; ein Spiel von „Ablösung" und „Sendung", das *ist* die Kirche. Auf der anderen Seite ist es aber unmöglich, hier und jetzt dieselbe evangelische Stimme erklingen zu lassen, ohne sich wie in Galiläa auf eine wirkliche „Gegenwart" zu stützen bzw. auf etwas, was wir ein „Innewohnen" Christi in denjenigen nennen könnten, deren Sendung bis auf ihn zurückgeht. Der Apostel Paulus bekennt diese innere Gegenwart: „*Nicht mehr ich lebe, sondern Christus lebt in mir.*" (Gal 2,20) Das vierte Evangelium sagt dasselbe mit dem Wort „bleiben": „Bleibt *in mir* und ich bleibe *in euch.*" (Joh 15,4) Christus bleibt nicht außerhalb des Apostels. Das Bild von der „Ablösung" oder die Tatsache, „in seinem Namen" zu handeln, rufen noch diese zeitliche und spirituelle Außenseite wach und damit das Missverhältnis zwischen der Stimme des Evangeliums und den menschlichen Widersprüchlichkeiten, die das Hören auf diese Stimme stören. Christus ist jedoch wirklich in denen, die *seine* „Stimme" erklingen lassen, er macht sie sich ähnlich, er setzt sie gleich mit sich, und übergibt sie doch zugleich an sie selbst.

Verstehen wir jetzt, warum die besondere Berufung zum Apostel in den neutestamentlichen Listen der „Gaben" und in den Evangelien so wichtig ist, und warum sie eine institutionelle Festlegung anzeigt? Wir können diese Frage jetzt sogar umkehren und uns fragen, welche Bedeutung die Institution oder die göttliche „An-ordnung" im Neuen Testament hat. Letztlich ist das, was man die *kirchliche Institution* nennt, nichts anderes als der „sakramentale" Prozess von Ablösungen und apostolischer Präsenz, der im Evangelium Gottes selbst impliziert und insofern ein evangelischer Prozess ist. In diesem Prozess ist keine Person im eigenen Namen da und jede Person ist doch wirklich da in ihrer Beziehung zu einer anderen, die ihr wichtig ist.

Das Prinzip der Vermehrung

Das Prinzip der institutionellen Festlegung ist klar, so wie auch der Unterschied der Listen. Jetzt können wir der Vermehrung der „Gaben", so wie sie sich in den Texten zeigt, freien Lauf lassen. Sie spielt sich auf zwei Ebenen ab.

Man könnte versucht sein, diese Fruchtbarkeit nur auf die zweite Rubrik, auf die Existenz der „Gaben" zu beziehen. Im Römerbrief ist dies ja die einzige Liste: *Prophetie, Wunder, Heilung, Zungenreden, Lehre, Ermahnung, Beistand, Ausübung der Barmherzigkeit usw.* Aber sie betrifft auch die anderen Listen, die *Personen* nach ihren Aufgaben unterscheiden, so wie wir es bei der Analyse der Listen des ersten Korintherbriefes und des Epheserbriefes gesehen haben. Das Lukasevangelium und die Apostelgeschichte sind besonders aufmerksam für die Erfahrung der Vermehrung der Gaben innerhalb der apostolischen „Berufung"; und da es sich in diesen beiden Büchern um Erzählungen handelt, können wir am *Prozess der Vermehrung selber* teilnehmen, was angesichts unseres Interesses an einzelnen besonderen Berufungen von Bedeutung ist.

Ein erstes Beispiel liefert uns Jesu Ernennung und Sendung der Zweiundsiebzig im zehnten Kapitel des Lukasevangeliums (vgl. Lk 10,1–16). Das ist ein Text, der in Verbindung mit der Wahl (vgl. Lk 6,12–16) und der Sendung der Zwölf (vgl. Lk 9,1–6) gelesen werden muss. Es gibt Unterschiede zwischen diesen beiden Gruppen. Im Fall der Zwölf trennt eine Zeitspanne den feierlichen Ruf, den Jesus nach einer Nacht des Gebets ergehen lässt, von der eigentlichen Sendung. Der Evangelist verwendet eine sehr genaue Begrifflichkeit, bei der die „Berufung", die Bezeichnung als „Apostel", die Übertragung von „Kraft" (*dynamis*) und „Vollmacht" (*exousia*) und die „Sendung" unterschieden werden. Im Fall der Zweiundsiebzig führt eine durch die Fruchtbarkeit des Evangeliums hervorgerufene Dringlichkeit – die Ernte kann nicht warten – zu einer Vereinfachung: Der Vorgang konzentriert sich auf eine Auswahl und die anschließende Sendung: „Danach suchte der Herr zweiundsiebzig andere aus und sandte sie zu zweit vor sich her in alle Städte und Ortschaften, *in die er selbst gehen wollte.*" (Lk 10,1) Kein Titel, keine ordentliche Auftragserteilung, nur ein einfacher Verweis auf die Bitte an den Herrn der Ernte, „Arbeiter für seine Ernte auszusenden" (vgl. Lk 10,2).

Aber wer diese unterschiedlichen Episoden vergleicht, stellt schnell fest, dass die Sendung genau dieselbe ist sowohl für die Zwölf als auch für die Zweiundsiebzig: „Heilt die Kranken, die dort sind, und sagt ihnen: Das Reich Gottes ist euch nahe." (Lk 10,9; vgl. 9,2) Für beide Gruppen wird derselbe Lebensstil gefordert; die Beschreibung dessen, was auf dem Weg passieren wird, ist im zweiten Fall sogar noch länger. Und am Ende seiner Rede an die Zweiundsiebzig gibt Jesus ihnen zu verstehen, dass er nicht mehr dorthin zu gehen braucht, wohin sie gehen: „Wer euch hört, der hört mich, und wer euch ablehnt, der lehnt mich ab; wer aber mich ablehnt, der lehnt den ab, der *mich gesandt hat.*" (Lk 10,16) Die Rückkehr der Zweiundsiebzig zeigt, dass sie sich in der gleichen Lage befinden wie die Zwölf. Das einzige Kriterium ist die Fruchtbarkeit des Evangeliums und das Staunen über die Vollmacht, die sich unterwegs gezeigt hat, ohne dass sie ihnen explizit gegeben worden ist (vgl. Lk 10,17-20).

Ein zweites Beispiel für die Vermehrung von Gaben und Berufungen findet sich in der Apostelgeschichte, und zwar ist es die berühmte Wahl der Sieben (vgl. Apg 6,1-7). Wenn man dem Verfasser der Apostelgeschichte glaubt, wissen „die Zwölf" nicht so recht, was sie tun, als sie „die Sieben" einsetzen. In der Gemeinde von Jerusalem, in der die Zahl der Jüngerinnen und Jünger von Tag zu Tag zunimmt, ist es zu einem Konflikt gekommen. Das Teilen wird immer schwieriger, vor allem wegen der kulturellen Barrieren zwischen Griechen und Juden. Die Apostel sind überfordert von dem Vielen, was zu tun ist, und fürchten, das Wesentliche zu vernachlässigen – das Gebet und den Dienst am Wort. Daher führen sie eine *Aufteilung der Aufgaben* (*chreia*) ein und unterscheiden zwischen „Gebet und Dienst am Wort" einerseits und „Dienst an den Tischen" andererseits. Ihre Auswahlkriterien sind klar: sieben Männer von gutem Ruf und voll Geist und Weisheit, die von der Versammlung gewählt werden. Aber haben sie vorhergesehen, dass Stephanus, der erste der „Sieben", nicht nur – wie Jesus selbst – „Wunder und große Zeichen unter dem Volk" tun (Apg, 6,8), sondern auch die Gemeinde durch eine Predigt verteidigen würde, die ihn das Leben kostet (vgl. Apg 7,1-60)? Haben sie auch nur einen Augenblick gedacht, dass Philippus, der zweite der „Sieben", sich bald auf den Straßen Samarias befinden und dasselbe Amt wie Jesus, das Amt des Wortes und der Heilung, ausüben würde (vgl. Apg 8,5-8; vgl. 21,8, die Philippus den Titel „Evangelist" gibt)? So verläuft die Geschichte der Menschen mit Gott: Eine Reaktion auf die Bedürfnisse des Augenblicks, eine gut durchdachte, von Gebeten begleitete und von vielen getragene Antwort ist ein Ereignis mit einer Eigendynamik, deren Ausgang nur Gott kennt.

Ziel und Verwurzelung

Diese zweifache Tendenz der Listen von Charismen – zu einer institutionellen Festlegung *und* zu einer offenen Vermehrung, immer abhängig von dem, was in der Geschichte der Menschen und der Gemeinden vom Geist geschenkt wird – hat ein *einziges Ziel*: den Aufbau der Gemeinde und ihre Präsenz in der Gesellschaft. Der Apostel Paulus führt an dieser Stelle das letztendliche Kriterium des „Gemeinwohls" (vgl. 1 Kor 12,7) ein, und der Epheserbrief gibt als Richtschnur an: „um die Heiligen für die Erfüllung ihres Dienstes (*ergon diakonias*) zuzurüsten, für den Aufbau des Leibes Christi." (Eph 4,12)

Diese „An-ordnung" ist ungeheuer verwundbar. Das ergibt sich aus dem Spiel der Polaritäten bzw. Spannungen. Wenn man einseitig den apostolischen Aspekt und das damit verbundene „institutionelle" Prinzip stützt, wird das Leben erstickt oder zumindest unfruchtbar. Wenn man sich ausschließlich auf die Vielfalt der Gaben oder die „einzelnen besonderen Berufungen" stützt, läuft man Gefahr, ein wesentliches Gegengift gegen Illusionen aller Art aus der Hand zu geben und die Einheit zu gefährden. Der Sinn des Begriffs „Dienst" (*diakonia*), der die gemeinsame Berufung der Christinnen bestimmt, kann schließlich auch verdreht werden. Wer kann denn von sich sagen, dass keine Illusion mit im Spiel ist bei einem großherzigen Engagement, das sie im Namen einer sogenannten besonderen Berufung auf sich nimmt und das von denjenigen, die apostolische Autorität haben, so leicht manipuliert werden kann?

Die Notwendigkeit einer gemeinschaftlichen und kirchlichen Unterscheidungsarbeit in Bezug auf jegliche besondere Berufung liegt auf der Hand. Diese Unterscheidungsarbeit kann sich schon implizit in der unaufdringlichen Anerkennung eines Lebensweges vollziehen. Sie kann auch ein explizites Vorgehen bedeuten, wenn eine genauere, durch die kirchliche Institution festgelegte „An-ordnung" dies verlangt. Von dieser Unterscheidungsarbeit müssen wir jetzt sprechen.

Eine schwierige Verbindung: innerer Ruf und kirchliche Unterscheidungskriterien

Die Unterscheidungsarbeit, um eine besondere Berufung festzustellen, kennt zwei verschiedene Situationen. Es gibt „ruhige" Zeiten in der Geschichte, wenn das Spiel von Polaritäten bzw. Spannungen relativ ausgeglichen ist. Während dieser mehr oder weniger langen Phasen hat die Unterscheidungsarbeit es nur damit zu tun, die *Übereinstimmung zwischen dem inneren Anruf, den eine Person gehört hat, und der kirchlichen Vorgabe dieser oder jener konkreten Gestalt* festzustellen. Sie stützt sich auf eine Reihe von Bewertungskriterien, die sich aus der kirchlichen und gesellschaftlichen Kohärenz der zu einem bestimmten Zeitpunkt vorhandenen konkreten Gestalten christlichen Lebens ergeben. Aber es gibt auch Zeiten großen kulturellen Wandels, wo die Unterscheidungsarbeit der Einzelnen, der Gemeinden und der Kirche diese Gestalten selbst betrifft. Jetzt wird die Sache spannender und zuweilen auch konfliktiv, denn die zunächst fehlende Übereinstimmung zwischen dem inneren Ruf und der kirchlichen Vorgabe bedeutet nicht unbedingt, dass eine bestimmte „Berufung" fehlt. Vielmehr muss man genauer hinsehen. Beginnen wir mit einem ersten Fall, der einfacher und besser geeignet ist, unser Hören und Sehen zu schulen. Einige Texte des II. Vatikanischen Konzils werden uns auf diesem Weg begleiten, bevor wir zum einen die Person betrachten, die sich den anderen und der Gemeinschaft öffnen möchte, um den gehörten Ruf beglaubigen zu lassen, und zum anderen die Autorität, die anerkennt und bestätigt und die eventuell eine Person ruft und sendet.

Die Vielfalt der „hierarchischen und charismatischen Gaben" nach dem II. Vatikanischen Konzil

Das II. Vatikanische Konzil hat den Unterschied zwischen den beiden Listen der Charismen im ersten Brief an die Korinther und im Epheserbrief aufgegriffen. Schon im ersten Kapitel der Konstitution über die Kirche *Lumen gentium* bekräftigt es seine „geistliche" Sicht der Kirche:

> Der Geist wohnt in der Kirche und in den Herzen der Gläubigen wie in einem Tempel (vgl. 1 Kor 3,16; 6,19), in ihnen betet er und bezeugt ihre Annahme an Sohnes statt (vgl. Gal 4,6; Röm 8,15-16.26). Er führt die Kirche in alle Wahrheit ein (vgl. Joh 16,13), eint sie in Gemeinschaft und Dienstleistung, bereitet und lenkt sie durch die verschiedenen hierarchischen und charismatischen Gaben und schmückt sie mit seinen Früchten (vgl. Eph 4,11-12; 1 Kor 12,4; Gal 5,22). (*Lumen gentium*, Art. 4, Abs. 1, zitiert vom Dekret *Ad gentes* über die Missionstätigkeit der Kirche, Art. 4)

Diese einfache Unterscheidung zwischen „hierarchischen und charismatischen Gaben" und dem (von der politischen Philosophie ererbten) Konzept der „Hierarchie" ist auf dem Hintergrund der beiden paulinischen Listen zu verstehen. Der anschließende Text (über den Leib Christi: *Lumen gentium*, Art. 7) erläutert dies ausführlicher, und das zweite Kapitel über das Volk Gottes zieht daraus einige Schlussfolgerungen für die Haltung, die angesichts dieser Gaben angebracht ist, sowohl seitens der Empfänger als auch seitens derer, die beauftragt sind, sie zu beglaubigen.

> Solche Gnadengaben (*charismata*), ob sie nun von besonderer Leuchtkraft oder aber schlichter und allgemeiner verbreitet sind, müssen mit Dank und Trost angenommen werden, da sie den Nöten der Kirche besonders angepasst und nützlich sind. Außerordentliche Gaben soll man aber nicht leichthin erstreben. Man darf auch nicht vermessentlich Früchte für die apostolische Tätigkeit von ihnen erwarten. Das Urteil über ihre Echtheit und

ihren geordneten Gebrauch steht bei jenen, die in der Kirche die Leitung haben und denen es in besonderer Weise zukommt, den Geist nicht auszulöschen, sondern alles zu prüfen und das Gute zu behalten (vgl. 1 Thess 5,12 u. 19–21). (*Lumen gentium*, Art. 12, Abs. 2)

Man ahnt in diesem Abschnitt schon mögliche Hindernisse und Illusionen, wie die voreilige Suche mancher Personen nach Gaben oder die Auslöschung des Geistes durch die Autorität. Zugleich zeigen sich ansatzweise Bewertungskriterien wie die Anpassung an die Nöte der Kirche und an die apostolischen Bedürfnisse. Das Dekret über das Laienapostolat, das *Lumen Gentium* zitiert, präzisiert diese Punkte und führt die juridische Begrifflichkeit von Rechten und Pflichten ein:

> Aus dem Empfang dieser Charismen, auch der schlichteren, erwächst jedem Glaubenden das Recht und die Pflicht, sie in Kirche und Welt zum Wohl der Menschen und zum Aufbau der Kirche zu gebrauchen. Das soll gewiss mit der Freiheit des Heiligen Geistes geschehen, der „weht, wo er will" (Joh 3,8), aber auch in Gemeinschaft mit den Brüdern in Christus, besonders mit ihren Hirten. (*Apostolicam actuositatem*, Art. 3, Abs. 4)

Der Heilige Geist im Herzen aller Gläubigen und in der Kirche

Dieser letzte Abschnitt zeigt, dass die Grundschwierigkeit sich aus der einfachen Tatsache ergibt, dass der Heilige Geist, wie die Konstitution über die Kirche zu Beginn sagt, *sowohl* im Herzen der Glaubenden *wie auch* in der ganzen Kirche wohnt (vgl. *Lumen gentium*, Art. 4, Abs. 1). Immer wieder sind wir mit dieser Spannung konfrontiert, die jeder Berufung eigen ist. Sie tritt genau da auf, wo unsere Innerlichkeit und die gesellschaftliche Seite unserer geistlichen Existenz zusammenkommen. Die „Unterscheidungsarbeit" ist deswegen notwendig, weil das, was sich in einem Menschen zeigt, nicht einfachhin zu ihm passt und auch nicht zu den Bedürfnissen der Kirche und der Gesellschaft. Was die Gesellschaft und die Kirche von dieser oder jener Person erwarten, steht nicht unmittelbar im Einklang mit dem, was der Geist ihr nahelegt.

Wir rühren hier an das Geheimnis des Evangeliums und der Kirche Gottes. Kein Zweifel, es wäre „einfacher", das Leben in Gesellschaft und Kirche als ein mehr und mehr verfeinertes Geflecht von Funktionen und Rollen zu verstehen, die hierarchisch organisiert und auf der Grundlage eines makellosen Rechts verwaltet werden. Aber wäre das noch die Kirche? Und würde eine Gesellschaft, die alles der Verwaltung anvertraut, nicht noch mehr an Gewalt hervorrufen, die sie doch gerade durch ihre Rationalisierungskompetenz eindämmen möchte? Je mehr sich die Menschen als Subjekte respektiert und in ihrer unveräußerlichen Einzigartigkeit gefördert wissen, desto eher sind sie in der Lage, mit anderen zusammenzuarbeiten und Gruppen zu bilden, die zum Gemeinwohl beitragen können. Und je mehr Gesellschaften und Verbände auf die Ressourcen achten, die jede Einzelne in sich trägt, desto mehr werden sie lernen, den unvorhergesehenen Ereignissen der Geschichte flexibel zu begegnen.

Was bei einer „Passung" abläuft, ist schwierig. Die Tendenz, sich abzusondern und nur das Eigene zu sehen, die jeder menschlichen und christlichen Berufung innewohnt, verlangt, auf das Beziehungsgeschehen zu achten, das sich bei der Identifizierung und der Suche nach Rat abspielt, und auf den dabei ganz wesentlichen Zeitfaktor. Heute sind wir für dieses letzte Element sensibler geworden, wahrscheinlich wegen unserer größeren gesellschaftlichen Mobilität und eines Verhältnisses zur Zeit, bei dem der vorläufige Charakter unserer Entscheidungen immer mehr in den Vordergrund tritt.

Diese neue Mentalität trifft frontal auf bestimmte besondere Berufungen der christlichen Tradition wie Ehe und Ordensleben, aber auch das apostolische Amt. Der definitive Charakter dieser Lebensentscheidungen hängt von unserer Fähigkeit ab, die einzige uns zur Verfügung stehende Existenz aufs Spiel zu setzen. Aber wie für alle anderen Charismen und Berufungen gilt auch hier, dass das, was „definitiv" ist, nur in der Zeit und in vorläufigen Figuren und Ausdrucksformen geschieht: Die Ehe ändert ihre Gestalt im Lauf der Geschichte eines Paares, und das Ordensleben eines Menschen wandelt sich durch die Veränderungen innerhalb seiner Gemeinschaft. Schließlich gerät auch der apostolische Dienst immer mehr in Bewegung, und die Aufträge, die Menschen im Laufe ihres Lebens wahrnehmen, werden immer vielfältiger. Die „Schwelle" einer endgültigen Entscheidung muss zwar deutlich sein – Wie sonst würde die Radikalität der christlichen Berufung aufrechterhalten? –, aber dennoch gehen viele Übergänge dieser Schwelle voraus und viele folgen ihr noch. Phasen des Ausprobierens wechseln häufig ab mit Phasen des Sich-Gewöhnens. Das gilt vor allem für die ersten Lebensabschnitte. Wie die Gesellschaften, die Familien, die Unternehmen, die Schulen und andere Institutionen, so sind auch unsere christlichen Gemeinden zu Laboratorien geworden, in denen die Verfügbarkeiten, die Erwartungen bzw. Rufe zum Ausdruck kommen. Sie bieten jeder Einzelnen die Chance, sich ihrer besonderen Berufung bewusst zu werden und mit ihrer Gabe auf die Bedürfnisse der Gesellschaft und der Kirche zu antworten. Diese Prozesse müssen von einer Unterscheidungsarbeit begleitet werden, die äußerst wichtig ist. Sie wird uns jetzt beschäftigen.

Anerkennung, Beglaubigung und Ruf

Hier geht es zuerst darum, die Rolle derjenigen zu präzisieren, die in der Kirche Unterscheidungsarbeit leisten. Wer bis zum Ende die hauchdünne Grenze zwischen dem respektiert, was in der Innerlichkeit eines Menschen vorgeht, und der Art und Weise, wie es sich gesellschaftlich ausdrückt und fruchtbar wird, kann den Unterscheidungs- und Passungsprozess von den beiden Seiten dieser „Grenze" her betrachten. Wie in den Berufungs- und Sendungsgeschichten des Neuen Testaments kann die Initiative von der Person selbst kommen; sie kann aber auch von einem kirchlichen Ruf ausgehen.

1. Im ersten Fall müssen wir weit mehr auf das achten, was bei der Orientierung eines jungen oder weniger jungen Menschen in den verschiedenen Institutionen, die er durchläuft, und in den verschiedenen Stadien seiner „Entwicklung" vor sich geht. Zudem müssen wir über die Kraft staunen können, die Bestätigungen und Zuspruch unaufdringlicher Begleiter in ihm wecken. Wer bewundert nicht das Engagement mancher Eltern, die ihren Kindern Orientierung geben? Oder wer bewundert nicht die Beratungsstellen, die alles tun, damit Jugendliche entdecken, welche Kräfte in ihnen stecken und welches der Dreh- und Angelpunkt in ihrem Leben ist, auf dass sie ihren eigenen Weg finden und selbständig werden – trotz der Schwierigkeiten, die eine bestimmte wirtschaftliche oder soziale Situation ihrer Persönlichkeitsentwicklung bereitet?

Die christlichen Gemeinden müssen dort, wo es sie gibt, in dieser zutiefst menschlichen Suche ihren Beitrag leisten, mit dem Evangelium und immer auch durch wichtige zwischenmenschliche Beziehungen. Diese absichtslose und unaufdringliche Präsenz mancher Christinnen bei den Menschen ihrer Umgebung befähigt sie, das Verlangen einer Person zu hören, die ihre Gaben oder sich selbst für einen Teil ihrer Zeit oder ganz und gar der christlichen Gemeinde bzw. der Kirche zur Verfügung stellen möchte.

Der Prozess des Hörens und des sich anschließenden Gesprächs kann lang und manchmal kompliziert sein. Die Bedingungslosigkeit dieser Art von Präsenz ist die wichtigste Voraussetzung für ihre Glaubwürdigkeit – vor allem in einer Kultur, in der die „menschlichen Ressourcen" wie alle anderen Ressourcen einer Gesellschaft oder Gruppe Gefahr laufen, instrumentalisiert zu werden. Die kirchliche Autorität leistet in diesem Unterscheidungsprozess einen Beitrag, sobald man von der Anerkennung zwischen zwei oder drei Personen zu einer *Beglaubigung* übergeht, welche die Gemeinde betrifft und daher einen öffentlichen Charakter annimmt. Sie ist dann vor allem erforderlich, wenn das „Charisma", das der kirchlichen Gemeinschaft zur Verfügung gestellt wird, auf der Ebene des apostolischen Amtes liegt.

2. In der neutestamentlichen Logik schließt diese Bewegung, die vom Verlangen der Personen ausgeht, die entgegengesetzte Bewegung nicht aus. Sie bedarf dieser Bewegung sogar, die vom Amt ausgeht und von seinem Interesse an einer Ablösung in der Verkündigung des Evangeliums Gottes. Der Ruf dieser oder jener Person durch die Autorität kann richtig und gut sein, steht aber immer in der Versuchung, die Personen zu instrumentalisieren und so den Geist auszulöschen. Wenn es nicht gelingt, ihre ursprünglichste Freiheit zu wecken, die ihren letzten Schwung aus Gott selbst holt, ist die Gefahr groß, dass man diesen Personen und den Gemeinden, die sie empfangen, schließlich ein Joch auferlegt, an dem sie schwer zu tragen haben. Diese Gefahr droht umso eher, als wir Zeugen eines Wandels der Gestalt der Kirche sind, die vielen den Eindruck vermittelt, dass die wesentlichen Funktionen in unseren kirchlichen Gemeinden nicht mehr ausgeübt werden.

Für die Kirche aber gehört dieser Prozess des Rufens, der Ablösung und der Sendung zur göttlichen „An-ordnung". Dieser Prozess ist Teil der spezifischen Fruchtbarkeit des Amtes. Das zeigt sich an der im gesamten Neuen Testament zu beobachtenden Dynamik der Vermehrung. Die entscheidende Begegnung zwischen Jesus und Simon in Cäsarea Philippi hat hier eine paradigmatische Funktion (vgl. Mt 16,13–20): Jeder der beiden erkennt den anderen, nicht nur nach seiner Abstammung – Simon, Sohn des Jonas, und Jesus, Sohn des lebendigen Gottes –, sondern vor allem in seiner Berufung und seiner Sendung, die seine wahre Identität bilden: *„Du bist der Christus, der Sohn des lebendigen Gottes! ... Du bist Petrus* und auf diesen Felsen werde ich meine Kirche bauen ..." (Mt 16,16.18 par). Indem er den Vater ins Spiel bringt, zeigt Jesus, dass der gegenseitigen Anerkennung, die er angestoßen hat, im Innern des von ihm Befragten eine Offenbarung des Evangeliums vorausgeht, die von weiter her kommt: „Selig bist du, Simon Barjona; denn nicht Fleisch und Blut haben dir das offenbart, sondern mein Vater im Himmel." (Mt 16,17 par.)

Heute spielt sich diese geheimnisvolle Anerkennung zwischen Jesus und Simon Petrus nicht nur an der Spitze der Kirche ab – in dem spektakulären Übergang von einem „Pontifikat" zum anderen –, sondern sie ereignet sich jedes Mal, wenn es zu einer vergleichbaren Begegnung kommt, so bescheiden sie auch sein mag. Es reicht aus, dass ein apostolischer Mensch das Werk Gottes in einer Person wahrnimmt, die bereits – wie Petrus – begonnen hat, ihre Gefährtinnen zu „tragen", und dass diese in der gesandten Person, die zu ihr spricht, Christus selber erkennt, der sie ihrerseits ruft und sendet. Vielleicht entgehen uns diese Situationen, weil wir uns zu sehr an bestimmte Formen der Amtsübergabe gewöhnt haben und vergessen, dass diese Übergabe unter überaus menschlichen und einfachen Bedingungen geschieht, wie das tägliche Miteinander der beteiligten Personen.

Der Friede und die Freude der „Passung"

Bedenken und eine gewisse Vorsicht mögen unvermeidbar sein. Das letztendliche Kriterium in der gerade erwähnten Szene ist die Passung zwischen dem, was sich im Innersten einer Person abspielt, und dem, was diejenige wahrnimmt, die ruft und sendet. Der innere *und* äußere Frieden ist das Zeichen dieser Passung, die die beiden Beteiligten nur überraschen kann. Wie gesagt, führt das Matthäusevangelium hier eine Seligpreisung ein: „Selig bist du, Simon Barjona." Die Fruchtbarkeit des Evangeliums, die sich so deutlich erweist, wird voll Freude erlebt.

Diese freudige Überraschung, die uns von unseren vorgegebenen Bildern befreit und dafür mehr von uns selbst an uns zurückgibt, schließt lange Gespräche und Unterscheidungsarbeit nicht aus. Dies ist im Begriff der „Passung" enthalten, der an künstlerische und handwerkliche Arbeit denken lässt. Aber es ist hilfreich, sich auf einfachere Erfahrungen von Ruf und Übergabe stützen zu können, wenn man von weniger einfachen Situationen spricht, wie es die heutige ist. Das werden wir jetzt tun und mit einem geschichtlichen Umweg beginnen.

Geschichtliche Ausprägungen

Schon in anderen Epochen der Geschichte hat sich die Unterscheidungsarbeit nicht nur auf die Entsprechung zwischen einem inneren Ruf und der kirchlichen Vorgabe für eine konkrete Figur bezogen, sondern darüber hinaus auch und vor allem auf diese *Figuren selbst*. Ein besseres Verständnis dieser Veränderung kann spirituelle Kreativität freisetzen. Dafür müssen wir uns noch mehr mit der Bedeutung und Entwicklung der institutionellen Festlegungen bestimmter „besonderer" Berufungen beschäftigen. Wir werden also – unter besonderer Berücksichtigung der Ausprägungen, die sie zu verschiedenen Zeiten der Geschichte angenommen haben – weiter über die für das christliche Leben *konstitutiven Polaritäten* nachdenken.

Lebensstände und Ämter

Die Figur des Apostels, die in der institutionellen Festlegung einzelner besonderer Berufungen zentrale Bedeutung hat, ist von Anfang an mit einem deutlich erkennbaren Lebensstil verbunden. In der neutestamentlichen Zeit und schon vorher, während der kurzen Zeit des Wirkens Jesu in Galiläa, beruht dieser Lebensstil auf zwei Polen: dem apostolischen Unterwegssein Jesu und der Zwölf einerseits und der Gastfreundschaft derjenigen, die ihnen ihre Häuser öffnen und ihnen materiell und menschlich eine Basis zur Verfügung stellen andererseits. Alle Ausprägungen christlicher Lebensformen sowie die Verbindungen zwischen diesen „Ständen" und den Charismen bzw. Ämtern haben ihren Ursprung in dieser allerersten Polarität.

Mit dem apostolischen Unterwegssein in der Nachfolge Jesu sind schon einige Zugangskriterien gegeben, die unsere elementarsten Lebensbedingungen betreffen, vor allem das Verhältnis zu unseren Gütern und zu den Menschen, die uns nahe stehen: Die umherziehenden Jüngerinnen und Jünger müssen Haus, Brüder, Schwestern, Mutter, Vater, Kinder, Vermögen und Arbeit verlassen. Zu dieser bereits beeindruckenden Liste von aufzulösenden Verpflichtungen kommt hinzu, dass ein solches Engagement große Risiken birgt. Es kann zur Ablehnung durch die Familien führen, wie Jesus es selbst erfahren hat, und zum Verlust von Ehre und Anerkennung. Diese Art zu leben ist nur möglich, wenn diejenigen, die unterwegs sind, damit rechnen können, von Sympathisantinnen aufgenommen zu werden bzw. diese überhaupt auf ihren Wegen zu finden. Im Markusevangelium haben zwei Häuser große Bedeutung: das Haus der Schwiegermutter des Simon in Kafarnaum (im ersten Teil: Mk 1–9) und das Haus Simons des Aussätzigen in Bethanien (im letzten Teil: Mk 11–14). Im Lukasevangelium haben die zahlreichen Mahlzeiten in Häusern (vgl. Lk 7,36–50 u. ö.) die gleiche Grundstruktur. Manche Ermahnungen, was die Almosen und die Ehe angeht, betreffen eher diese Menschen in den Häusern. In der paulinischen und deuteropaulinischen Literatur werden die Ermahnungen immer präziser und bestimmen das Leben im Haus, die Güterverwaltung, die Sexualität und die Weitergabe des Lebens. Jesus und der Apostel Paulus sind sicherlich beide Menschen des Unterwegsseins. Dabei ist es vor allem Paulus als Gemeindegründer, dessen Interesse dem Lebensstil dieser Gemeinden gilt. Ein Beispiel ist seine Theorie der Charismen – aufgeschrieben in den Briefen, die er, der unterwegs ist, denen schreibt, die er an ihrem Ort zurücklässt. So zeichnen sich zwei unterschiedliche Weisen ab, dieselbe Welt zu bewohnen, ohne *zu ihr* zu gehören – zwei Weisen, die doch auf *ein und derselben* Fähigkeit beruhen: seine ganze Existenz ins Spiel zu bringen. Paulus schreibt in seinem zweiten Brief an die Korinther:

> *Jeder gebe, wie er es sich in seinem Herzen vorgenommen hat,* nicht verdrossen und nicht unter Zwang; denn Gott liebt einen fröhlichen Geber. In seiner Macht kann Gott alle Gaben (*charis*) über euch ausschütten, sodass euch allezeit in allem alles Nötige ausreichend zur Verfügung steht und ihr noch genug habt, um allen Gutes zu tun ... (2 Kor 9,7 f.)

Diese zweifache Situation der „Menschen unterwegs" und der „Menschen in den Häusern" wird später durch die Unterscheidung zwischen „Lebensständen" einerseits und „Ämtern" oder „Sendungen" andererseits präzisiert. Eine Unterscheidung, die aber die innere notwendige Verbindung zwischen dem einem Menschen vom Geist Gottes geschenkten Charisma und seiner Weise, es zu empfangen und daraus zu leben, niemals aufhebt. Denn die Kohärenz zwischen der Verkündigung des Evangeliums und einem Lebensstil, der dieser Berufung einer Jüngerin oder eines Jüngers Christi entspricht, ist ein Grundprinzip. Diese neue Unterscheidung stellt sich schematisch folgendermaßen dar:

Was den „Lebensstand" angeht, so hat die Tradition schnell zwei Stände unterschieden: den Laienstand, auch „Stand der Gebote" genannt, und den Ordensstand in seinen verschiedenen Formen, auch „Stand der Räte" genannt. Der erste liegt auf der Linie vom Lebensstil der „Menschen in den Häusern" und der paulinischen Gemeinden. Genaue Vorschriften für die Ehe, die Verwaltung der Güter und den Umgang mit der übrigen Gesellschaft definieren ihn. Im Mittelalter spricht man von „Geboten", ein Begriff, der sowohl die Zehn Gebote als auch die Kirchengebote bezüglich des sakramentalen und moralischen Lebens von Christinnen und Christen bezeichnet. Der zweite Lebensstand liegt auf der Linie der „Menschen unterwegs", ohne jedoch das Unterwegssein unbedingt wörtlich zu nehmen. Dieser Lebensstand vollzieht einen Bruch mit der umgebenden Gesellschaft. Ob in der Form des Einsiedlerlebens oder des Ordenslebens in Gemeinschaft, man spricht vom „Stand der Räte", weil die vollzogenen Brüche nicht auf irgendein Gesetz zurückgehen, sondern frei gewählt werden. Sie betreffen die elementarsten Aspekte der menschlichen Existenz – Sexualität, Verhältnis zu den Gütern und soziale Anerkennung – und bedeuten hier eine Loslösung aus Liebe zu Christus und seinem Evangelium. Oft findet diese Liebe eine sakrale Form in einem „Gelübde", zum Beispiel zu einer Mönchsgemeinschaft zu gehören, oder in den sogenannten „Ordensgelübden".

Die Radikalität dieser letzten Option hat die Begrifflichkeit und die Erfahrung von „Berufung" völlig in Beschlag genommen und die Ehe und die christliche Existenz in der Welt in eine gewisse „Normalität" verwiesen, als eine Lebensform, die notwendigerweise „Kompromisse" mit der Gesellschaft mit sich bringt. Diese ererbte hierarchische Sicht der „Lebensstände" hat sogar die Lektüre der Bergpredigt und der Seligpreisungen bestimmen können, sodass sie als „Ratschläge" für jene verstanden wurden, die in einen Orden eintreten.

Was die „Sendungen" oder „Ämter" betrifft, so sind auch sie abhängig von der Unterscheidung zwischen „Menschen unterwegs" und „Menschen in den Häusern". Von neutestamentlicher Zeit an gründen die „Apostel", die Menschen unterwegs sind, Gemeinden und setzen „Hirten", „Älteste" (*presbyteroi*) und „Aufseher" (*episkopoi*) ein. Spuren davon sind in der Apostelgeschichte zu finden. In dem Maße, wie diese besonders in den Städten etablierten Gemeinden sich vermehren und wachsen, verlagert sich die Autorität der Apostel von den „Menschen unterwegs" auf die Gemeinden vor Ort. In ihrer Organisation setzt sich immer mehr und immer allgemeiner die auf Ignatius von Antiochien zurückgeführte Ämter-Dreiteilung von Diakon, Priester und Bischof durch. Dabei werden die beiden Funktionen von „Diakon" und „Priester" dem Bischof zugeordnet, der in der Stadt und ihrer Umgebung „im Namen Christi" der Gemeinde vorsteht. Nachdem es einmal zu dieser in unserem Sprachgebrauch „sakramentalen" Struktur gekommen ist, wird sie ständig weiter entwickelt, an neue Situationen angepasst (Bischöfe, Erzbischöfe, Patriarchen usw.) und bringt neue funktionelle Unterteilungen hervor (Diakonat/Subdiakonat, höhere und niedere Weihen usw.) – entsprechend den jeweiligen Bedürfnissen und dem oben erläuterten Prinzip der Vermehrung und Vervielfältigung. Dabei verschwindet der Pol des Unterwegsseins nie ganz, auch nicht in Zeiten großer Harmonie zwischen Kirche und Gesellschaft. Er wird erneut wichtig in Zeiten gesellschaftlicher und politischer Umwälzungen und Entdeckungen neuer Missionsländer. Denken wir zum Beispiel an die Gründer einiger lateinischer Kirchen in West- und Mitteleuropa, wie Martial von Limoges, Bonifatius und Columban.

Die Ämterstruktur der Kirche und die Lebensstile oder -stände gehören *unterschiedlichen Ordnungen* an: Während letztere den sowohl in der Welt verwurzelten *als auch* von ihr losgelösten Charakter jeder Berufung in besonderer Weise ausprägen, ist das apostolische Amt ein Charisma, ja es ist *das* Charisma im Dienst der Verkündigung des Evangeliums, der Gründung der Gemeinden und ihrer alltäglichen Zusammenkünfte. Dieser Unterschied verschwindet, wenn sich der Stand der Räte und jener der Ämter einerseits und andererseits der Stand der Gebote und der Laienstand überlagern. Das nimmt der Kirche eine Kreativität, die hier und jetzt vom Verlangen jeder Christin darauf ausgerichtet wird, ihrem Leben eine am Evangelium orientierte Kohärenz zu geben – wie auch immer es sonst verläuft. Wir sind die Erben dieser Überlagerung. Um sie zu verstehen und zugleich den kreativen Raum zu ermessen, den die neutestamentliche Struktur heute eröffnet, müssen wir noch einige historische Entwicklungen skizzieren.

Historische Entwicklungen

Die gegenwärtigen Erschütterungen der Kirche in Europa lassen sich besser verstehen, wenn man sie auf dem Hintergrund des ursprünglichen Ausdrucks sieht, den die Kirche der ersten Jahrhunderte mit der Errichtung der Pfarrkultur im Abendland gefunden hat. Man kann die Kirche des zweiten Jahrtausends und ihre Form der territorialen *Gliederung*, die das Leben bis in seine spirituellen Dimensionen aufblühen lässt, nur bewundern: Gebäude, die sowohl funktional als auch schön sind, schöpferische Kunstwerke, menschlicher Lebensstil und Sorge um die Schwächsten, eine Kultur des Feierns. Zeichen und Symbole begleiten den Weg der Menschen vom Anfang bis zum Ende. Kleriker, die immer besser für die „Seelsorge" (die *cura animarum*) ausgebildet sind, führen die Kirchenbücher, in die die Sakramente eingetragen werden, die man nur einmal empfängt. Theologie und intellektuelles Leben sind dieser Ordnung vollkommen angepasst. All dies bildet einen festen und flexiblen Rahmen und lässt zugleich Raum für eine Vielfalt von Vergemeinschaftungen wie beispielsweise die verschiedenen religiösen Orden. Um die territoriale Verwaltung, die all dies umfasst hat, ist die Kirche von vielen europäischen Gesellschaften beneidet worden, und sie haben sie ihrerseits nachgeahmt.

Nun beruht aber diese spezifische Gestalt des Christentums auf einer präzisen Organisation der Lebensstände und der Ämter. Nach den großen Streitfragen (darunter der „Investiturstreit" im 11. Jahrhundert) ist das apostolische Amt hauptsächlich territorial bestimmt worden. Es wird vom Papst und den Bischöfen in *Gemeinden* oder *Verbänden* von Gemeinden in diözesanen und parochialen Strukturen ausgeübt. Das Unterwegssein, das zum Apostel gehört, existiert weiterhin, immer mehr jedoch nur in einzelnen Orden wie bei den Bettelmönchen und später den Jesuiten und anderen, die direkt der römischen Autorität unterstellt sind. Die *sakramentale Heilsordnung* der Kirche – die sieben Sakramente – bedeutet, dass der Weg der Gläubigen sich gabelt, und lässt eine „Hierarchie" der Lebensstände entstehen. Nach Vollendung der christlichen Initiation (Kindertaufe,

Beichte, Erstkommunion und Firmung) gilt es, im Erwachsenenalter zu wählen zwischen Priestertum und Ehe. Schon das angestrebte Priestertum integriert den Christen in den Stand der Kleriker, die Ehe gibt dem Laienstand eine endgültige Form. Während das christliche Leben als Laie auf die Weitergabe und Pflege des irdischen Lebens ausgerichtet ist, finden der Stand der Kleriker und der Stand der Räte ihren Sinn in der Ausrichtung der menschlichen Existenz auf die Ewigkeit. Gewiss verkörpern das Mönchtum, das in einer ländlichen und feudalen Gesellschaft entstanden ist, und die Orden, die im 13. Jahrhundert in den Städten gegründet wurden, je auf eigene Weise dieses letzte „eschatologische" Ziel. Aber die sakramentale Heilsordnung legt sich über diese großen „charismatischen" Entwicklungen und zwingt ihnen die hierarchische Unterscheidung zwischen dem priesterlichen oder klerikalen Stand und dem Laienstand auf. So kommt es in Männerorden zur Unterscheidung zwischen „Patres" und „Brüdern". Jedenfalls führt diese Überlagerung und die Einschreibung des Unterschiedes zwischen irdischem und ewigem Leben in die sakramentale Heilsordnung – Ehe und Priestertum – dazu, dass das Priestertum und der damit verbundene Stand der Räte mehr und mehr als „außergewöhnlich" wahrgenommen werden im Vergleich zum Leben in der Welt und zur Ehe. Sie allein sind somit Gegenstand einer besonderen Berufung.

Doch diese Zeiten sind vorbei, und die größere Mobilität der Bevölkerung hat diese bemerkenswerte räumliche und auch spirituelle „Ordnung" Europas gesprengt. Die sozialen Milieus oder Schichten haben sich aufgrund einer spektakulären Entwicklung von Technik und Handel diversifiziert. Das Streben nach Freiheit und irdischem Wohl hat sie zu einer kulturellen, religiösen und politischen Emanzipation geführt. Die Vielfalt der Lebensstile hat das System der von Generation zu Generation weitergegebenen humanistischen und christlichen Werte relativiert und die Einzelnen dabei immer mehr ihrer eigenen Zerbrechlichkeit ausgesetzt. Mehr als einmal hat die Kirche mit Schrecken erleben müssen, dass ihr das wirkliche Leben der Menschen entgeht. Seit Ende des 19. Jahrhunderts hat sie immer wieder neue Wege erfunden, um an ihrer Seite zu stehen – mit milieusensibler Pastoral, Katholischer Aktion, Bewegungen und Diensten –, aber ohne ihre Auffassung der Berufung und der „Berufungen" wirklich zu überprüfen. Erst mit dem II. Vatikanischen Konzil hat sich etwas bewegt.

Zweifellos besteht auf dieser Ebene die erste Entscheidung des Konzils darin, den *Unterschied* zwischen der Ämterstruktur der Kirche und der „eschatologischen" Ausrichtung eines jeden christlichen Lebens, das in unterschiedlichen Lebensstilen gelebt wird, wiederherzustellen. Nachdem die Konstitution *Lumen gentium* in den Kapiteln III und IV die Struktur der Kirche – die „hierarchischen und charismatischen Gaben" – behandelt hat, spricht sie von der allgemeinen Berufung (*vocatio universalis*) zur Heiligkeit in der Kirche in Kapitel V und von den Ordensleuten in Kapitel VI. Die Behauptung, dass die Berufung zur Heiligkeit *universell* ist, schafft so mit einem Federstrich die vom Mittelalter geerbte Überordnung des Standes der Räte über den Stand der Gebote ab. Die christliche Berufung als Art und Weise, die menschliche Berufung zu leben und jeder menschlichen Berufung zu dienen, ist wesentlich ein Aufruf zur Heiligkeit, egal in welcher einmaligen und gesellschaftlichen Form diese sich hier und jetzt darstellt:

> Daher sind in der Kirche alle, mögen sie zur Hierarchie gehören oder von ihr geleitet werden, zur Heiligkeit berufen gemäß dem Apostelwort: „Das ist der Wille Gottes, eure Heiligung" (1 Thess 4,3; vgl. Eph 1,4). Diese Heiligkeit ... drückt sich vielgestaltig in den Einzelnen aus, die in ihrer Lebensgestaltung zur Vollkommenheit der Liebe in der Erbauung anderer streben. In eigener Weise erscheint sie in der Übung der sogenannten evangelischen Räte. Diese von vielen Christen auf Antrieb des Heiligen Geistes privat oder in einer von der Kirche anerkannten Lebensform, einem Stand, übernommene Übung der Räte gibt in der Welt ein hervorragendes Zeugnis und Beispiel dieser Heiligkeit und muss es geben. (*Lumen gentium*, Art. 39)

Das Ordensleben, dessen „charismatischen" Ursprung das Konzil betont, ist also *ein* Weg, und gewiss ein besonders wichtiger, auf diesen universellen Ruf zur Heiligkeit zu antworten, ob er in Einsamkeit (Eremitinnen) oder in Gemeinschaft (Zönobitinnen) gelebt wird. Das betonen die Dogmatische Konstitution über die Kirche und das Dekret über die zeitgemäße Erneuerung des Ordenslebens:

> Von Anfang an gab es in der Kirche Männer und Frauen, die durch die Befolgung der evangelischen Räte Christus in größerer Freiheit *nachzufolgen* und ihn ausdrücklicher *nachzuahmen* verlangten und die – jeder auf seine Weise – ein Leben führten, das Gott geweiht war. (*Perfectae Caritatis*, Art. 1, Abs. 2)

Ob es sich um diese eher besondere Weise handelt, den Ruf zur Heiligkeit zu hören, oder um die den Laien „eigene Berufung", die darin besteht, in der Verwaltung gerade der zeitlichen Dinge das Reich Gottes zu suchen (vgl. *Lumen gentium*, Art. 31, Abs. 2) — alle diese Lebensweisen tragen dazu bei, dass „in der irdischen Gesellschaft eine menschlichere Weise zu leben" (*Lumen gentium*, Art. 40, Abs. 2) gefördert wird. Es ist also nicht mehr möglich, zwischen denen, die sich um das Leben in dieser Welt zu kümmern hätten, und denen, die Expertinnen des ewigen Lebens wären, einen Unterschied zu machen. In den grundlegenden Fragen des Lebens sitzen alle im selben Boot.

Was das apostolische Amt betrifft, so bekräftigt das Konzil seinen wesentlichen Unterschied (vgl. *Lumen gentium*, Art. 10, Abs. 2) im Verhältnis zu dem, was die allgemeine Existenz einer *jeden* Christin und eines *jeden* Christen charakterisiert, nämlich die Taufe und die Lebensstile, die sich daraus ergeben. Gewiss, die Texte verwenden die „priesterliche" Sprache, um diesen besonderen Dienst zu definieren; sie sprechen vom „priesterlichen *Amt*", aber sie bestehen vor allem auf der inneren Verbindung dieses „Priestertums" zur Autorität Jesu. Dank der Gesandten, die dieses Amt ausüben, macht Christus sich selbst gegenwärtig durch die Verkündigung des Evangeliums, die Feier der Eucharistie und die Versammlung der Gläubigen (vgl. *Lumen Gentium*, Art. 20, und *Presbyterorum ordinis*, Art. 2).

Indem das II. Vatikanische Konzil so deutlich die Lebensstile und die Ämterstruktur der Kirche unterscheidet und die beiden auf das *alleinige Ziel der christlichen Berufung* ausrichtet, nämlich die vielgestaltige Gegenwart der Heiligkeit Gottes in der Geschichte der Menschheit, öffnet es erneut einen Raum der Kreativität. Wie jeder kreative Raum ist er ständig bedroht, verkleinert zu werden. Daher sei abschließend darauf verwiesen, wie wir ihn in unserer gegenwärtigen Situation erobern können.

Lob der Einfachheit

Zuerst müssen wir uns der gegenwärtigen Situation bewusst werden. Am besten könnten wir sie durch ein totales Nebeneinander beschreiben: Wir unterscheiden nämlich weiterhin wie vor dem Konzil die Berufung des Priesters, der Ordensfrau und des Ordensmannes und betrachten weiterhin die Ehe als übliche Form des Lebens von Laien. Wir haben noch nicht wirklich eingesehen, dass die Heilige Schrift und das II. Vatikanische Konzil *jedem* Menschen und *jeder* Christin die Erfahrung der Berufung und die Entdeckung des ihr eigenen „Charismas" zugestehen. Wir identifizieren naiv (oder juristisch) das Amt oder die Ämterstruktur der Kirche mit einer radikalen Art, das Evangelium zu leben, für die die Ehelosigkeit um des Reiches Gottes willen steht. Das hindert uns daran, die ständig zu suchenden und neu zu erfindenden Übereinstimmungen zu entdecken: zwischen einem einzelnen wirklich gehörten Ruf und der Art und Weise, diesen gemäß dem Evangelium zu leben. Außerdem gibt es immer mehr Phänomene des modernen Lebens, die sich der vom zweiten Jahrtausend hinterlassenen kirchlichen „An-ordnung" entziehen. Denken wir an die Vervielfältigung der Lebensstile und daran, wie sehr unsere Zeitgenossinnen auf dem absolut einmaligen Charakter ihrer Lebenswege bestehen – was im Übrigen mit wichtigen Zügen der paulinischen Theorie der „Charismen" in tiefem Einklang steht. Betrachten wir die Bildung von Vereinen und Gemeinschaften, die gar nichts mehr damit zu tun hat, was aus den Orden wird. Werden wir uns der Situation des Weiheamtes bewusst, nicht nur der Tatsache, dass es immer seltener wird, sondern auch seiner tiefgreifenden Veränderung, sofern der Priester zu einem mobilen Alleskönner wird und daher nicht selten unter einem Mangel an Verwurzelung leidet und unter der Schwierigkeit, die spirituelle Kreativität der Mitglieder der ihm anvertrauten Gemeinde oder Gemeinden zuzulassen.

Die spirituelle Einfachheit, deren Lob wir hier anstimmen, führt uns zu dem festen Vorsatz, zuzulassen, dass die Kirche von heute und von morgen nicht nach unseren Plänen und nach unserer Vorstellung von der Vergangenheit Gestalt gewinnt, sondern *ausgehend von dem, was Gott* diesem oder jenem Territorium, dieser oder jener Gemeinschaft, dieser oder jener Person *tatsächlich gibt.* Es ist nicht mehr möglich, ein perfekt detailliertes Organigramm kirchlicher Aufgaben und Funktionen festzulegen in der Hoffnung, die Leerstellen mit genügend zahlreichen „Berufungen" füllen zu können. Eine Umkehr des Blicks wird dringend notwendig: Die Kirche baut sich hier und jetzt auf – ausgehend von unserer Wahrnehmung der Arbeit des Geistes in den Menschen und unter ihnen.

Die hier gerühmte Einfachheit wird leichter durch die Einsicht in die *konstitutiven* und eigentlich schlichten *Polaritäten* christlichen Lebens und in deren Wandlungen im Lauf der Geschichte. Eine „Kultur der Berufung" beginnt zu entstehen, wenn wir unsere „Aufmerksamkeit" auf den *Lebensweg* oder das *Charisma* nicht nur jeder Christin, sondern auch derjenigen richten, denen diese täglich begegnet, ob sie gläubig sind oder nicht. So bildet sich die kirchliche Gemeinschaft, und gleichzeitig entfaltet sich eine Haltung des Dienstes und der Mission aus einem echten Interesse der Christinnen an der *Berufung eines jeden Menschen.*

> Darum obliegt es den Priestern als Erziehern im Glauben, selbst oder durch andere dafür zu sorgen, dass jeder Gläubige im Heiligen Geist angeleitet wird zur Entfaltung seiner persönlichen Berufung nach den Grundsätzen des Evangeliums, zu aufrichtiger und tätiger Liebe und zur Freiheit, zu der Christus uns befreit hat. (*Presbyterorum ordinis*, Art. 6, Abs. 2)

Auf diese Weise die Vermehrung der christlichen und menschlichen Lebensformen und die Fruchtbarkeit der Arbeit des Heiligen Geistes konkret zu erleben, führt nach und nach zu einem spirituellen Nährboden, auf dem das *Verlangen* nach dem Evangelium wachsen und ein *apostolischer Ruf* gehört und bestätigt werden kann. Wir müssen erneut lernen, auf die sich vermehrenden Ausprägungen aufmerksam zu sein, die eine solche besondere Berufung gemäß den Charismen der Betroffenen annehmen kann. Sie kann sich in dem Verlangen zeigen, das Amt eines Apostels zu empfangen, der unterwegs ist, der die bestehenden Gemeinden verbindet, begleitet, nährt und sich vor allem um diejenigen kümmert, die ihnen nicht angehören. Sie kann sich auch in dem Verlangen zeigen, zu einer Ortsgemeinde gesandt zu werden, um sich dieser anzunehmen. Warum nicht darauf vertrauen, dass das wirkliche Hören dieses Rufes *gleichzeitig* von dem Verlangen nach einem Lebensstil gemäß dem Evangelium einschließlich der Selbstverleugnung (vgl. Mk 8,34–38) begleitet wird, weil ein solcher Lebensstil dem entspricht, was man gehört hat? Könnte sich die Kirche nicht mehr und mehr vom Auftauchen dieser „charismatischen" Elemente überraschen lassen, die so reich an kreativem Potenzial sind? Könnte sie nicht auf manche Figuren verzichten, die in der Vergangenheit kodifiziert wurden? Und ergibt sich nicht ein solcher Verzicht – ohne daran zu rühren, was zur „göttlichen ‚An-ordnung'" gehört, nämlich die konstitutiven Polaritäten – aus der Unterscheidungsarbeit, der Beglaubigung und Sendung sowie aus der Verantwortung der apostolischen Autorität, für die Übereinstimmung zwischen der Lebensweise der Gesandten Christi und dem Evangelium zu sorgen?

Eine solche vom II. Vatikanischen Konzil eingeleitete Umkehr kann nicht nur von oben in Gang gesetzt werden; sie muss in den kleinsten Zellen der Kirche geschehen – das heißt, ermöglicht werden.

Leiden ...

Am Ende der beiden vorangegangenen Kapitel haben wir der Leserin vorgeschlagen, sich einer Erfahrung des inneren Hörens auf die Stimme Gottes auszusetzen und einen Blick auf einige Figuren von Männern und Frauen ihrer Umgebung – den „Über-setzern" und „Über-setzerinnen" – zu richten. Jetzt laden wir sie ein, ihr Blickfeld zu erweitern und sich der gegenwärtigen Situation der Kirche in der Gesellschaft bewusst zu werden. Das ist keine leichte Übung. Bilder aller Art oder manche Leiden verstellen den Zugang zu einer geistlichen Beurteilung der kirchlichen Wirklichkeit und verhindern, dass in ihr ein Verlangen nach apostolischen Berufungen entsteht.

1. Was wir von der Kirche wahrnehmen, ist stark von den Bildern beeinflusst, die Fernsehen und Massenmedien vermitteln. Wir sehen Kundgebungen, Gruppen und Einzelpersonen, die in der Liturgie oder in anderen

kirchlichen Aktivitäten eine Rolle spielen. Nur selten erschließt sich uns jedoch das Geheimnis ihres Glaubens und ihres spirituellen Weges. Noch seltener ist es, dass uns die Kirche als dieses geheimnisvolle Band zwischen einer Menge von Lebenswegen in ein und demselben Beziehungsgewebe erscheint, dass sie sich uns also als „Tempel" des Heiligen Geistes zeigt, der in ihr und gleichzeitig im Herzen jedes Menschen wohnt. Zu dieser Art von Blindheit kommt hinzu, dass wir die Kirche häufig in ein ideales und unbewegliches Bild einschließen, das uns hindert, ihre Zerbrechlichkeit zu sehen und die große Beweglichkeit ihrer Grundstrukturen in der Geschichte.

Wie können wir diese Decke durchstoßen, wenn nicht im Aufspüren von Gelegenheiten, bei denen sich unserem geistigen Auge etwas vom Geheimnis der Kirche zeigt? Ich denke hier an den Augenblick der Eucharistiefeier, wo mein Blick der Prozession all derer folgt, die nach vorne gehen, um die Kommunion zu empfangen, bevor ich mich selbst einreihe – und an die Stille danach: Ich erinnere mich an so viele vertrauliche Mitteilungen, wo die Glaubenskraft eines Menschen mich tief berührt hat ... Ich erinnere mich an eine unaufdringliche Hilfe, die mir von der Freiheit derjenigen erzählt, die auf diese Weise zu meiner Nächsten wurde ... Ich erinnere mich an eine Konvertitin, eine Jugendliche, welche die Fähigkeit hatte, öffentlich von ihrem Glauben zu sprechen ... Wenn wir diesen Blick wagen in die Tiefe des spirituellen Abenteuers von Christinnen und vielen anderen Menschen, kann das Verlangen in uns wach werden, mehr über die Kirche anderer Epochen zu erfahren: über die Epoche des Neuen Testaments und die der ersten Jahrhunderte mit ihren großen Heiligenfiguren, über die des Mittelalters mit seinen romanischen Basiliken und Kathedralen und die des 20. Jahrhunderts mit seinem Konzil. Die Kenntnis der Geschichte der christlichen Tradition und die Entdeckung der Kirchen anderer Kontinente lehren uns, unsere Bilder zu relativieren, die fundamentalen Polaritäten unseres christlichen Leben zu erkennen und die missionarische und kulturelle Kreativität derer zu bewundern, die uns vorausgegangen sind.

2. Wenn wir so in das Geheimnis einer Kirche eintreten, die von so vielen spirituellen Abenteuern geprägt worden ist, bedeutet das auch, unseren leidvollen Erfahrungen mit dieser Kirche ihren richtigen Platz zu geben. Spezifische Leidensgeschichten entstehen daraus, dass manche Personen sagen, wirklich einen Ruf zu hören, ohne dass die Kirche bereit ist, ihn zu erkennen oder gar zu bestätigen. So wird in vielen Diözesen Frankreichs die Pastoralarbeit zunehmend von Frauen übernommen. Diese erhalten aber weder ein „Amt", noch können sie sich „Geistliche" nennen, denn diese Sendung und diese Bezeichnung sind den Priestern vorbehalten. Man gibt ihnen den neutralen Titel von „permanentes en pastorale – auf Dauer für die Pastoral Beauftragte". Und während sich manche Frauen damit begnügen,

ihr Charisma in den Dienst der begrenzten Aufgabe zu stellen, die man ihnen anvertraut hat, entdecken andere durch das, was sie leben, einen Ruf zu einer grundlegenderen Sendung – einen Ruf, den sie vielleicht schon vor langer Zeit gehört haben, ohne dass es jemals die Möglichkeit gab, ihn auszudrücken. Potenziell befinden wir uns damit in der Situation der Ernennung und Sendung der Zweiundsiebzig im Lukasevangelium oder der Einsetzung der Sieben in der Apostelgeschichte. Gleichzeitig fühlen sich andere wiederum, und vor allem immer mehr Männer, dem Leben der Kirche entfremdet und wissen nicht mehr, wie sie sich aktiv daran beteiligen können. Unter den Priestern indessen, die überarbeitet sind und deren Zahl laufend abnimmt, fühlen sich etliche angegriffen durch das, was sie als eine Machtübernahme seitens dieser oder jener Frau erleben, die unter Umständen sogar besser ausgebildet ist als ihr männlicher Gesprächspartner. Die Wahrscheinlichkeit ist groß, dass er sich da gegenüber dem Leiden der anderen unempfindlich zeigt.

Aggressionen aller Art oder stiller Rückzug, ja sogar eine geheime Verzweiflung, sind die häufigsten Reaktionen auf die oben diagnostizierten krankhaften Störungen. Die Unterscheidung zwischen „ruhigeren" Perioden unserer Geschichte, in denen das Spiel der Funktionen und Rollen sowie das Verhältnis zwischen den „Lebensständen" eher ausgeglichen waren, und Zeiten kultureller und spiritueller Erschütterungen, in denen neue Figuren christlicher Berufung auftraten, kann zur Gelassenheit beitragen. Gewiss schafft das bessere Verstehen unserer Situation nicht das Leid ab, das sie mit sich bringt, und es entschuldigt auch nicht ein inakzeptables Verhalten, aber es hilft uns, die Änderungen schon wahrzunehmen, die sich dank der spirituellen Energie einer jeden abzeichnen und vorbereiten.

3. Der „schmerzhafte Frieden", der aus dieser spirituellen Arbeit an sich selbst und der gleichzeitigen Wahrnehmung der geheimnisvollen Fruchtbarkeit der Glaubenswege in unseren christlichen Gemeinden und anderswo entstehen kann, schafft einen „Raum" der inneren Armut, wo eine mitfühlende Solidarität mit der ganzen Kirche und ein echtes Gebet für die „Berufungen" möglich werden.

Schauen wir auf den Zusammenhang dieses Gebets in den Evangelien von Matthäus und Lukas: Matthäus zeigt einen Jesus voller Mitleid angesichts der übermüdeten und erschöpften Volksmengen, die wie Schafe ohne Hirten sind (vgl. Mt 9,36). Lukas berichtet, wie Jesus sich im Augenblick der Sendung an die Zweiundsiebzig wendet: „Die Ernte ist groß, aber es gibt nur wenig Arbeiter. Bittet also den Herrn der Ernte, Arbeiter für seine Ernte auszusenden!" (Lk 10,2) Dieses Gebet in Wahrheit zu sprechen setzt voraus, dass die Betende sich der Überfülle der Ernte bewusst wird und erkennt, dass diese den Vorrang hat vor jeglichem Bild, das sie sich von den „vielfältigen

Berufungen" in der Kirche macht. Verwendet der Text nicht die Bildersprache der Ernte und des Arbeiters, um das Gebet offen zu halten für das, was Gott hier und jetzt denen gibt, die sich an ihn wenden?

IV. Heute die eigene Berufung finden

Im vorhergehenden Kapitel haben wir eine „Schwelle" überschritten. Jetzt sind wir in der Lage, nicht nur die Situation der Kirche in der heutigen Gesellschaft, sondern auch uns selbst mit anderen Augen zu sehen. Lassen wir uns von den Lebenswegen derjenigen berühren, die uns von nah und fern in unseren Gemeinden, in ihrem Umfeld oder anderswo begegnen, statt nur auf das äußere „Schauspiel" zu sehen, das uns die Kirche bietet. Lassen wir uns von dem beeindrucken, was jeder Mensch an Glück und Schmerz auf seinem eigenen Weg erlebt, und öffnen wir uns innerlich für all jene, die sich Tag für Tag von Gott leiten lassen.

Eine solche einfache Betrachtung bleibt nicht wirkungslos. Sie befragt jeden von uns nach seinem eigenen Weg. Was ist, wenn mein einmaliger und unersetzlicher Weg und meine Verfügbarkeit für den Geist Gottes unverzichtbar dafür sind, dass diese Kirche heute existiert? Im Stillen spüre ich einen Schmerz angesichts des kirchlichen Rollenspiels, das mir so unangemessen für unsere Zeit und jedenfalls ohne Reiz für mich persönlich scheint. Doch habe ich jemandem schon von diesem Leiden erzählt? Zweifellos teile ich es mit anderen. Und wenn ich mir mehr bewusst würde, was Gott seit der neutestamentlichen Ära in seiner Kirche „an-geordnet" hat und welche unterschiedlichen Gestalten diese „An-ordnung" in der Geschichte angenommen hat, müsste ich dann nicht meinen Intuitionen und meiner Kreativität mehr vertrauen?

Die Überlegungen unserer ersten drei Kapitel blieben leere Worte, wenn sie den Leser nicht dahin führen, sich *konkret* zu fragen, was Gott ihm auf einmalige Weise gibt und wie diese Gabe zum Aufbau der Kirche beitragen kann – kurz, wenn er nicht dahin käme, sich genau die Frage zu stellen, was seine eigene „Berufung" ist. Dieses vierte Kapitel möchte ihn auf diesem Weg begleiten und schlägt dafür eine einfache Methode vor.

Zuerst noch eine kurze Erinnerung an die Hinweise in den vorausgegangenen Kapiteln. Jedes Kapitel endete mit einer Frage: Wie kann ich besser hören? Wie kann ich besser erkennen, dass andere Menschen mir bei meiner Suche geholfen haben, und zwar so sehr, dass ich mich mit ihnen „identifiziert" habe? Wie kann mir die Geschichte helfen, die Veränderungen, die die Kirche durchmacht, besser zu verstehen und weniger daran zu leiden?

Unsere Betrachtung hatte bisher im Grunde drei Punkte: (1) mein absolut einmaliger und noch unvollständiger Weg, (2) mein Weg in Beziehung zu den großen biblischen Berufungsfiguren, von Abraham bis zu Jesus und seinen Jüngerinnen und Jüngern, (3) mein Weg, eingeschrieben in die Geschichte der Kirche, die den Lebensstil Christi und seiner Jüngerinnen und Jünger in unseren Gesellschaften auf vielfältige Weise sichtbar macht und unterscheidet, was hier und jetzt zu tun ist. Damit haben wir eine Reihe von

Hinweisen, die wir berücksichtigen, bzw. „Stimmen", die wir hören sollten, wenn wir uns konkret auf die Suche nach unserer Berufung machen.

Zu Beginn möchten wir dem Leser helfen, genauer zu erkennen, was in ihm vorgeht. Dann werden wir mit ihm eine Reihe „spiritueller Entscheidungen" durchgehen, die ihm auf der Suche nach seinem Weg begegnen werden. Schließlich werden wir ihm ein Schema des Weges der Unterscheidung vorstellen, das natürlich flexibel auf seine ganz einmalige Situation anzuwenden ist.

Was in mir passiert

Zu Beginn gilt es also, - gemäß der Bitte eines schönen, an den Heiligen Geist gerichteten Kirchenliedes - „die Schritte nach innen zu lenken",[20] um zu sehen, was im eigenen Leben passiert. Kein Weg zur Entdeckung der eigenen Berufung ohne diesen Beginn!

Ich stehe heute an einem bestimmten Punkt meiner Geschichte, über den ich mir klar werden möchte. Es fällt mir schwer, zwischen dem zu unterscheiden, was zu meiner Psyche gehört, und dem, was in - im eigentlichen Sinn - „spiritueller" Hinsicht vor sich geht. Ich möchte hier aber mehr Klarheit: In welche Richtung gehen meine inneren Bewegungen, und nach welchen Kriterien kann ich ihre Ausrichtung beurteilen? Und wenn ich lernen würde, zu beten und zu hören? Die Stimme Gottes und die der anderen zu hören? - Viele kleine Entscheidungen, von denen mein weiterer Weg zum großen Teil abhängen wird.

Die Ausgangslage

Wo stehe ich mit mir selber, mit den anderen, mit Gott? Zwei Grundbedingungen sind bereits bekannt: einen Raum der Stille und des Rückzugs zu schaffen und mir einmal richtig „Zeit zu nehmen" - vielleicht bei einer Wanderung ganz allein -, um über meine Geschichte nachzudenken, über das, was sich in der letzten Zeit, in den letzten Jahren ereignet hat. Vor meinem inneren Auge lasse ich meine Beziehungen Revue passieren, die Orte, an denen ich gewesen bin und wo ich gewohnt habe, meine Tätigkeiten und Engagements, wichtige Ereignisse. Es geht keinesfalls um Vollständig-

---

[20] Anspielung auf das Lied „Komm, Heiliger Geist, Herre Gott". Vgl. Charru, Philippe/Theobald, Christoph: L'esprit créateur dans la pensée musicale de Jean Sébastien Bach. Les chorals pour orgue de l'«autographe de Leipzig», Sprimont 2002, 87.

keit, sondern um eine einfache Arbeit der Erinnerung, bei der eins zum anderen führt, bis ein „roter Faden" erkennbar wird, der mir zeigt, wo ich in meiner Geschichte heute stehe. Diejenigen, die sich diese kleine Übung zur Gewohnheit machen, sagen, dass sie sehr hilfreich ist. Es kann allerdings sein, dass man zögert, weil man Angst davor hat oder befürchtet, dass nichts passiert. Ein für alle Mal dürfen wir uns dann sagen: Es geht nicht darum, mir den Kopf zu zerbrechen, und noch weniger darum, im Wiederkauen meiner Vergangenheit stecken zu bleiben. Vielmehr geht es darum, *konkret* zu *erkennen*, wie *Gott* in meinem Leben präsent wird, was er schon in mir getan hat und wie er seine unaufdringliche und so unendlich respektvolle Arbeit fortsetzt. Kurzum, es geht darum zu staunen, sich überraschen zu lassen, auch wenn der Tag schwer war oder wenn der Lebensabschnitt, in dem ich gerade stecke, schwierig zu sein scheint. Das alles ist aber nur möglich, wenn ich zulasse, bei mir selbst zu sein – zumindest eine Zeit lang –, und mich der Gegenwart dessen auszusetzen, der in mir sein „Du kannst…" hören lässt und mich bei meinem Namen ruft. Jeder muss seinen eigenen Rhythmus des Rückzugs finden und dieses „Gegenwärtig-Werden" und dieses genauere Erkennen der Wege Gottes in ihm den eigenen Lebensbedingungen anpassen.

Wenn der Leser sich dabei an andere glückliche Momente einer Präsenz bei sich selbst und einer noch realeren Präsenz Gottes in seinem Leben erinnert, fühlt er in sich vielleicht das Verlangen *weiterzugehen*: mehr Wahrheit in seine Existenz zu legen, sich freier durch den inneren Kompass leiten zu lassen und Gott in seinem Leben mehr Raum zu geben. Wenn dieses Verlangen auftaucht und sich immer wieder zeigt, bis es sich schließlich in ganz kleine alltägliche Entscheidungen einschreibt, dann ist der Boden bereitet, um die Frage zu stellen, welche Ausrichtung ich meinem Leben geben will.

Das psychische und das spirituelle Moment

Hier ist eine Klarstellung nötig. Die Frage, was in uns vorgeht, könnte psychologisch verstanden werden. Sagen wir es deutlich: Unsere Sichtweise der Berufung ist nicht psychologischer Natur, sondern gehört in den spirituellen Bereich. Diese Unterscheidung wirft jedoch mehr Probleme auf, als sie löst: Wie kann man sie aufrechterhalten, wo doch das „Spirituelle" und das „Psychische" ineinandergreifen? Die ersten zwei Kapitel haben gezeigt: Der spirituelle Ansatz bezieht sich auf biblische Gestalten und geht von einer anthropologischen Reflexion aus.

Eine erste schnelle Klärung: Das „Spirituelle" besteht darin, dass wir Gott oder vielmehr unsere Beziehung zu ihm zu Wort kommen lassen. Alles, was wir über die Erfahrung eines Rufs gesagt haben, gehört in diesen Bereich. Allerdings hat diese besondere „Beziehung" notwendigerweise eine psychische Seite, sonst wäre es nicht unsere, nicht meine Beziehung. Unser Verhältnis zu „Gott" oder zu dem Bild, das wir uns von ihm machen, basiert zumindest anfänglich auf der Beziehung zu unseren Eltern und benutzt die elterliche Sprache. Daher hat es eine bestimmte Funktion in unserer Psyche: Strenge und Zorn, aber auch Wohlwollen und Freizügigkeit können uns aufbauen *oder* am Wachsen hindern. Es sind weitgehend unbewusste Prozesse – und umso mehr, als noch nicht unterschieden wurde zwischen der elterlichen Autorität, wie auch immer sie ist, und der göttlichen Autorität.

Innerhalb dieser komplizierten Prozesse tritt das „Spirituelle" durch die Fähigkeit zur Distanzierung bzw. durch eine größere persönliche Freiheit zutage. Wenn wir uns auf der psychologischen Ebene deutlicher bewusst werden, was in uns und in unseren konstitutiven Beziehungen vor sich geht, führt das zu einer Veränderung unserer Beziehung zu Gott. Wir entdecken deutlicher, dass wir, die wir als Bild Gottes, ihm ähnlich geschaffen sind (vgl. Gen 1,26), nicht das Recht haben, uns ein Bild von ihm oder auch von unserem Mitmenschen oder von der übrigen Schöpfung zu machen (vgl. Dtn 4,15–18). Wir lassen uns mehr und mehr auf eine „unvoreingenommene" Beziehung zu ihm und zu den anderen ein und entdecken vielleicht so den Sinn des Lobpreises.

So verstanden, wird die „spirituelle" Freiheit sich darauf auswirken, dass dieser oder jener unserer Charakterzüge glücklicher, heilsamer zur Geltung kommt. Voraussetzung ist allerdings, dass die Beziehung zu Gott ihre absichtslose und nicht-interessierte Ausrichtung behält und nicht instrumentalisiert wird im Blick auf ein größeres psychisches Wohlbefinden.

An dieser Stelle können beunruhigende Symptome vorübergehend oder auch auf Dauer auftreten: Hemmungen, Ängste und unüberwindbare Phobien, die das Verlangen zu leben blockieren; Illusionen aller Art oder schlimmere Störungen, die einen Menschen von der Realität abschirmen. Dann kann es sein, dass der Rat eines „geistlichen Begleiters" nicht mehr ausreicht und dass eine gezieltere psychologisch-psychotherapeutische Begleitung erforderlich ist. Der gute Begleiter wird diese Situationen großer seelischer Not erkennen und dem von ihm begleiteten Menschen bei der Entscheidung helfen, einen Therapeuten aufzusuchen. Das wiederholte Auftreten der Symptome und das „Versanden" der geistlichen Begleitung sind untrügliche Zeichen, um in diesem Sinn zu handeln.

Aber diese schwierigen Situationen dürfen uns nicht die vielen anderen vergessen lassen, in denen eine innere Freiheit, so klein sie auch sein mag, jemanden dahin führt, weiter zu gehen und nach und nach zu entdecken, dass die Grenzen seines Temperaments die Kehrseite vom Besten sind, das er in sich trägt, wobei dieses Beste sein „Charisma" oder seine „Talente" sind.

Strömungen und Steuerung

Dann kommt der Moment, wo die Freiheit, die das „Spirituelle" kennzeichnet, sich durch eine größere Aufmerksamkeit für das bemerkbar macht, was in einem Menschen vor sich geht, und für die Regungen bzw. „Strömungen", die ihn vorwärts treiben oder ihm Widerstand leisten.[21] Es gibt innere „Strömungen", die uns helfen, unser Ziel schneller zu erreichen, und andere, die uns von ihm entfernen. Die Metapher der „Strömung" vermittelt eine Vorstellung von der Weise der Steuerung, die wir vornehmen müssen. Gewiss verändern Ereignisse, Stürme oder günstige Winde unseren Kurs, aber viel, wenn nicht alles, hängt davon ab, wie wir sie aufzunehmen verstehen und wie wir ihre Auswirkung auf unser Temperament erkennen. Um uns richtig zu orientieren, müssen wir zwei Blickwinkel kombinieren, den Blick auf das Ziel und den Blick darauf, wo ich mich befinde.

Wenn ich mich zuerst auf das *angestrebte Ziel* konzentriere, finde ich schnell eine innere Dynamik, die mich zu mehr Präsenz bei mir selbst und zu mehr Präsenz bei den anderen führt. Das sind Strömungen innerhalb dessen, was ich vom Plan Gottes wahrgenommen habe. Aber mir ist auch bewusst, dass Kräfte der Zerstreuung und des Todes ihr Spiel mit mir treiben, Kräfte, die mich mehr von mir und von den anderen entfernen, Ängste, die mich hemmen und isolieren, sodass dunkle Zeiten mir das Ziel verbergen. Diese Dynamik bzw. die gegnerischen Kräfte festzustellen und ihren jeweiligen Wechsel zu erkennen, erfordert einen klaren Blick in Bezug auf das angestrebte Ziel und die Aufmerksamkeit für die Stimmung, in der ich mich entfalte. Die positive Dynamik macht sich durch die Kraft und den Mut, die sie erzeugt, bemerkbar, durch die Freude, den Frieden und den Trost, die sie hervorruft, während die negative Dynamik sich in Vertrauensverlust und einer bedrückten Stimmung auswirkt. Schlechte Laune und Traurigkeit, ja Trostlosigkeit sind die Folgen.

Als guter „Geograph der inneren Landschaft" begnüge ich mich aber nicht damit, auf das Ziel zu sehen. Ich muss auch genau identifizieren, *an*

---

[21] Im Hintergrund stehen die von Ignatius benannten *mociones*, die ansonsten mit „Regungen" (Peter Knauer) oder „Bewegungen" (Hans Urs von Balthasar) übersetzt werden. Vgl. Ignatius von Loyola: Geistliche Übungen, 127 u. ö. (Nr. 313 u. ö.); Ignatius von Loyola: Die Exerzitien, übertr. v. Hans Urs von Balthasar, Einsiedeln ⁵1965, 82 u. ö.

welchem Punkt ich mich befinde. Es kann ja sein, dass mein inneres Empfinden in einem bestimmten Moment von Schuld und Reue oder im Gegenteil von betäubender Müdigkeit und Schläfrigkeit geprägt ist. Dieser sehr spezifische Zustand erfordert, wach zu werden und sich der Anstrengung eines genaueren Erkennens zu unterziehen. Ein Gefühl der Reue zum Beispiel ist ein Signal, nicht mehr und nicht weniger. Vielleicht habe ich schlecht reagiert oder einem anderen und mir selbst Unrecht getan? Die Reue bringt mich dann dazu, um Vergebung zu bitten und mehr in die unermessliche Barmherzigkeit Gottes einzutreten. Vielleicht ist aber mein Schuldgefühl auch einfach unbegründet und zeugt von einer Skrupelhaftigkeit, die ich jetzt erst langsam erkenne.

Zu anderen Zeiten ist mein inneres Empfinden von Melancholie, Trauer und Trostlosigkeit gefärbt. Ich habe keine Lust mehr weiterzumachen. Und dennoch bin ich hellwach und auf mein Ziel ausgerichtet, das ich nicht aus den Augen verloren habe. Doch die innere Dynamik, die gestern noch da war, trägt mich nicht mehr. Es kommen sogar Gegenwinde auf ... Diese Verstimmungen sind eine Einladung, in uns den *Glauben* zu aktivieren. Er vertieft sich im Innern unserer Empfindungen. Unmerklich werden wir freier ihnen gegenüber und lernen, sogar die inneren Energien und Gegenkräfte als Gaben zu empfangen, die uns helfen, im Glauben zu wachsen. Wir lernen sie zu nutzen, ohne uns allzu lange mit ihnen aufzuhalten.

Solche innere Steuerung mag von außen gesehen schwierig erscheinen, aber sobald das Schiff im Wasser ist, setzt sie ein mit dem Wissen, dass es Strömungen gibt, die für meine stets begrenzte Freiheit hilfreich sind. Ich orte das Ziel und auch den Punkt, an dem ich gerade bin. Nach und nach gewinnt die persönliche Freiheit an Weite und mit ihr der Glaube. Durch diese Ortungen, die oft kaum bewusst sind, entsteht eine Art „Passivität" in der Tiefe unserer Innerlichkeit. Man lässt die Ereignisse geschehen, die Strömungen sich entwickeln, ohne dass der Kompass verrücktspielt, denn Glaube und Freiheit werden zunehmend als die Frucht der Arbeit des Geistes in uns erkannt. Die Rede vom „Willen Gottes", für manche beängstigend oder aufdringlich, für andere sehr abstrakt, erhält dann einen eher beruhigenden und konkreten Sinn: Denn was will Gott, wenn nicht, dass seine Geschöpfe ihre eigene Fähigkeit entdecken, sich im Leben zu orientieren und so Frieden zu finden!

Nehmen wir uns ein wenig Zeit, um uns über Gottes Plan zu freuen, indem wir die folgenden Sätze aus dem Traktat über die Träume eines jüdischen Zeitgenossen Jesu von Nazareth, Philo von Alexandrien, meditieren:

Alle Freunde Gottes bemühen sich, dem Strudel der Geschäftigkeit zu entkommen, wie auch die Schiffe, die von Wind und Wellen hin und hergeworfen werden, danach streben, in ruhigen und sicheren Häfen vor Anker zu gehen. Bemerkst du nicht, was von Abraham, dem Weisen, gesagt wird, dass er „vor dem Herrn [steht]" (Gen 18,22)? Denn wann sollte der Verstand, statt wie eine Waage zu schwanken, fest stehen, wenn nicht, da er vor Gott steht, *ihn sieht und von ihm gesehen wird*? Denn sein Gleichgewicht rührt von zweierlei her: zum einen den Unvergleichlichen zu betrachten – und nicht von dem, was seinesgleichen ist, abgelenkt zu werden – und zum anderen, betrachtet zu werden – weil die Seele, die der Meister seines Blickes gewürdigt hat, von ihm allein wegen ihrer absoluten Gutheit, die er selbst ist, erwählt wurde.[22]

Beten und hören lernen

Dieser eindrucksvolle Text und ein entschiedenerer Eintritt in ein inneres Leben wecken in uns vielleicht den Wunsch zu beten. Wir haben davon noch nicht ausdrücklich gesprochen, auch wenn wir von den ersten Kapiteln an das Erlebnis des inneren Hörens und Sehens untersucht und den Leser eingeladen haben, die Perspektive zu wechseln. Tief in unserem Inneren, wo jeder von uns fühlt, dass er sich selbst gegeben und autorisiert ist, selber sein Leben zu orientieren, kommt die Lust auf, sich an Gott zu wenden.

Aber noch einmal geraten wir vielleicht in Verwirrung: Wie kann man sich an Gott wenden? Auch die Evangelien und Paulus kennen diese Frage. Der Apostel spricht davon im Brief an die Römer: „[W]ir wissen nicht, was wir in rechter Weise beten sollen ..." (Röm 8,26); und Lukas legt den Jüngerinnen und Jüngern die Bitte in den Mund: „Herr, lehre uns beten ..." (Lk 11,1). Nach dem Evangelium des Matthäus lädt Jesus die Jüngerinnen und Jünger ein, einfacher zu werden und sparsamer mit ihren Worten umzugehen:

> Wenn ihr betet, sollt ihr nicht plappern wie die Heiden, die meinen, sie werden nur erhört, wenn sie viele Worte machen. Macht es nicht wie sie; denn euer Vater weiß, was ihr braucht, noch ehe ihr ihn bittet. (Mt 6,7 f.)

Dieser kurze Text liefert uns das Wesentliche: die vom Gebet getragene Veränderung der Perspektive bzw. die *Umkehr des Blicks*. Wer zu beten

---

[22] Die Übersetzung folgt hier der französischen Fassung in: Philon d'Alexandrie: De somniis I-II, übers. u. komm. v. Pierre Savinel, Paris 1962, 215 f. (II, 225 f.).

beginnt, ist eingeladen, ein – mit Philo von Alexandrien gesprochen – „angeblickter Sehender" zu werden: sich dem Blick des Vaters auszusetzen, der „das Verborgene sieht" (Mt 6,4.6.18), sich seinem „evangelischen" Blick, der ein radikales und immer neues Gutsein schaut, zu öffnen. Verweilen wir bei drei Aspekten oder Phasen der kleinen Gebetsschule, die hier vielleicht in Gang kommt.

1. Beten heißt zuerst lernen – und immer wieder lernen –, dass *das Hören dem Sprechen vorausgeht.* Die *Stille* erhält dann eine neue Qualität. Mehr als dass sie nur mein Reden unterbricht, lässt sie mich vergessen, dass ein Gegenüber fehlt. Sie umhüllt mich und teilt sich mir mit, beladen mit einem stillen „Ja", denn Jesus Christus ist „das Ja zu allem, was Gott verheißen hat" (2 Kor 1,20). Dieses stille „Ja" erlaubt mir, endlich die „Stimme" der Männer und Frauen um mich herum zu hören und die „Stimme" Gottes zu erkennen – dieses „Ja", das mir gilt, das mich beim Namen ruft und das in mir ein „Hier bin ich" weckt. Dann kann ich einfache Worte wagen und flüstern: Vater, lass alle erkennen, wer du bist, lass dein Reich kommen, gib uns das Brot, das wir täglich brauchen ... (vgl. Lk 11,2 f. par).

2. Diese Worte haben die Jüngerinnen und Jünger von Christus selbst gelernt, nachdem sie ihn beten gesehen haben (vgl. Lk 11,1). Ein zweiter Schritt besteht genau darin, ihn zu sehen und *ihn beten zu sehen.* Wir gewinnen eine neue Perspektive, vielleicht vorbereitet dadurch, dass mich einmal eine Gemeinschaft, eine Menschenmenge oder eine Person im stillen Gebet tief berührt hat. Der Blick auf den betenden Jesus kann geschärft werden, wenn wir darauf achten, wie wichtig in den Evangelien sein Rückzug in die Wüste, auf den Berg, in den Garten ist, und wenn wir nach seinem inneren Leben fragen. Halten wir fest: Der entscheidende Schritt eines jeden christlichen Gebets geschieht dann, wenn der Beter in das Gebet Christi selbst eintritt oder entdeckt, dass Christus in seinem Gebet schon auf einmalige Weise existiert, weil er nämlich während seines irdischen Lebens nie aufgehört hat, für alle Menschen Fürsprache einzulegen, und nie aufhören wird, das zu tun. Sich klar zu machen, dass er für uns und für mich betet, heißt lernen, das eigene Gebet aus der Hand zu geben, einfacher zu werden im Beten – und sich hingebend.

3. Die *Form dieses Gebetes* – der letzte Schritt – beruht auf zwei Säulen. Das Bewusstsein, dass wir im Gebet Christi und wahrscheinlich in dem vieler anderer Menschen existieren, öffnet uns die Tür zum liturgischen Gebet und zu unserer Verantwortung, andere in unserem Gebet existieren zu lassen. Die Psalmen und Hymnen des Alten und Neuen Testaments und viele andere Gebete sind wie die Spur einer universalen Gebetsgemeinschaft, deren Gastfreundschaft uns angeboten wird, wenn wir in sie eintreten, ihre Worte übernehmen und sie zu unseren Worten machen. Gleichzeitig jedoch,

und das ist die andere Säule, empfängt uns dieses gemeinsame Gebet und verweist uns erneut auf unser persönliches, absolut unersetzliches Gebet. Dieses nutzt die liturgische Stille und geht im Alltag weiter, wo es sich, mehr oder weniger bewusst, unserer Lebensatmung anpasst: Es zeigt sich unausgesprochen in meinem täglichen Stöhnen und Jubeln. Es kommt zum Ausdruck, wenn ich Gott um das Notwendige bitte und ihm für das danke, was ich täglich empfange. Es gipfelt in meinem selbstlosen Lob dessen, der sich unaufhörlich der Menschheit gibt.

Das Ziel dieses Buchs ist es aber nicht, eine Gebetsschule vorzulegen, sondern nur den Weg zu einer größeren Innerlichkeit zu weisen.

Die Kraft der kleinen Entscheidungen

Diese bisher gegebenen Hinweise können uns vor allem entdecken lassen, welche Kraft in den kleinsten Entscheidungen steckt. Wenn ich mir bewusst machen möchte, wo genau in meiner Geschichte ich stehe, so erfordert das tatsächlich einige grundlegende Entscheidungen. Die erste besteht darin, sich Zeit für einen „Rückzug" zu nehmen, und das vielleicht regelmäßig, je nach dem eigenen Rhythmus. Seit dem ersten Kapitel zeigte sich immer wieder, wie grundlegend diese Entscheidung ist.

Sie wird einmal mehr, einmal weniger den Rhythmus meines Lebens beeinflussen. Zweifellos ist der Stress die am weitesten verbreitete psychosomatische „Krankheit", die uns heute alle bedroht. Wenn die anderen und die Gesellschaft uns immer zwingender den Rhythmus aufdrängen, in dem sie atmen, haben wir das Gefühl, nicht mehr wirklich zu leben. Der Rückzug erlaubt, diesen Rhythmus, der keiner mehr ist, zu brechen und erneut zu lernen, wie der Lebensweg der anderen und mein Lebensweg sich Tag für Tag etwas besser vertragen. Die Überprüfung des Kalenders und ein Blick auf die kommenden Tage und Wochen ist ein einfaches Mittel, um innerlich zu einem Tempo zu kommen, das besser zur eigenen Existenz passt.

Rückzug und Revision des eigenen Lebensrhythmus haben häufig weitere kleine Entscheidungen in den verschiedenen Bereichen unseres Lebens zur Folge. Jedes Mal geht es darum, in einer Vielzahl einander widersprechender Beanspruchungen abzuwägen: Beziehungen eingehen und pflegen *und* die persönliche Einsamkeit schätzen, Kraft in die Arbeit investieren *und* Ruhe und Erholung auskosten, Güter erwerben *und* sich davon befreien – damit eine gewisse Genügsamkeit und die Erfahrung des Mangels uns offen hält für die anderen und für Gott. Wer diese Spannungen und das Entscheidungsfeld, das sie bieten, angeht, spürt wahrscheinlich die Notwendigkeit, seine Probleme mit anderen zu teilen und gegebenenfalls jemanden, der mehr Erfahrung hat, um Rat zu fragen: eine andere kleine Entscheidung, die viele weitere vorbereitet.

Jede Entscheidung, so untergeordnet sie sein mag, hat eine strukturierende Wirkung und befreit Energien, um weiterzugehen: Wir lernen im Tun. Wir können die großen Scheidewege des Lebens nur angehen, wenn wir uns im täglichen Leben darin üben, die Bewegungen auszumachen, die uns zu unserem Ziel führen bzw. die uns davon ablenken, und in unseren kleinen Entscheidungen die subtile Gegenwart des Heiligen Geistes wahrzunehmen, der nach und nach unsere Fähigkeit zur Entscheidung freilegt.

Entscheidungen treffen

Wenn man bedenkt, was bei großen Entscheidungen grundsätzlich auf dem Spiel steht, kann man sie leicht auf zwei oder drei Optionen zurückführen, die im Auge zu behalten sind, um sich in der Komplexität des eigenen Lebens nicht zu verlieren. Schließlich vervielfältigen sich die Alternativen, sobald man sie im Hinblick auf ihre konkreten Realisierungen betrachtet. Im Folgenden werde ich versuchen, diesen beiden Aspekten gerecht zu werden.

Zuerst das Reich Gottes und seine Gerechtigkeit suchen

Die allererste Entscheidung besteht darin, einer Sache im Leben eine absolute Priorität zu geben. Die Schrift bringt dies auf vielfache Weise zum Ausdruck, in vollendeter Form in der Bergpredigt Jesu durch eine klare Unterscheidung zwischen dem „zuerst" und „dann alles andere":

> Sorgt euch nicht um euer Leben, was ihr essen oder trinken sollt, noch um euren Leib, was ihr anzuziehen sollt! Ist nicht das Leben mehr als die Nahrung und der Leib mehr als die Kleidung? ... Euer himmlischer Vater weiß, dass ihr das alles braucht. Sucht aber zuerst sein Reich und um seine Gerechtigkeit; dann wird euch alles andere dazugegeben. (Mt 6,25.32–33)

Es lohnt sich, bei einigen Aspekten dieser grundlegenden Entscheidung länger zu verweilen.

1. Die *absolute Priorität* der Suche nach dem „Reich und seiner Gerechtigkeit" ist keineswegs selbstverständlich. Im Alltag treffen wir natürlich viele Entscheidungen, auch sehr wichtige wie die Ehe, die Geburt eines Kindes, die Wahl des Zölibats, eine berufliche Veränderung u. a., aber ohne

sie notwendigerweise auf das eine Ziel zu beziehen, das Kommen des Reiches Gottes. Wir bemühen emotionale und ethische Kriterien, um diese Entscheidungen zu begründen oder die bereits getroffenen zu rechtfertigen, aber wir treffen sie nicht spontan für oder ausgehend von der Suche nach dem einzig Notwendigen. Im Gegenteil, wir laden Gott ein, dorthin zu kommen, wo wir uns befinden, nehmen ihn gewissermaßen zum „Mittel", um das besser zu leben, was wir ohne ihn beschlossen haben, während Jesus von Nazareth sein Reich allem anderen vorzieht: „Geheiligt werde *dein* Name, *dein* Reich komme, *dein* Wille geschehe".

2. Welche *Gestalt* würde diese absolute Priorität annehmen? Schrift und Tradition enthalten mehrere Weisen, diese grundlegende Entscheidung anzugehen. Wir haben bereits gesehen, wie Paulus über die Verbindung zwischen der christlichen Berufung und unseren menschlichen „Bedingungen" nachdenkt und diese „relativiert", um den einmaligen Ruf freizulegen, der sich unserer *ganzen* Existenz bemächtigt. Wir haben auch gesehen, wie die franziskanische Tradition hier die freiwillige Armut im Gebrauch der irdischen Güter einführt und die ignatianische Tradition die „Indifferenz", die darin besteht, unsere *Vorlieben* auszuschalten oder auszusetzen, um alle Dinge insoweit gebrauchen zu können, *insoweit* sie uns helfen, unser Ziel zu erreichen.

Sehr realistisch stellt uns die Bergpredigt vor das Elementare des „Lebens", all das, was uns Sorge bereitet oder uns beunruhigt: unser Körper, die tägliche Nahrung, die Kleidung und das Wetter oder die unerbittliche Gegenwart des Todes. Sie lädt uns ein, unsere größte Sorge zu verlagern und sie auf das Kommen Gottes in dieser Welt auszurichten – eine schwierige Verlagerung, die Jesus als „Armut des Herzens oder des Geistes" bezeichnet. Diese Haltung setzt die Umkehr des Blicks voraus. Von ihr haben wir gesprochen anlässlich der Entdeckung des Glaubens Abrahams an den „Gott, der vorsehen wird" (vgl. Gen 22,6–8). Jesus nimmt diese Umkehr in seiner Lehre über das Gebet wieder auf, wenn er seine Jüngerinnen und Jünger einlädt, sich dem Blick des Vaters auszusetzen, der „das Verborgene sieht" (Mt 6,4.6.18) und der weiß, was wir brauchen (vgl. Mt 6,8). Die Passage der Bergpredigt über die „Sorge" zeigt den Zugang zu diesem Loslassen, indem sie vorschlägt, das Leben und die Geschichte zu betrachten:

> Seht euch die Vögel des Himmels an: Sie säen nicht, sie ernten nicht und sammeln keine Vorräte in Scheunen; euer himmlischer Vater ernährt sie. Seid ihr nicht viel mehr wert als sie? ... Lernt von den Lilien des Feldes, wie sie wachsen: Sie arbeiten nicht und spinnen nicht. Doch ich sage euch: Selbst Salomo war in all seiner Pracht nicht gekleidet wie eine von ihnen. Wenn aber Gott schon das Gras so kleidet, das heute auf dem Feld steht und morgen in

den Ofen geworfen wird, wie viel mehr dann euch, ihr Kleingläubigen! (Mt 6,26.28–30)

Die innere Entdeckung des unschätzbaren Werts, den jedes menschliche Leben für Gott hat, und der Zugang zu diesem „mehr" (vgl. Mt 6,25.30) in jedem Leben wecken das Vertrauen, dass letztlich *alles* – unsere Lebensressourcen und die unvorhersehbaren Ereignisse, denen wir ausgesetzt sind – zu unserem Wohl beiträgt, dass uns *alles*, was wir wirklich brauchen, im Überfluss gegeben wird.

3. Hier zeigt sich zweierlei: Diese Entscheidung ist letztlich einfach, aber zugleich verbunden mit erheblichen *Schwierigkeiten* – Schwierigkeiten, die der Vorwurf Jesu an die Adresse der „Kleingläubigen" schon andeutet. Die Sorgen und Bedenken, die unser tägliches Leben einengen, können dieses „Mehr" in jedem Leben verdunkeln und es schließlich fast unzugänglich machen. Hinzu kommt, dass die „spirituelle Armut" nicht das Ergebnis einer Anstrengung oder einer Arbeit sein kann. Vielmehr ereignet sie sich in unserem Leben, wenn wir bereit sind, uns ihr aussetzen. Es wäre widersprüchlich, das aktiv herbeizuführen, was in den Bereich einer „Passivität" oder „Empfänglichkeit" gehört.

Das Böse, das wir mit dem Unglück, das über uns kommt, oder mit der Böswilligkeit der Menschen spontan identifizieren, verdeckt nur, was uns noch mehr von der inneren Öffnung ablenkt, die das eigentliche Tor zum Reich Gottes ist. Bisher war nicht von „Sünde" die Rede, aber mehrmals haben wir von unserer Neigung gesprochen, unsere Lebensquelle versanden zu lassen. Tatsächlich kann das, was wir „Sünde" nennen, nicht auf die Übertretung eines Gesetzes reduziert werden. Wie das Gleichnis vom barmherzigen Samariter (vgl. Lk 10,30–35) zeigt, bezeichnet dieses Wort, das man heute kaum noch hört, eher eine Unempfindlichkeit dem anderen gegenüber – „Herzlosigkeit", sagt die Schrift. In letzter Instanz ist die Sünde eine Art Betäubung, die mit dem allmählichen Vergessen der wichtigsten Fragen unserer Existenz Hand in Hand geht.

Derjenige, der plötzlich und im Nachhinein entdeckt, dass er in einer bestimmten Situation „hartherzig" war, wird ja sehr viel mehr durch das radikale und immer neue Gutsein Gottes berührt, der für ihn nun das Gesicht des Barmherzigen bekommt. Und er wird zu einer inneren Armut finden, für die das Wort „Demut" das richtige Wort ist.

4. Ein letzter Aspekt ist noch zu erwähnen: Der eigenen Existenz eine spirituelle Priorität geben zu wollen, ist ein *universelles* Vorgehen. Wenn wir dieses hier als Suche nach dem Reich Gottes und Annahme dessen, was sich ereignet, bezeichnen, so ist das schließlich nur eine besondere Art, von der menschlichen Berufung zu sprechen. *Jeder* kann Zugang zu ihr haben und ist

auf absolut einmalige Weise dazu gerufen. Wir können allerdings nicht in einen allmählichen Prozess der Humanisierung eintreten und zu unserer eigenen Identität finden, ohne dazu von Identifikationsfiguren ermutigt worden zu sein. In der Beziehung zu Christus und zu anderen Christen bekommen die dem Reich und seiner Gerechtigkeit gegebene Priorität und die ihr entsprechende spirituelle Armut eine spezifische Gestalt. Diese trägt mit Realismus unserer Schwierigkeit Rechnung, an der Schwelle zu stehen zum Reich Gottes bzw. zum Bösen, das uns in allen möglichen Formen bedrängt. Das absolute Gutsein Gottes – Gott als Evangelium des Menschen – behält hier den Vorrang und kann ständig wiederentdeckt werden. In der Erfahrung der Vergebung Gottes und derjenigen, die ihm folgen, findet der Vorrang des Evangeliums seine endgültige Gestalt, nämlich die einer maßlosen Güte.

Diese wichtigste Entscheidung, die in unserer Existenz zu treffen ist, führt uns also vor eine weitere „Wegkreuzung", der wir uns jetzt nähern werden.

Jüngerin und Jünger Christi werden – Apostel des „großen Apostels unseres Glaubens" werden

Christ zu werden, heißt, für alle Aspekte seines Lebens in die Schule Christi zu gehen und von ihm zu lernen, wie man zuerst das Reich Gottes sucht und alles Übrige im Überfluss dazu erhält. Im Neuen Testament wird diese Beziehung zwischen Jesus und seinen Jüngerinnen und Jüngern im Sprachspiel der „Nachahmung" und dem der „Nachfolge" beschrieben. Beide zielen auf die Erkenntnis Christi und die damit beginnende Verwandlung des Gläubigen. Diese Initiation, dieses Lernen kann sehr verschiedene Formen annehmen. Die paulinische Theorie der Charismen bringt diese Vielfalt zum Ausdruck und die absolute Einzigartigkeit jeder konkreten Gestalt, die uns erlaubt, von Berufung zu sprechen. Eine Entscheidung gehört dazu: Es ist unmöglich, Christus zu erkennen und von ihm zu lernen, ohne die Schrift zu lesen. Um an diese für die Jüngerin und den Jünger konstitutive Entscheidung zu erinnern, zitiert das II. Vatikanische Konzil den berühmten Ausspruch des heiligen Hieronymus: „Die Schrift nicht kennen heißt Christus nicht kennen." (*Dei Verbum*, Art. 25, Abs. 1) Und im Fall der Konversion zum christlichen Glauben und eines Katechumenats hat diese Initiation ihren Zielpunkt in der Taufe, dem wahrhaften Eintauchen in den Tod und die Auferstehung Christi – um aus seinem Leben selbst zu leben.

Dieser Stil eines Lebens mit Christus bleibt die Grundlage für alle weiteren Entscheidungen. Unablässig lernen die Jüngerin und der Jünger von ihm und mit ihm die Bedingungen, unter denen sich die geistliche Armut im Leben immer mehr konkretisiert. Nun kann man einen weiteren Schritt tun und hören, dass man in der Nachfolge Jesu Christi, des „großen Apostels unseres Glaubens" (vgl. Hebr 3,1), gerufen ist, in eine Existenz als „Apostel" einzutreten. Es gibt Voraussetzungen dafür, diesen Ruf besser hören zu können, bzw. Kriterien, um zu erkennen, ob jemand einen solchen Ruf hört.

1. Es gibt vier grundlegende Kriterien:

a) Das erste Kriterium geht davon aus, dass die Existenz als Apostel auf einem Leben nach dem Evangelium und als Jünger Christi beruht. Die Frage ist also, ob die Person, die sich zum Apostel gerufen weiß, *vom Evangelium beseelt ist*. Ist sie voll Verlangen, vom Evangelium her zu leben und bis zum Ende auf die Kohärenz zwischen ihren eigenen Worten und Taten zu achten? – Eine große spirituelle Sensibilität ist nötig, um diese evangelische Haltung wahrzunehmen, vor allem, wenn man mit Menschen zu tun hat, die voll im Berufsleben stehen und kaum gewohnt sind, über ihre Existenz im Alltag zu sprechen.

b) Ein zweites Kriterium betrifft das *Verlangen, weiter zu gehen* und andere zum Evangelium zu führen bzw. in anderen das Verlangen nach dem Evangelium zu wecken.

c) Ob dieses Verlangen mit der Fähigkeit zum Hören verbunden ist, näherhin der Fähigkeit, einen *inneren* Ruf zu hören und ihn in Beziehung zu einem *kirchlichen* Ruf zu setzen oder umgekehrt den kirchlichen Ruf mit der Wahrheit des eigenen Verlangens zu konfrontieren, ist das dritte Kriterium.

d) Ein letztes Kriterium schließlich betrifft die Großmut der betreffenden Person, genauer gesagt, ihren *Realismus*, ja ihre Demut im Hinblick auf die eigene Großzügigkeit – oder deren Fehlen. Der Apostel Petrus mit seiner Leidenschaft, aber auch mit seinen verschiedenen Kehrtwendungen oder Bekehrungen kann hier als Identifikationsfigur dienen.

2. Diese grundlegenden spirituellen Kriterien müssen mit Kriterien kombiniert werden, die den *gesunden Menschenverstand* der Person bzw. ihre Urteilsfähigkeit betreffen. Diese sind umso wichtiger, als es darum geht, jemandem eine Aufgabe oder ein apostolisches Amt anzuvertrauen; und die folgende beispielhafte Liste soll zeigen, wie sehr gerade in Situationen, die von Spannungen oder Gegensätzen bestimmt sind, die Fähigkeit der Unterscheidung vonnöten ist:

a) *Unterscheiden können zwischen der Orientierung am Evangelium und persönlichem Geschmack* – Es gibt in der Kirche Milieus, Gemeinschaften, Stile und Ausrichtungen aller Art, manchmal sogar widersprüchliche. Wer bei einer Person oder Gruppe, deren Geschmack er nicht teilt, nicht in der

Lage ist, deren Ausrichtung am Evangelium wahrzunehmen, kann kein Amt in der Kirche erhalten.

b) *„Ich" und „wir" sagen können* – Es braucht die Fähigkeit, sich einzulassen bzw. im eigenen Namen zu sprechen und dabei zugleich das Gemeinwohl, die Gemeinschaft und die Weltkirche im Blick zu haben.

c) *Bereit sein, sich um das „eine Schaf" zu sorgen* – Gar nicht so selten erfordert die Begleitung einer Person in Not, dass der Apostel seine Prioritäten überprüft und im Sinne des Evangeliums so reagiert, dass er seine Pläne oder Strategien aufs Spiel setzt. Jemand, der nicht in der Lage ist, neunundneunzig Schafe für ein einziges zu verlassen, darf nicht zu einem Amt in der Kirche gerufen werden.

d) *Mit den eigenen Stimmungen und Gefühlslagen arbeiten können und sie auch verwandeln lassen* – So große Freuden mit dem Leben als Apostel auch verbunden sind, es ist nicht weniger unliebsamen Zufälligkeiten und besonderen Schwierigkeiten ausgesetzt. Da ist eine gewisse Freiheit gegenüber den eigenen Empfindungen, ob freudiger oder trauriger Art, unerlässlich. Wer nicht erkennt, was ihn trägt oder behindert, und sich von Defätismus oder falschem Enthusiasmus bestimmen lässt, bis hinein in Austausch und Umgang mit anderen, kann nicht zu einem Amt in der Kirche gerufen werden.

3. Eine letzte Gruppe von spezifischen Kriterien betrifft die Übereinstimmung zwischen einer speziellen Aufgabe einerseits und der Gabe oder dem Charisma der Person, die diese Aufgabe zu erfüllen hat, andererseits. Hier nur einige Beispiele:
- Die einen haben stets den Überblick und verstehen zu organisieren.
- Andere stiften Frieden und Versöhnung.
- Wieder andere besitzen die Gabe der Beziehung und der Diskretion.
- Dann gibt es jene, die immer das richtige Wort finden und zu trösten wissen.
- Die einen sind gute Pädagogen.
- Die anderen haben theologischen Sachverstand.
- Einige sind gute Berater in Entscheidungsprozessen.
- Manche können Türen öffnen, finden Alternativen, bereichern mit Neuem.
- Und es gibt Menschen mit der Gabe des Humors, die eine ungezwungenere Atmosphäre verbreiten.

Derjenige, der den an ihn gerichteten Ruf besser hören möchte, oder derjenige, der im Namen einer christlichen Gemeinde die Aufgabe hat, den Ruf im anderen zu erkennen, sollte sich mit all diesen Kriterien vertraut fühlen, nicht um sie wörtlich anzuwenden, sondern um sein Ohr zu schärfen und seine Unterscheidungsarbeit zu verbessern.

Ein Letztes noch: Der Apostel wird immer in der Jünger-Rolle bleiben und nicht aufhören, es zu werden. Petrus hat das um den Preis eines harten Wortes Jesu lernen müssen. Als er nach dem Bekenntnis von Cäsarea Philippi Christus, der unterwegs nach Jerusalem und in seinen Kreuzestod war, den Weg verstellen will, sieht er sich wieder auf seinen Platz als Jünger verwiesen: „Tritt hinter mich, du Satan!" (Mk 8,33) – Umgekehrt müssen wir auch sehen, dass die Jünger und Jüngerinnen Christi, die in seiner Schule lernen, an einem bestimmten Punkt nicht anders können, als das Verlangen zu verspüren, sich in seiner Nachfolge als Apostel zu engagieren und das Evangelium für andere zum Gegenstand ihres Verlangens zu machen. Dieser Ruf zum Apostel-Sein kann sich in jeglicher Lebensform verwirklichen. Er kann auch zur absoluten Priorität eines Lebens werden, wenn man nämlich nicht nur sich selbst in die Nachfolge Christi begibt, sondern sich auch für die grundlegende Option der Suche nach dem Reich Gottes entscheidet. Dann nimmt der Ruf die sakramentale Form des apostolischen Amtes gemäß den verschiedenen historischen Gestalten an, die durch die Kirche instituiert wurden.

Auf der Suche nach konkreten Gestalten

Mit diesen Kriterien und ihrer differenzierten Anwendung kommen wir nun zu den konkreten Umsetzungen der menschlichen und christlichen Berufung. Jetzt vervielfachen sich die Alternativen. Früher folgten sie der Hierarchie der Lebensstände, heute folgen sie einer menschlichen „Logik", die dem schrittweisen Aufbau der persönlichen Identität mit ihren Ungewissheiten, ihren Krisen und ihrer Konsolidierung gehorcht. Sehen wir uns also jetzt einen Lebensweg unter Berücksichtigung der grundlegenden Optionen an: die Suche nach dem Reich Gottes in der Nachfolge Christi und das Engagement als Apostel.

Berufsleben

Die erste einigermaßen wichtige Entscheidung eines jungen Menschen betrifft seine Berufswahl und Berufsausbildung. Die Arbeit ist ja tatsächlich eine entscheidende Weise, das eigene „Menschsein" zu leben. Viele Frauen und Männer engagieren sich auf diesem Weg jedoch schlicht aus Notwendigkeit und um ihren „Lebensunterhalt" zu verdienen, ohne dabei ihre

Kreativität entfalten zu können. Und die wirtschaftliche Lage auch in unseren Industrieländern macht den Zugang zur eigenen menschlichen Begabung immer schwieriger. Hinzu kommt in vielen Fällen die Unzulänglichkeit des Schulsystems.

Dennoch kommt es vor, dass jemand die Wahl eines Berufs oder eine berufliche Veränderung nicht als schlichte Notwendigkeit ansieht – wenn auch das Motiv, Geld zu verdienen, wichtig bleibt –, sondern unter dem Gesichtspunkt der Berufung betrachtet. Dies gilt oft für erzieherische, medizinische, soziale und kulturelle Berufe. Die Talente oder das Charisma einer Person fallen hier mehr ins Gewicht. Und wenn es sich um eine Persönlichkeit mit vielfältigen Interessen handelt, ist die Entscheidung schwieriger. Oft lässt sie Bereiche brachliegen, die vielleicht später fruchtbar gemacht werden.

In spiritueller Hinsicht ist nicht unwichtig: Eine nicht nur als Verpflichtung, sondern auch als Berufung erlebte Arbeit, in der man sich entsprechend engagiert, läuft einerseits leicht Gefahr, überhandzunehmen und die Person so sehr in Beschlag zu nehmen, dass sie innerlich nicht mehr frei ist. Andererseits kann sie auch der Suche nach dem Reich Gottes konkreten Ausdruck geben und als Nachfolge Christi gelebt bzw. an der Perspektive des Apostels orientiert sein.

Im Vorläufigen leben und unwiderrufliche Entscheidungen treffen

Die Unterscheidung zwischen vorläufigen Optionen und unwiderruflichen Entscheidungen taucht sehr früh in unserem Leben auf und zeichnet sich bereits ab, wenn sich die Frage des Berufs stellt. Gewiss, alle beruflichen Entscheidungen sind heute eher zeitlich befristet. Und häufig führt eine Bilanz der Kompetenzen an einem bestimmten Augenblick der eigenen Laufbahn zu einer Neuorientierung. Aber die Ausbildung für einige hoch qualifizierte Berufe ist lang. Darüber hinaus spielt hier die Erfahrung eine entscheidende Rolle, und manchmal entstehen Loyalitäten, die eine erste Entscheidung unterstützen, ohne dass diese ursprünglich als unwiderruflich angesehen worden ist.

Je mehr eine Wahl den Bereich der Beziehungen berührt, desto mehr bewegt sich das, was an sich vorläufig ist, in Richtung des „Endgültigen". Unsere menschlichen Bindungen, wie auch immer sie sind, implizieren diese Treue, manchmal sogar ein Engagement oder den Einsatz unseres eigenen Lebens. Die überraschende Entdeckung, dass wir nur *ein Leben haben*, bedeutet, dass Entscheidungen, die wir treffen, unwiderruflich sein können, dass sie unsere *gesamte* Existenz betreffen und zu ihrem Ausdruck schlechthin werden können. Sie bilden dann die zentrale Achse eines Lebens, gewissermaßen sein Rückgrat, das dem Leben seine Gestalt und Ordnung gibt. Jede Wahl bedeutet, dass andere Wahlmöglichkeiten ausgeschlossen werden. Diese geben der getroffenen Entscheidung Gewicht – wobei sie später durchaus wieder in anderer Form auftauchen können, um in eine Persönlichkeit integriert zu werden.

Eine unwiderrufliche Wahl zu treffen, erfordert heute eine echte spirituelle Arbeit. Unsere postmodernen Gesellschaften haben die Tendenz, alle Optionen als vorläufige aussehen zu lassen, und reden uns ein, dass wir immer wieder von vorne anfangen können. Unwiderrufliche Entscheidungen im Leben beizubehalten und Schritt für Schritt eine Orientierung umzusetzen, ist aber unleugbar das *sine qua non* echter Reife. Die nicht sofort ersichtliche innere Einheit einer Person wird erkennbar, wenn man regelmäßig mit ihr zusammen ist. Unser Eindruck von der Reife eines Menschen hat sicher mit ihren Entscheidungen zu tun, die, weil sie definitiv sind, ihre Persönlichkeit formen und eine flexible Stabilität schaffen konnten mit der Fähigkeit, Neues zu integrieren und sich dem anzupassen, was kommt. Erfahrungen des Scheiterns sind dabei nicht ausgeschlossen und erfordern zuweilen Neuorientierungen. Wenn solche Erfahrungen aber neu gelesen werden von jemandem, der weiterhin an der Perspektive des „Endgültigen" festhält, werden sie vielleicht – oft nach schmerzhafter Arbeit an sich selbst – als zugehörig zur eigenen Lebensgeschichte erkannt.

Die Ehe, der gewählte oder nicht gewählte, aber angenommene Zölibat, der Eintritt in eine Gemeinschaft

Die christliche Tradition legt besonderes Gewicht auf die unwiderruflichen Entscheidungen: Sie sind auf besondere Weise mit dem Leben Jesu von Nazareth verbunden. Wenn der Hebräerbrief darauf besteht, dass „es dem Menschen bestimmt ist, *ein einziges Mal* zu sterben" (Hebr 9,27), will er damit betonen, dass *Christus ein für alle Mal* sein eigenes Blut vergoss (vgl. Hebr 9,12.25–28); und der Apostel Paulus positioniert sich, wie wir sahen, kritisch gegenüber allem bloß Faktischen in unseren „Lebensbedingungen": Für ihn besteht Berufung genau darin, das für nichtig zu erklären, was in den Bereich des Schicksals gehört, und Raum zu schaffen für den Ruf und eine Lebensentscheidung, die in Freiheit das *ganze* Leben einsetzt.

Dies gilt an erster Stelle für die *Ehe*, deren Institution, zumindest bis in die Neuzeit, eher zum Bereich des Schicksals gehörte. Die biblische Tradition hingegen befreit zur freien Entscheidung des Menschen, die nicht nur die Wahl des Partners betrifft, sondern auch und grundsätzlich das Leben zu zweit. Eine Entscheidung, die in geschwisterlichem Verhältnis zu jenen zu verstehen und zu realisieren ist, die ihr Menschsein und ihren Glauben in einem anderen Stand leben. Nirgendwo anders als in der Ehe zeigt sich so nachdrücklich die absolute Einmaligkeit dieser Berufung. Schließlich setzt sie ebenso eine wechselseitige Offenbarung der beiden Partner, des Mannes und der Frau, in ihrer Einzigartigkeit voraus wie die einmalige Entsprechung zwischen dem inneren Ruf eines jeden und seiner glücklichen Anerkennung durch den anderen.

Die Unwiderruflichkeit dieser Entscheidung, bei der das Ganze zweier Leben auf dem Spiel steht, kann theologisch auf das radikale Engagement Gottes im Verhältnis zu seiner Schöpfung gegründet werden, so wie es in dem von Christus verkündeten Evangelium offenbar wird. Unabhängig von jeder theologischen Wertung zeigt eine solch definitive Option schon an sich, dass sie diesen Mann und diese Frau zu ihrer Reife führt. Wenn ihre Ehe sich zur Weitergabe des Lebens öffnet und sie zu Eltern werden lässt, tritt der Weg ihrer Berufung in eine neue Etappe ein. Dieses Offensein für das Leben kann als Ausdruck einer „apostolischen" Berufung verstanden werden. Denn zu leben ist nicht möglich, ohne dem Leben zu vertrauen und ohne zu glauben, dass es sich lohnt. Dieser nicht übertragbare, in jedem Fall absolut einzigartige Glaube, muss von den Eltern oder jenen, die an ihrer Stelle stehen, ermöglicht werden. In dem Maße, wie sie diese Aufgabe erfüllen und sich dafür vom Evangelium inspirieren lassen, üben sie ein echtes Amt der Initiation in das Leben aus. Ein Amt, das sich später, wenn ihre Kinder aus dem Haus sind, erweitern kann, um einen ausdrücklicheren kirchlichen und – warum nicht? – sakramentalen Ausdruck zu finden. Manche Ehepaare sind ein glückliches Beispiel für ein langes miteinander geteiltes Leben, ausgehend von einer ersten Entscheidung, die ein wenig wie ein Blankoscheck und in großer spiritueller Verfügbarkeit gelebt wurde. Sie lehren uns, dass diese Art menschlicher Reife gewiss Prüfungen unterliegt, am Ende aber zu einer großen Ausstrahlung führt.

Was den *Zölibat*[23] betrifft, so hat er in unseren heutigen Gesellschaften keinen guten Ruf. Häufig wird er „ertragen", ohne wirklich gewählt worden zu sein, aber täuschen wir uns nicht: Es gibt auch viele Ehen, die geschlossen wurden, ohne dass die Betroffenen diesen Stand wirklich gewählt haben. So gilt auch für den Zölibat, was wir über die Ehe gesagt haben: Ein Mensch kann ihn sich frei zu eigen machen, wenn er sich auf eine ganz spezifische

---

[23] Das französische Wort *célibataire* ist nicht in derselben Weise wie *Zölibat* im Deutschen auf die Ehelosigkeit von Ordensleuten und Priestern festgelegt, es kann auch einfach „Single" bedeuten.

spirituelle Arbeit einlässt. Es gibt viele Situationen, denen ihre reine Schicksalshaftigkeit genommen werden kann. Für diese Situationen gilt eben das, was der Apostel Paulus sagt: Wer mit Christus in die durch seinen Ruf hervorgerufene „Konzentration" seines Lebens eintritt, wird davon *befreit*, in der eigenen Situation eingeschlossen zu sein. Darin findet sein Leben seine *echte* menschliche Festigkeit.

Der Vergleich mit dem, was möglich und wünschenswert gewesen wäre, der oft durch die von der öffentlichen Meinung geförderten Bilder eines idealen Lebens verstärkt wird, macht die persönliche Annahme und Umsetzung dessen, was sich nach und nach aufdrängt, so schwierig. Wenn ein Eheloser tatsächlich das wählen kann, was ihm bisher ein auferlegtes Joch zu sein schien, wird er zu Freundschaften fähig und kann entdecken, dass seinem Leben eine ungeahnte Fruchtbarkeit verheißen wurde.

Dies ist besonders dann der Fall, wenn jemand definitiv den Zölibat um der größeren Verfügbarkeit für das Reich Gottes willen wählt (vgl. Mt 19,12). Es gibt ja eine unbestreitbare Verbindung zwischen dem gewählten Zölibat und der Verfügbarkeit der Person; aber wie immer ist nichts automatisch. Der Zölibat kann sich in eine mehr oder weniger subtile Form von Egoismus und Verschlossenheit in sich selbst verwandeln oder zu einem Vorwand für eine Verherrlichung der Arbeit werden. Wie bei der Ehe folgt die menschliche Reife in diesem Stand ihrem eigenen Rhythmus und erfordert genauso viel Wachsamkeit. Zudem können nur die konkreten und engagierten Beziehungen zu anderen Menschen diese Reife wirklich möglich machen. Was das *Reich Gottes* betrifft, das diese definitive Option motiviert, so darf es nicht mit einem Motiv oder Projekt verwechselt werden, das unsere Energien nur eine Zeit lang mobilisiert. Natürlich kann man in der vorrangigen Entscheidung für das Reich Gottes betonen, dass der Apostel sich für den anderen und für das interessiert, was ihn letztlich leben lässt: sein Glaube. Aber in letzter Instanz ist das Reich Gottes die *Person Christi selbst, der eine Jüngerin oder ein Jünger gleichgestaltet zu werden verlangt*. Das ist ein einzigartiges Verlangen, das unmöglich durch Nachahmung der Gestalt Jesu erzeugt werden kann. Einzigartig wird es vielmehr durch eine Begegnung mit dem, der sich entzieht, und zwar genau in dem Moment, in dem das Verlangen nach ihm geboren wird.

Die Evangelien erzählen es und die Erfahrung lehrt es, dass der um des Reiches Gottes willen gewählte Zölibat die Verheißung in sich trägt, die mit der geistlichen Armut verbunden ist: „[D]ann wird euch *alles andere* dazugegeben." (Mt 6,33; vgl. 6,25–34) Dies betrifft insbesondere die Beziehungen und Freundschaften, die Geschwisterlichkeit und die Fruchtbarkeit einer „spirituellen" Mutterschaft und Vaterschaft. Erinnern wir uns an die folgende Stelle aus dem Markusevangelium:

Amen, ich sage euch: Jeder, der um meinetwillen und um des Evangeliums willen Haus oder Brüder, Schwestern, Mutter, Vater, Kinder oder Äcker verlassen hat, wird das Hundertfache dafür empfangen: Jetzt in dieser Zeit wird er Häuser, Brüder, Schwestern, Mütter, Kinder und Äcker erhalten, wenn auch unter Verfolgungen, und in der kommenden Welt das ewige Leben. (Mk 10,29 f.)

Der einzige Platz, der in dieser schönen Verheißung neuer Beziehungen leer bleibt, ist der des Vaters – vielleicht um zu betonen, dass er definitiv von dem besetzt ist, den Jesus in seinem Gebet im Garten Getsemani: „Abba, Vater" (Mk 14,36) nennt. Der Ehelose ist zu einer Einsamkeit berufen, die vom Geheimnis des wohltuenden Schweigens Gottes erfüllt ist; und die Wahl dieser Einsamkeit vor Gott kann ihn zu tiefen Beziehungen und echten Bindungen befähigen.

Eine dritte Option, die auf derselben Ebene wie die beiden vorangegangenen liegt, ist der *Eintritt in eine Ordensgemeinschaft*. Diese Option existiert in vielfachen Gestalten. Die Geschichte des Ordenslebens zeugt von dieser Vielfalt. Wer in eine bestimmte Gemeinschaft eintreten will, wählt eine bestimmte Spiritualität: die benediktinische, franziskanische, dominikanische, karmelitische, ignatianische oder welche auch immer; und er bindet sich für sein ganzes Leben an Gefährten, mit denen er alle seine Güter und eine gemeinsame Orientierung teilt, unter der geistlichen Autorität von jemandem, der eine Zeit lang an die Stelle Christi tritt.

Hinsichtlich der verschiedenen Formen des religiösen und gemeinschaftlichen Lebens erlaubt die Unterscheidung zwischen den „Menschen auf dem Weg" und den „Menschen im Haus", klarer zu sehen. Denn es gibt Gemeinschaften, deren Bindung an einen bestimmten Ort, ein bestimmtes Kloster entscheidend ist; das wichtigste Gelübde ist das „Bleiben an einem Ort" (*stabilitas loci*). Die Art und Weise, wie man miteinander den gemeinsamen Raum und seine Umgebung bewohnt und die Zeit, die Tage und Jahreszeiten gemäß dem Lob Gottes organisiert, gibt ein Bild und einen Vorgeschmack auf die neue Schöpfung. Es gibt auch Gemeinschaften, deren Art und Weise, ihre Beziehung zu Raum und Zeit zu gestalten, durch das Unterwegssein der Apostel bestimmt wird. Strukturierend sind hier die Beziehungen zu den Mitschwestern oder -brüdern, die nicht gewählt, sondern als Mitarbeiter für denselben Dienst gegeben sind. Das Hauptproblem dieser Gemeinschaftsform ist es, die Innerlichkeit und die Beziehungen in einem Rhythmus zu leben, der apostolischen Dringlichkeiten ständig angepasst werden muss, und empfänglich zu bleiben für das „tägliche Brot" einer Kontemplation, die Gott in den begegnenden Menschen an der Arbeit sieht.

Jede unwiderrufliche Lebensentscheidung ist von ihrem Prinzip her eng mit dem Stand der Jüngerinnen und Jünger verbunden, die ohne Unterlass von Christus lernen, ihr Leben in „geistlicher Armut" zu leben. Zwar weist die Option für ein zölibatäres Leben in Gemeinschaft, besonders das der Menschen, die wie die Apostel unterwegs sind, einige Übereinstimmungen mit dem apostolischen Amt in seinen verschiedenen Formen auf. Aber diese Ähnlichkeiten reichen nicht aus, um die Verbindung von Zölibat und Amt als exklusiv anzusehen. Andere Verbindungen sind denkbar.

Zu dieser Öffnung kommt die spürbare Lebensverlängerung in der heutigen Gesellschaft hinzu, in der sich die verschiedenen Lebensphasen immer mehr ausdehnen. Die Frage der persönlichen Berufung kann sich erneut stellen, nach dem Tod eines Ehepartners oder nach einer Scheidung etwa. Nach einer langen Phase der Ehe mit der ihr eigenen Fruchtbarkeit und der Erziehung manchmal mehrerer Kinder steht man vor einer Neuorientierung. Die Frage der persönlichen Berufung stellt sich neu. Eine nie dagewesene Verfügbarkeit kann dazu führen, zölibatär zu leben bzw. sich vorrangig im Dienst der apostolischen Sendung der Kirche zu engagieren. Dabei dürfen Brüche und Scheitern, die in diesen immer verwickelter werdenden Lebensgeschichten ihre Spuren hinterlassen, nicht klein geredet oder die Krisen und Schwierigkeiten einer neuen Orientierung unterschätzt werden. Diese „Umbrüche" in einem Lebenslauf lehren uns, eine vereinfachende Vorstellung von Berufung aufzugeben, die diese als eine Orientierung versteht, die ein für alle Mal *endgültig* und von Anfang an *fertig* vorgegeben ist. In dem Maß, in dem ein Mensch sich wahrhaft in seinem Leben engagiert, in dem Maß wird die Kontinuität dieses Lebens – ein anderes Wort für „Berufung" – immer geheimnisvoller und entzieht sich ihm. Zugleich bleibt sie jedoch immer mehr seiner freien Entscheidung überlassen.

Das Engagement in der Gesellschaft und in der Kirche

Unter den konkreten Gestalten, die eine menschliche und christliche Berufung annehmen können, hat eine letzte mit unserem Engagement in der Gesellschaft und in der Kirche zu tun. Nach dem Eintritt in das Berufsleben, nach der Annahme dessen, was in der eigenen Existenz unwiderruflich ist, und nach der Entscheidung für einen der verschiedenen Lebensstände, besteht die letzte Etappe der Reife darin, sich dem Zusammenleben in der Stadt zu öffnen, dem, was im besten Sinn als „Politik" bezeichnet wird.

Diese Öffnung existierte schon in all dem, was vorausgegangen ist: Das Berufsleben, die Geburt der Kinder oder die größere Verfügbarkeit für das Reich Gottes sind Möglichkeiten, sich für die Gesellschaft zu interessieren.

Die gesellschaftliche Seite der menschlichen und der christlichen Berufung wird jedoch deutlicher und führt zu einer besonderen Orientierung, wenn das Engagement im Dienst der Gesellschaft in kulturellen und sozialen oder rein politischen Bereichen um seiner selbst willen gewählt wird.

Bezüglich des Engagements in der Kirche müssen wir sofort ein Missverständnis klären, das auftritt, wenn wir die christliche Gemeinde als *einen* gesellschaftlichen und kulturellen Bereich unter anderen verstehen. Die christliche Berufung und die Kirche stehen *im Dienst* der menschlichen Berufung und der Gesellschaft. Das spezifische Engagement in der Kirche ist daher nur in der Weise sinnvoll, dass Christen zusammengerufen werden, *um* sie zu befähigen, sich selbst in den Dienst des Gemeinwesens zu stellen und die Sorgen und Freuden ihrer Umgebung in das Gebet und die Eucharistie der Gemeinde zu tragen.

Sich in den Dienst der Gesellschaft bzw. der Kirche einzubringen, nimmt die Gestalt einer Berufung an, wenn es Ausdruck nicht nur einer Suche nach dem Reich Gottes ist, sondern auch eines Engagements in der Nachfolge Christi: Die Betreffenden verwandeln sich dann in einen Apostel. D. h., die Motivation und die am Evangelium orientierte Lebensweise geben diesem Engagement die Form eines Apostolats. Das gilt sowohl, wenn das Engagement direkt in der Gesellschaft, zum Beispiel in der Politik gelebt wird, als auch, wenn es Ausdruck der Sendung der Kirche in der Welt ist und in einem apostolischen Amt gelebt wird.

Letzteres Engagement wird heute häufig von Frauen gelebt. Einige unter ihnen geben sich damit zufrieden, ihr Charisma in den Dienst einer bestimmten Aufgabe zu stellen: Katechese, Einführung in die Sakramente, Bibelarbeit, Trauerbegleitung, Caritas usw. Andere entdecken in der Ausübung dieser Tätigkeiten, dass sie damit einem Ruf zum Dienst eines Apostels antworten, den sie schon vor langer Zeit gehört haben. Wieder andere werden von dem Bild des Priesters angezogen und erkennen in sich den Wunsch, sich voll und ganz zur Verfügung zu stellen, um für ein Amt in der Kirche geweiht zu werden.

Zwischen der Priorisierung dieses Engagement und dem Zölibat um des Reiches Gottes willen besteht eine große Ähnlichkeit, die nicht geleugnet werden kann. Doch das Amt des Apostels existiert auch in anderen Gestalten: Man denke nur an die verheirateten Priester der orthodoxen oder der katholischen koptischen Kirche. Die aktuelle Ausübung bestimmter Ämter durch Frauen, ledig oder nicht, lässt weitere Möglichkeiten offen.

Eine schwierige Geographie – eine neue Vielfalt von Berufungen

Wir haben gerade eine Fülle von Möglichkeiten aufgelistet, die umso wichtiger ist, als die Verlängerung der Lebensdauer und die Verkürzung des eigentlichen Berufslebens Einzelne und Gemeinschaften vor ganz neue Entscheidungen stellen. Diese schwierige Geographie, die viele Kombinationsmöglichkeiten eröffnet, ist die eigentliche Neuheit des Berufungsspektrums im Vergleich zur relativ einfachen Struktur des Rahmens, den die Kirche während des zweiten Jahrtausends gekannt hat.

Damit der Begriff der „Berufung" nicht zu umfassend wird, ist es wichtig, seine ursprüngliche Bedeutung beizubehalten: Eine Berufung liegt vor, wenn es um die Ausrichtung der menschlichen Existenz geht und wenn die angestrebte Einheit des Lebens die Frage nach einer letzten Priorität aufwirft, die gesucht und lebendig erhalten werden soll. Die Struktur der spirituellen Entscheidungen ist daher im Grunde einfach:
- Die grundlegende Option besteht darin, seinem Leben eine spirituelle Priorität zu geben — die Basis-Option jeder menschlichen Berufung.
- Der Jünger und die Jüngerin aber übernehmen beim Eintritt in die Schule Christi die Priorität des Evangeliums.
- Und das Verlangen des Apostels ist es, diese Priorität des Evangeliums für alle zum Ziel ihrer Sehnsucht werden zu lassen.

Diese einfache Struktur muss unaufhörlich mit der Suche nach dem einmaligen Charisma jedes Menschen kombiniert werden – einem Charisma, das als solches im Dienst aller steht und der Anerkennung durch die kirchliche Gemeinschaft bedarf.

Es ist diese radikale Zuspitzung auf die jeweilige Besonderheit des Charismas, die das Subjekt unmittelbar auf die Stimme Gottes verweist, denn von Gott erhält es die Gabe, es selbst zu sein und sich so dem anderen auszuliefern. Diese singuläre, einmalige Gabe erlaubt uns, von „Berufung" und von der Vielfalt ihrer Formen heute zu sprechen. Für diese Art und Weise, sie zu verstehen und in spirituelle Einzelentscheidungen „aufzulösen", ist der Zeitfaktor absolut wesentlich: Die Berufung bezeichnet ja die geheimnisvolle Kontinuität eines Lebens in seiner Gesamtheit. Damit entzieht sie sich uns radikal. Sie steht uns niemals voll und ganz zur Verfügung, aber wir können sie erkennen und in die Praxis umsetzen in dem Maß, in dem wir in unserem Leben weiter gehen.

Ein Weg

Beenden wir diesen Durchgang mit einigen praktischen Hinweisen. Sie nehmen jene auf, die wir zu Beginn dieses Kapitels gegeben haben, um den Zugang zu einem inneren Leben zu öffnen. Für das Erkennen der eigenen Berufung bietet sich das *Schema eines Weges* an, das wie eine Landkarte zu handhaben ist und dazu einlädt, den eigenen Weg zu finden. Diese Vorgehensweise lässt sich in sechs Etappen einteilen.

In eine Atmosphäre des Gebets und des inneren Hörens eintreten

Ausgangspunkt ist das langsame Erkennen dessen, was *in uns selbst* geschieht. Nur die kleine Gewohnheit, innerlich zu leben, ermöglicht jemandem, die Frage der eigenen Berufung anzugehen, wenn sie sich tatsächlich stellt. Er muss dann entscheiden – und das ist der erste Schritt –, explizit in eine Atmosphäre des Gebets und des inneren Hörens einzutreten, um die Frage angemessen anzugehen.

Alternativen formulieren

Der Suchende kann eine innere Gewissheit bezüglich des einzuschlagenden Weges spüren. Dann wird man ihn anregen, diese gewonnene innere Überzeugung zu überprüfen. Wenn sich dem Suchenden aber nichts deutlich zeigt, muss er den Nebel zu lichten suchen; und die einzige Möglichkeit, langsam klarer zu sehen, besteht darin, alternative Möglichkeiten zu formulieren. Am besten macht er sich dabei persönliche Notizen. Häufig erfordert diese Übung eine Rückkehr zur eigenen Geschichte. Die Herausforderung besteht darin, sowohl der Klarheit der grundlegenden Optionen als auch den Verwicklungen, ja der Einzigartigkeit des eigenen Weges Rechnung zu tragen.

Diese notwendige Übung ist selten sofort von Erfolg gekrönt, und dem Suchenden gelingt es erst nach und nach, die Alternativen deutlich zu erkennen, die auf seinem Weg liegen. Er muss sich also in Geduld üben. Das Ende aller inneren Wanderschaft zeigt sich, wenn er in Notsituationen innere Ruhe und Gelassenheit verspürt und es ihm gelingt, ruhig alles von Gott zu erwarten und sich dem rechten Augenblick (*kairos*) anheimzugeben.

Andere um Rat bitten

In diesem Moment des Wartens ändert sich die Beziehung zu anderen, und der Suchende beginnt, um Rat zu fragen. Diese Bitte erfordert erhebliches Urteilsvermögen. Man muss entscheiden, wen man um Rat fragt – was einen neuen Blick auf die eigenen Beziehungen erfordert. Dann gilt es, in eine Haltung des freien Hörens einzutreten und zu überdenken, *was* der andere rät, ohne sich davon abhängig zu machen. Manchmal gilt es auch, *mehrere Ratschläge* zu vergleichen und sie sich zunutze zu machen, ohne nur das zu behalten, was einfach den eigenen Neigungen entspricht.

Diese Übung ist nicht immer einfach, kann aber dazu führen, die eigenen Ansichten zu überdenken, Alternativen zu präzisieren oder neu zu formulieren. Unterdessen geht die innerliche Arbeit fast unmerklich weiter. Die Flexibilität, die die Bitte um Rat erfordert und gleichzeitig vergrößert, erweitert die innere Öffnung und die Fähigkeit zum Hören – der anderen Stimmen und der „Stimme" Gottes.

Inneren Frieden erfahren

Die Zeit des Wartens auf den „richtigen Moment" der Entscheidung und der Offenbarung der Gabe (*charisma*) Gottes ist eine Chance, um auf diese inneren Bewegungen zurückzukommen. Der entscheidende Moment kündigt sich durch ein Gefühl großen Friedens an, unmerklich und „sanft" (vgl. 1 Kön 19,12 f.). Eine Art von Gewissheit zeigt sich: Gewissheit, die früher schon aufgetreten sein kann, wenn wir eine eindeutige Wahl trafen, Gewissheit, die dann nur noch bestätigt werden muss.

Erinnern wir uns, dass der auferstandene Christus den Seinen gegenwärtig wird, indem er sie seinen Frieden und seine Freude spüren lässt (vgl. Joh 20,19 f.). Dieser Moment der Offenbarung lebt in jeder Eucharistie wieder auf, in der sein Tod verkündet wird, „bis er kommt" (1 Kor 11,26), und zwar kurz vor dem Augenblick der Gemeinschaft mit seinem Leib und seinem Blut: „Der Herr hat zu seinen Aposteln gesagt: Frieden hinterlasse ich euch, meinen Frieden gebe ich euch …". Und dieses Gefühl von Frieden oder Trost verweist sowohl auf die Stimme Gottes, die hier zu hören ist, als auch auf seine Art und Weise, sich in jedem von uns zu zeigen. Es entsteht eine Übereinstimmung mit uns selbst und mit unserer eigenen Geschichte, soweit sie hier und jetzt für uns zugänglich ist; und diese Übereinstimmung wird angesichts der vor mir liegenden Alternativen verstärkt. Jetzt ist der Moment der Entscheidung gekommen.

Eine Entscheidung treffen

Auf geheimnisvolle Weise ist sie aber *schon* getroffen worden. Und es geht nur darum zu erkennen, dass sie getroffen wurde, bzw. sie anzunehmen und umzusetzen. Häufig fällt es unserem zögernden Temperament jedoch schwer, diese Schwelle zu überschreiten, vor allem, wenn viel auf dem Spiel steht. Es bedarf also noch der Mühe einer expliziten Anerkennung der Entscheidung, wobei die Argumente *pro* und *contra* abgewogen werden müssen. Zuletzt bleibt nur, sich selbst in die Situation zu versetzen, sich für die Seite, die schwerer wiegt, entschieden zu haben, und dann den eigenen inneren Zustand angesichts dessen wahrzunehmen, was man tun wird: Dann gibt das Kriterium des inneren Friedens den Ausschlag und fungiert als Kriterium der Bestätigung.

Aus dieser Erfahrung des Friedens, so subtil sie auch ist, kann ein Dankgebet hervorgehen, das die Entscheidung des Gebers aller guten Gaben empfängt und sich gleichzeitig davon löst. Und der Gottsucher wird das aufschreiben, was er beschlossen hat. Der Text kann ihm später als eine Art „Stele" oder „Zeugnis" (vgl. Jos 24,25–28) dienen und ihn daran erinnern, dass seine kleinen täglichen Entscheidungen die großen vorbereitet haben, die sich ihrerseits als eine Kraft zum Weitergehen erweisen.

Auf eine Bestätigung warten und sie erhalten

Der Prozess des Suchens ist damit aber noch nicht beendet. Jetzt beginnt eine neue Zeit und öffnet sich ein Raum, wo die getroffene Entscheidung auf die Probe gestellt wird und auf Bestätigung wartet. Wenn die Entscheidung den anderen mitgeteilt, durch Worte übermittelt wird, ist das bereits der Anfang einer solchen Überprüfung. Stellen wir uns vor, wie die Umgebung auf eine Entscheidung reagiert. Sie kann sie beglückt aufnehmen oder nur mit Mühe akzeptieren, beispielsweise die Ankündigung einer Verlobung mit jemandem, der nicht von der Gemeinschaft angenommen wird, eine Trennung, bei der die einen aufatmen und die anderen traurig sind, eine Berufswahl, die nicht den Erwartungen der Familie entspricht, der Wunsch, Priester zu werden, der möglicherweise auf Unverständnis stößt. Häufig zwingt die Umsetzung der Entscheidung dazu, diesen oder jenen Aspekt der Wahl zu erklären bzw. diese oder jene Modalität zu überdenken. Jeder möge hier an seine wichtigsten Entscheidungen denken und an die Konsequenzen, die sie mit sich gebracht haben. Was die Berufungen betrifft, die einer kirchlichen Anerkennung durch die christliche Gemeinde bedürfen, so liegt die Bestätigung bei der zuständigen Autorität. Die christliche Eheschließung bedarf des kirchlichen Zeugen, die Gelübde werden in die Hände der geistlichen Autorität der Gemeinschaft abgelegt, der Amtsträger wird durch den Bischof gesandt.

Das Warten auf die Bestätigung schafft eine ganz eigene und besonders geschärfte innere Wahrnehmungsfähigkeit: Der Gottsucher erwartet ein „Zeichen" Gottes, und das Zeichen ist schließlich nichts anderes als die Vertiefung seiner geistlichen Armut, die darauf wartet, dass „alles andere im Überfluss gegeben wird". Es sei hier noch einmal an den Glauben Abrahams und seine letzte Prüfung erinnert, „das Opfer seines Sohnes Isaak". Der Glaube ist dabei ein Weg, auf das Gutsein Gottes zu vertrauen, der vorsieht ... was auch immer geschieht. Die Bestätigung ist diese Haltung, die die getroffene Entscheidung in der Form empfängt, die ihr die noch unvollendete Geschichte in der Folgezeit geben wird.

Leiden ... auf dem Weg

Am Ende des vorigen Kapitels haben wir dem Leser vorgeschlagen, den Gegenstand seiner Kontemplation auszuweiten und nicht nur die biblischen Wege und seinen eigenen Weg, sondern auch die Geschichte der Kirche und unserer Gesellschaften mit einzubeziehen. Es ging darum, unser Leiden an der Kirche und der Gesellschaft nicht außen vor zu lassen, sondern echtes Mitleiden mit all denen zu verspüren, die Mühe haben, Zugang zur ihrer menschlichen Einzigartigkeit zu finden, die besondere Gabe zu entdecken, die ihnen zu eigen gegeben ist, und sie durch ihre kirchliche und soziale Umwelt anerkennen zu lassen. In diesem Kapitel mit seinen fast ausschließlich praktischen Fragen der Unterscheidungsarbeit ging es darum wahrzunehmen, dass uns, während wir noch in unserem unvollendeten Leben „unterwegs" sind, ein „Heute" gegeben ist: ein „Heute", das bereits eine lange Geschichte hinter sich hat und die Verheißung einer Zukunft öffnet; ein „Heute", das unseren Entscheidungen ausgeliefert ist; ein „Heute", das in allem, was provisorisch bleibt, dieses definitive „Etwas" verbirgt, das „Berufung" genannt wird und das für immer bleiben wird.

1. Die eigene Berufung zu finden, heißt, *dieses „Heute" zu ermessen* und nicht das Morgen abzuwarten, um es zu tun. Es bedeutet, sich ganz einfach bewusst zu werden, dass – wie alt ich auch bin – der „Punkt, wo ich bin", mir die Möglichkeit gibt, meinen Weg neu zu lesen und die in ihm verborgenen Möglichkeiten besser zu verstehen. Wenn ich versucht bin, nur die Sackgassen zu sehen, verpasste Chancen oder Fehler der Vergangenheit, erinnert

mich das Hören des Evangeliums daran, dass ich in meiner Einzigartigkeit – die mir radikal entgeht, wie ich ja weiß! – „von Gott allein wegen der absoluten Gutheit, die er selbst ist, erwählt wurde" (Philo von Alexandrien). Zudem erinnert es mich, dass die schon getroffenen Entscheidungen und die effektiv in mein Leben eingeschriebenen Prioritäten eine Zukunft eröffnen, die niemals diese Güte oder diese ursprüngliche Wahl verleugnen kann. Allerdings ist das Ausmaß dieses „Heute" nur dann wahr, wenn diese einfache Wahrnehmung bzw. dieser kontemplative Blick auf mein eigenes Leben auch eine immer tiefere und gerechtere Sicht des „Heute" der Kirche, der Gesellschaft, ihrer Möglichkeiten und ihrer Bedürfnisse einschließt und des Platzes, den ich mit den mir geschenkten Gaben einnehmen kann.

2. Die „Länge und Breite, die Höhe und Tiefe" (Eph 3,18; vgl. Sach 2,5–9) unseres „Heute" zu ermessen, heißt, *es als das zu empfangen, worum es bei der Entscheidung geht*. Es bedeutet, eine Frau, ein Mann der Entscheidung zu werden; Menschen, die sich von äußeren Beanspruchungen nicht hin und her werfen lassen oder sich nicht als einem Schicksal unterworfen verstehen, sondern fähig sind, sich auf ihre kleinen und großen Entscheidungen zu stützen, um ihrem Leben eine innere Achse zu geben. Eigentlich kann diese Achse nicht gesetzt werden; sie *wächst* allmählich, wenn unsere Entscheidungen sich nicht auf vorläufige Maßnahmen reduzieren, gefolgt von anderen genauso vorläufigen Entscheidungen, oder sich in eigenwillige Behauptungen verwandeln, die alles, was vorausgegangen ist, annullieren. Dagegen bildet sich ein inneres Rückgrat, wenn unsere Optionen alle Dimensionen unseres Wesens und unserer Situation berücksichtigt haben. Die Entscheidungsfindung wird dann genauso wichtig wie die Entscheidung selbst und ihr Ergebnis, weil in diesem spirituellen Prozess unmerklich eine Haltung der Offenheit, der Empfänglichkeit und der Passivität in Bezug auf das Leben erwächst, eine Haltung, die die Bergpredigt mit dem Begriff der „geistlichen Armut" beschreibt.

3. Die Reife des Menschen, der so auf seinem Weg fortschreitet und sein „Heute" lebt, als ob es das Letzte wäre, ist wahrscheinlich das allergrößte Geheimnis des Lebens. Während der physische Tod in uns am Werk ist – und dieser „Abwärtstrend" beginnt sehr früh –, erfolgt eine innere Reifung, gewissermaßen ein „Aufwärtstrend". Darum geht es dem Apostel Paulus bei seiner Unterscheidung zwischen dem äußeren und dem inneren Menschen:

> Darum werden wir nicht müde; wenn auch unser äußerer Mensch aufgerieben wird, der innere wird Tag für Tag erneuert. Denn die kleine Last unserer gegenwärtigen Not schafft uns in maßlosem Übermaß ein ewiges Gewicht an Herrlichkeit, uns, die wir nicht auf das Sichtbare, sondern auf das

Unsichtbare blicken; denn das Sichtbare ist vergänglich, das Unsichtbare ist ewig. (2 Kor 4,16–18)

Je mehr wir uns dem Tod nähern und unser Leben Tag für Tag als das einzige Leben empfangen, das uns gegeben ist, desto mehr entgeht uns seine geheimnisvolle Kontinuität und was es an „Definitivem" hat, geschmiedet durch unsere eigenen Entscheidungen, und umso mehr sind wir auf Gott geworfen, in dem unsere wahre Existenz für immer verborgen ist. Die Berufung ist dieser Akt des Rufens, der uns unaufhörlich am Leben hält.

Der Leser möge nicht zögern und sich Zeit nehmen, angesichts dieses menschlichen Geheimnisses zu staunen, es zu bewundern und Gott zu loben, „der die Toten lebendig macht und das, was nicht ist, ins Dasein ruft." (Röm 4,17)

V. Für eine christliche Gemeinde, die sich aufs Rufen versteht

In diesem letzten Kapitel müssen wir zum Ausgangspunkt des Buches, zum Brief von Sylvain zurückkehren und zu seiner Anregung, über die aktuelle Situation der christlichen Gemeinden nachzudenken. Es stimmt: Sie sind schwach. Im Grunde hat ihre Existenz etwas Erstaunliches, ja Wunderbares in unseren Gesellschaften, die sich weitgehend vom Christentum emanzipiert haben.

In den letzten Jahren wurden enorme Kraftanstrengungen unternommen, um die institutionelle Struktur der Gemeinden dem Priestermangel anzupassen. Die meisten Diözesen haben ihre pastoralen Einheiten stark vergrößert und dadurch die bestehenden Gemeinden, insbesondere in ländlichen Gebieten geschwächt. Gleichzeitig hat man an viele Personen – vor allem Frauen – appelliert, den Mangel an Priestern auszugleichen und einige ihrer Funktionen zu übernehmen. Man hat sie aber weder durch eine Ausbildung begleitet noch ein wirkliches Nachdenken über die Veränderung begonnen, der die Gestalt der Kirche in diesem Prozess unweigerlich unterliegt. Darüber hinaus haben sich neue Gemeinschaften und spirituelle Gruppierungen aller Art gebildet, die zunehmend in das Leben der Ortsgemeinden eingreifen, gelegentlich ohne großen Respekt für das, was bereits existierte und vor ihrer Ankunft auf diesem Boden gewachsen war.

Diese tektonischen Verschiebungen erschüttern die Kirche und erzeugen ein Gesamtbild voller Kontraste: Der Wille, die territorialen Strukturen – oft relativ unterschiedslos – neu zu ordnen, geht mit vielfältigen Initiativen einher, die aber in verschiedene Richtungen gehen, sich nicht um Kontinuität kümmern und daher keinen wirklichen Wachstumsprozess einleiten. Angesichts dieses fiebrigen Aktivismus wäre es gut, die Perspektive zu ändern – entsprechend der Mahnung, mit der sich der Apostel Paulus an die Korinther wendet (vgl. 1 Kor 3,5–17). Er ruft ihnen ins Gedächtnis, dass niemand einen anderen Grund legen kann als den, der *bereits* gelegt ist und „dass jeder, wie der Herr es ihm gegeben hat" (1 Kor 3,5) mit den anderen zusammenarbeiten muss. „Denn wir sind Gottes Mitarbeiter (*synergoi*); ihr seid Gottes Ackerfeld, Gottes Bau." (1 Kor 3,9) Für den Apostel ist der gelegte Grund Christus, aber dieser Grund sind auch die Gaben, welche die Menschen vom Heiligen Geist für den Bau des einen „Tempels Gottes" empfangen haben.

Wir müssen also jetzt die eher individuelle Sicht der vorangegangenen Kapitel erweitern und uns für die christlichen Gemeinden interessieren sowie dafür, wie weit es ihnen gelingt, erneut aufmerksam zu werden für die Berufungen von Frauen und Männern in ihrer Mitte. Diese Berufungen können ohne konkrete Identifikationsfiguren nicht zutage treten. Zudem sind für einige unter ihnen die offizielle Anerkennung durch die Gemeinde, der Ruf und die Sendung durch ihre Autoritäten erforderlich. In ihren immer besonderen und einmaligen Formen existiert die menschliche und christliche Berufung nur mit dieser „*Kon*-spiration" des Heiligen Geistes, der *sowohl* im Herzen jeder Gläubigen *als auch* in der ganzen Kirche wohnt (vgl. *Lumen gentium*, 4). Was die Gesellschaft und die Kirche von dieser oder jener Person erwarten, steht nicht unbedingt im Einklang mit dem, was der Geist ihr eingibt, *und umgekehrt*. Es muss also eine Unterscheidungsarbeit stattfinden. Wenn wir dabei zunächst das, was in *jeder von uns* vor sich geht, in den Vordergrund gestellt haben, so müssen wir jetzt die andere Seite derselben Unterscheidung ernst nehmen: uns auf das konzentrieren, was *in den Gemeinden und in der Weltkirche* vor sich geht, und so bis zum Ende unseren Glauben an den Geist bezeugen, der in jeder Einzelnen *und* in den in Christi Namen versammelten Gemeinden wohnt.

Zunächst betrachten wir deshalb die Bedürfnisse unserer Gemeinden, ihre Art, sie auszudrücken und möglicherweise einen „Pastoralplan" zu formulieren. So kann die Umkehr stattfinden, von der der Apostel Paulus spricht – eine Umkehr, die den Blick der Gemeinde auf *die Personen erneuert, die Gott ihr gibt*, und auf *die inneren Anrufe, die diese Frauen und Männer hören*. Dann können wir über die Berufungs- und Sendungsverfahren nachdenken und ein Vorgehen beschreiben ähnlich dem Vorgehen der individuellen Unterscheidung. Wir werden die kirchlichen „Orte" aufsuchen, an denen diese Veränderungen oder diese Umkehr stattfinden können, und wir werden schließlich zu den pädagogischen Ansätzen kommen, die sie begleiten können.

Bedürfnisse ermitteln, Prioritäten setzen

Auf die Frage nach den Bedürfnissen der christlichen Gemeinden in Frankreich und anderswo in Westeuropa stößt man sofort auf ihre unterschiedlichen „Charaktere". Was haben eine Pfarrei in Paris und eine Reihe von „Kirchorten" im Limousin gemeinsam, um nur diese beiden Extreme zu nennen?[24] Ihre Größe und ihre menschlichen Ressourcen, ihre sozialen Milieus und vor allem ihre städtische, ländliche oder ländlich-städtische Verwurzelung machen sie äußerst verschieden. Der Kontext bestimmt ihre jeweiligen Bedürfnisse und ihre Zwänge. Diese Unterschiede können hier nicht behandelt werden. Unsere Überlegungen müssen sich auf das Her-

---

[24] Paris ist eine der größten Metropolregionen Europas, während das am Rande des Zentralmassivs gelegene ländliche Limousin zu den am dünnsten besiedelten Regionen Frankreichs zählt.

ausarbeiten einiger Prinzipien beschränken, die vielleicht allen Gemeinden in ihrer konkreten Arbeit der Unterscheidung von „Berufungen" helfen.

Bedürfnisse wahrnehmen

Wie es heißt, sind die Bedürfnisse der Gemeinden immens. Aber wie wir sie wahrnehmen, hängt notwendigerweise von dem Bild ab, das wir uns von der Kirche und ihrer Präsenz in der Gesellschaft machen. Es kann ein aus der Vergangenheit übernommenes sein oder eines, das wir uns ohne weiteres Hinterfragen zu eigen gemacht haben. Es kann aber auch – auf der Grundlage des II. Vatikanischen Konzils – ein explizites Konzept von Kirche sein, das in den Pfarreien u. U. nicht auf einhellige Zustimmung stößt.

Zwischen der einen und der anderen Vorstellung von der Kirche gibt es gewissermaßen eine „mittlere" Sicht, wie sie heute in den Grundstrukturen der katholischen Kirche eingeschrieben ist. Sie basiert auf den drei Aufgaben – oder Ämtern, die das Volk Gottes von Christus empfangen hat: das prophetische Amt, das priesterliche Amt und das königliche Amt (vgl. Kapitel 2 der Konstitution *Lumen gentium* über das „Volk Gottes"). Diese drei Ausformungen der einen Sendung der Kirche kommen in der Verkündigung des Evangeliums auf verschiedene Weise zum Zuge, durch die Predigt, die Katechese und die Weiterbildung, durch die Einführung in die Sakramente und ihre Feier mit all dem, was diese Aufgabe an Begleitung erfordert, und schließlich durch die Ausübung der Nächstenliebe in all ihren Formen.

Allerdings muss dieses Grundschema dem „Galiläa" der Kirche, ihrer Vor-Ort-Realität, und seinen geschichtlichen und kulturellen Entfaltungen angepasst werden. Das ist immer schon geschehen. Unter diesem Gesichtspunkt können wir im 20. Jahrhundert eine doppelte Logik feststellen: einen Trend zur Spezialisierung der Aufgaben und eine stärkere Berücksichtigung der Empfängerinnen des Evangeliums. Das II. Vatikanische Konzil hat diese zweifache Orientierung gefördert. In Bezug auf die *Spezialisierung* haben die verschiedenen kirchlichen „Dienste" auf nationaler und diözesaner Ebene eine Art „Professionalisierung" durchgemacht. Denken wir nur an die Liturgie, die Katechese, das Katechumenat, die Teams zur Vorbereitung auf die Taufe oder die Ehe. Freuen wir uns über die Anwesenheit von Seelsorgerinnen in Krankenhäusern und Gefängnissen, über die Teams von Frauen und Männern, die Sterbende und ihre trauernden Familien begleiten. Diese Spezialisierung ist vom Verlangen nach einem größeren *Respekt* vor der Einzigartigkeit eines jeden Menschen und seiner Situation bewegt. Die Katholische Aktion hatte sich bereits dieses Interesse der Kirche für die unterschiedlichen sozialen Milieus zu eigen gemacht, andere apostolische „Bewegungen" folgten; und das Konzil hat in seinem Dekret über das Laienapostolat dieser Spezialisierung viele Seiten gewidmet. Allerdings hat vielleicht diese außerordentliche missionarische Dynamik einer Präsenz bei unseren Zeitgenossen, von der die Kirche vor dem Konzil und unmittelbar danach belebt wurde, in den letzten Jahren eher nachgelassen.

Was die Frage der Berufungen betrifft, so hat diese doppelte Logik einerseits tatsächlich auf neue Bedürfnisse geantwortet, hat diese teilweise offengelegt und zugleich vermehrt. Andererseits ist unübersehbar, dass die vielen in den letzten Jahrzehnten überall entstandenen Leitungsteams (*équipes d'animation*) sowie das Bedürfnis nach einer Begleitung von Einzelnen und Gruppen personelle „Ressourcen" mobilisiert haben, die weit über jene hinausgehen, die der Kirche *früher* zur Verfügung standen – nämlich bevor die Gesellschaft sich dermaßen individualisiert hat, wie wir es in der zweiten Hälfte des vorigen Jahrhunderts erlebt haben.

Aber seien wir ehrlich, diese Entwicklung wird von neuen Schwierigkeiten begleitet: Der Pfarrer war – gemäß den früheren Pastoralfiguren – der „*priesterliche Alleskönner*", der auf alle menschlichen Bedürfnisse antworten sollte. Jetzt muss er die meisten „seiner" traditionellen Aufgaben an Personen und Teams abgeben und eine immer unüberschaubarere Anzahl an pastoralen Akteurinnen begleiten. Er ist also notwendigerweise – und oft gegen seinen Willen – von vielen direkten seelsorgerlichen Bezügen ausgeschlossen. Das kann Persönlichkeiten, die ein Charisma zum Leiten haben, entgegenkommen, aber ein Kreuz für andere sein, die sich in der persönlichen Begleitung von Einzelpersonen und Gruppen wohler fühlen. So vervielfältigen sich die Priesterfiguren: Neben der klassischen Figur des Pfarrers, der als Leiter einer Ortsgemeinde die Christen vor allem in der Liturgie um sich versammelt, finden wir die Figur des Priesters, der unterwegs ist und die Verbindung zwischen verschiedenen Gemeinden und zwischen den Personen mit verschiedenen pastoralen Aufgaben herstellt; oder wir finden den Priester, der das Evangelium inmitten einer Gruppe präsent macht, mit der er durch die Arbeit oder durch Vereinstätigkeiten verbunden ist. Das sind nur drei Beispiele. Diese Vielfalt ist eine gute Sache: Warum sollte man nicht auf den Priester anwenden, was der Apostel Paulus vom Charisma einer jeden sagt? Es gibt zweifellos noch viel in diesem Bereich zu tun. Aber vielleicht mehr noch für die zahlreichen Menschen, die an der Seite der Priester pastorale Verantwortung übernehmen. Tatsächlich engagieren sich immer mehr Gemeindeleiterinnen, Begleiterinnen, Katechetinnen, Ehrenamtliche, Frauen und Männer mit ihrem ganzen Leben in den unterschiedlichsten pastoralen Aufgaben, ohne dass ihrer Berufung wirklich Rechnung getragen oder ihr effektiv ausgeübtes Amt anerkannt würde.

Die Schwierigkeiten ergeben sich nicht nur aus der Umstrukturierung der Gemeindelandschaft und der Diversifizierung der Rollen und Aufgaben, sondern auch aus der schmerzhaften Erfahrung, dass in vielen Gemeinden die menschlichen „Ressourcen" ernsthaft fehlen – ob es Priester sind oder Personen, die spezielle kirchliche Aufgaben übernehmen könnten. Hinzu kommen andere Probleme, die allgemein die Präsenz der Kirche in unserer Gesellschaft betreffen: Probleme, die natürlich einen Einfluss auf die Wahrnehmung der Bedürfnisse der Gemeinden haben. Darauf komme ich noch zurück.

All das, die Kirchenkonstitution des II. Vatikanischen Konzils, die Logik von Spezialisierung und Individualisierung sowie das immer schmerzlicher erfahrene Missverhältnis zwischen dem, was als Bedürfnisse wahrgenommen wird, und der Armut der Mittel – all das hat unsere Situation äußerst komplex gemacht und zur Umstrukturierung unserer pastoralen Landschaft geführt, in die seit zwanzig Jahren viel Kraft investiert wird. Wir können zwei positive Wirkungen dieses Prozesses hervorheben, bevor wir uns mit der kirchlichen Umkehr beschäftigen, zu der uns dieser Prozess jetzt aufruft.

Ein Netzwerk von „Seelsorgestationen" und Gemeinden

Eine erste Wirkung ist zweifellos die Erkenntnis, dass wir nicht einfach eine „Supermarkt-Logik" übernehmen können, also immer größere pastorale Einheiten zu schaffen und nach und nach nicht nur die örtlichen Versammlungen, sondern vor allem den Respekt vor der Verwurzelung der Christinnen im Nährboden ihres täglichen Lebens aufzugeben. Diese Logik herrschte viele Jahre lang in mittleren und kleinen Städten und weiten ländlichen Regionen unseres Landes vor. Nach und nach hat sich die Idee einer Unterscheidung von Gemeindeebenen durchgesetzt, vergleichbar dem „Blätterteig", den die Organisation der politischen Gebietskörperschaften in Frankreich bildet, wo sich die Ortsgemeinde, der Gemeindeverbund, der Kreis, das Departement überlagern. In einigen Diözesen sind das System der Pfarreien und deren Untereinheiten wie Seelsorgestationen, Gottesdienstzentren u. a. stark umstrukturiert worden, um den beiden Grundsätzen der Subsidiarität und der Solidarität gerecht zu werden. Während die Subsidiarität dazu führt, den Gemeinden vor Ort, so klein sie sein mögen, eine größtmögliche Autonomie zu geben (vgl. *Lumen gentium*, Art. 26, Abs. 1), will die Solidarität ihnen helfen, zwischen den Aufgaben zu unterscheiden, die sie selber übernehmen können, und denen, für die sie die „schwesterliche" Hilfe anderer Gemeinden oder Gemeindezentren brauchen.

Übersehen wir nicht die Schwierigkeiten, die dieser Prozess offengelegt hat. Es bedarf einer erweiterten Vision, um die Probleme einer solchen Aufgabenverteilung zu erkennen. Was kann eine kleine Gemeinde von Christinnen in einem Viertel, einem Dorf, einer Kleinstadt selber tun, und wann muss sie – nicht nur liturgische – Hilfe von anderen erbitten? Diese erweiterte und gerechtere Vision ist nicht von vornherein und auch nicht jeder gegeben. Hinzu kommt die Tendenz von manchen Verantwortlichen, alle Strukturen einer Diözese zu standardisieren und den schwächsten Gemeinden ein Schema aufzuzwingen, das für stärkere Gemeinden gedacht ist. Hier riskiert man zu übersehen, wie viel Zeit notwendige Bewusstseinsveränderungen an der Basis brauchen, und dass ein großer Teil der Leute an den Rand gedrängt wird.

Genauso sind aber auch die Fortschritte zu bewundern, die in manchen Orten gerade in diesen neuralgischen Punkten gemacht wurden, und zwar unterstützt von einem zweiten Aspekt des Umstrukturierungsprozesses, dem der gemeinschaftlichen Unterscheidungsarbeit.

Dynamik der kollektiven Unterscheidungsarbeit

Diese Dynamik folgt aus der synodalen Bewegung, die 1985 in Frankreich (in Limoges) begonnen hat. Die von den Vertretern aller sozialen Schichten einer Diözesankirche geführten Debatten haben die Umstrukturierungen eingeleitet, von denen oben die Rede war. Dabei wurden zumindest so weit wie möglich die besonderen Bedingungen der Orte, der Bedürfnisse und der „Ressourcen" der Gemeinden sowie das Phänomen der Entchristlichung und der Exkulturation der christlichen Tradition berücksichtigt. Diese in vielen Diözesen Frankreichs durchgeführten Synoden sind Teil einer vom II. Vatikanischen Konzil ererbten Dynamik, die darin besteht, auf allen Ebenen der Kirche Orte für Gespräche und Beratungen zu schaffen und die Übernahme dieser neuen Gemeindestrukturen den „Pastoralräten" vor Ort und den Gemeindeversammlungen anzuvertrauen.

Nicht selten führen diese Versammlungen zur Niederschrift echter „Pastoralpläne". Wie Synoden erlauben diese Begegnungen vor Ort, dass die Gemeinde sich ihres Stellenwerts im eigenen Umfeld bewusst wird, ihren missionarischen Eifer erneuert, pastorale Prioritäten setzt und diese im Evangelium verwurzelt. Die vom Konzil getragene Vision der Kirche wird so der jeweiligen Vor-Ort-Realität, dem „Galiläa" einer Gemeinde, angepasst. Von einer auf einzelne „Events" ausgerichteten Pastoral bewegen wir uns schrittweise zu einem eher pädagogischen und bescheidenen Bemühen um eine mittel- und langfristige Kontinuität in den apostolischen Engagements.

Genau darum geht es bei der gemeinsamen Erarbeitung von Leitlinien. Sich über ein bestimmtes Wort und eine bestimmte Formulierung einig zu werden, erlaubt nicht nur, die Erfahrungen, Intuitionen und Wünsche der einen und der anderen auszuloten und auf ein Ziel hin zusammenzuführen,[25] nämlich die Verkündigung des Evangeliums in einem bestimmten Gebiet. Die gemeinsame Niederschrift von Leitlinien hilft auch, Entwicklungen oder eine echte Umkehr festzustellen und ihnen in Zukunft Rechnung zu tragen.

Auch hier darf man die enormen Schwierigkeiten nicht leugnen, die sich heute zeigen. Vor Ort fragen sich die kirchlichen Verantwortlichen häufig, wie man noch Personen finden kann, die bereit sind, sich in einem Pastoralrat, in einem Team zu engagieren oder eine bestimmte pastorale Aufgabe zu übernehmen. Wir müssen uns mit dem Ende der Kultur des „Aktivismus" abfinden, nicht nur in den Organisationen der Zivilgesellschaft, den politischen Parteien und Gewerkschaften, sondern auch in der Kirche. Hinzu kommt eine gewisse Müdigkeit, sich in kirchlichen Strukturen zu engagieren. Die Frage des Gleichgewichts des persönlichen Lebens, die gesellschaftlich und beruflich erforderte Mobilität vieler Männer und Frauen, ihre chronische Überlastung und wiederholte Stresssituationen führen dazu, dass sie immer zurückhaltender werden, wenn es um Anfragen dieser Art geht. Das schließt aber nicht aus, dass sie sich gern in einem einzelnen Projekt engagieren, wenn es ihrem Interesse an einem konkreten Aspekt ihres Familienlebens (z. B. den Kindern) oder ihres beruflichen und sozialen Lebens entspricht.

Darüber hinaus müssen wir natürlich zur Kenntnis nehmen, dass die Entchristlichung die menschlichen Ressourcen unserer Gemeinden stark reduziert hat. Das macht sich besonders in Gebieten mit geringer Bevölkerungsdichte bemerkbar. So haben manche Gemeinden große Schwierigkeiten, sich zu öffnen und zu erneuern, und sind in besorgniserregendem Maß überaltert.

Diese Schwierigkeiten oder Symptome erfordern nicht in erster Linie strategische Antworten institutioneller Art – die großen Umstrukturierungen der letzten Jahrzehnte fanden auf dieser Ebene statt. Sie rufen vielmehr zu einer radikaleren gemeinschaftlichen „Umkehr" auf, von der wir jetzt sprechen müssen.

---

[25] Das II. Vatikanische Konzil hat diesbezüglich das Wort *con-spirare* benutzt, um anzuzeigen, dass es sich um eine Gemeinschaft im Geist handelt. Vgl. *Lumen gentium*, Art. 13, Abs. 3; Art. 18, Abs. 1; Art. 23, Abs. 4; *Apostolicam actuositatem*, Art. 18, Abs. 1.

Umkehr und „Passung"

Mehrmals war schon von „Umkehr" die Rede, aber immer auf individueller Ebene. In der Tat kann niemand das im Akt der Umkehr aufgebrachte Vertrauen anstelle eines anderen aufbringen, und genauso ist das Hören der „Stimme" Gottes eine glückliche Erfahrung, die nur von einer einzelnen Person gemacht werden kann. Eben diese Erfahrung ist es ja, die das Wort „Berufung" beschreibt. Doch in dem Maß, in dem uns die Beziehung zu anderen konstituiert, vor allem die Beziehung zu unseren Eltern und „Übersetzerinnen", und wir durch eine lebendige Gemeinde zum Glauben und zum Hören des Wortes Gottes geführt werden, in dem Maß sind der Zustand dieser Gemeinschaft und ihre „Kultur der Berufungen" auch ausschlaggebend dafür, dass wir Zugang zu unserer Identität als Glaubende bekommen.

Natürlich müssen wir hier daran erinnern, dass das Wort „Kirche" im Griechischen (*ekklesia*) im Neuen Testament eine säkulare Bedeutung hat (vgl. Apg 19,32), wahrscheinlich um Verwechslungen mit anderen Arten von „Zusammenkünften" im Tempel oder in den Synagogen zu vermeiden. Aber vielleicht darf man heute in diesem Wort „*ekklesia*" die Idee der „Einladung" (*ekloge*) durch Gott hören. Diese „Einladung durch Gott" wird umso mehr von der *Gemeinschaft* der Gläubigen erfahren, als sie konkret von ihr in der Art und Weise gelebt wird, wie sie die Menschen betrachtet, seien sie Mitglieder der versammelten Gemeinde oder nicht, und wie sie ihre Einzigartigkeit berücksichtigt. Genau hier, in der Weise, wie eine Person gerufen oder wie ihr gezeigt wird, wer sie ist, ist der Ort der radikalen Umkehr, zu der die Kirche heute aufgerufen ist. Die Unterscheidung zwischen einer „*rahmenden* Pastoral" und einer „*zeugenden* Pastoral" weist auf dieses Problem hin.[26]

„... wie Christus sie ihr geschenkt hat" (Eph 4,7)

Wir brauchen hier nicht noch einmal auf die paulinische Charismenlehre zurückkommen, wollen aber doch an die zweifache Tendenz der Listen in den Paulusbriefen erinnern: hin zu einer institutionellen Festlegung („göttliche ‚An-ordnung'") und zu einer Öffnung im Zuge der Vermehrung, abhängig von den Gaben des Geistes in der Geschichte der Menschen und der Gemeinden. Das *alleinige Ziel* dieser „An-ordnung" ist der Aufbau des unendlich beweglichen Leibes Christi im Dienst seiner immer deutlicheren Gegenwart in der Gesellschaft.

---

[26] Vgl. dazu Müller: Hoffnung des Übersetzens, 14–16.

Die Bedeutung der „charismatischen" Ekklesiologie des Paulus in den Texten des II. Vatikanischen Konzils wurde zweifellos unterschätzt; und eine gewisse Konzentration auf institutionelle Fragen sowie die Aneignung der Terminologie des „Charismas" durch die „charismatischen" Bewegungen" haben bei diesem Vergessen eine nicht zu vernachlässigende Rolle gespielt. Die Konstitution *Lumen gentium* spricht aber allgemein von einer Bewegung der Inkarnation: Diese führt vom Geheimnis der Kirche zu ihrer historischen Verwurzelung in der Gesellschaft; von ihrem hierarchischen Aufbau zu ihrer kollegialen und synodalen Struktur einer Gemeinschaft von Kirchen; von ihrer Universalität zu ihrer Präsenz vor Ort; von ihrer hierarchischen Struktur zur Definition des Amtes als „Dienst" (*diakonia*) des christlichen Lebens *in* der Welt *und im Dienst* der Welt ... Und „am Ende" dieser allgemeinen Ausrichtung auf das „Niedrigste" findet sich dann immer *das*, was der Geist Christi und Gottes der Kirche *hier und jetzt* wirklich gibt (vgl. *Lumen gentium*, 4, 7, 12 u. ö.) und was die Kirche annehmen muss, auf dass es Früchte trägt.

Genau *hier*, wo das „Bild", das wir von der Kirche haben, sich den konkreten Ereignissen und Gaben (*charismata*) aussetzt, findet seine Umkehr statt. Es geht nicht nur um die Individuen und ihre Gaben oder um jene, „die in der Kirche die Leitung haben und denen es in besonderer Weise zukommt, den Geist nicht auszulöschen, sondern alles zu prüfen und das Gute zu behalten (vgl. 1 Thess 5,12.19–21)." (*Lumen gentium, Art. 12, Abs. 2*) Es geht auch und vor allem um die Umkehr einer ganzen kirchlichen „Kultur", die *allen* gegeben ist, um die „Reform" einer Handlungsweise bzw. um eine gemeinsame Aufmerksamkeit und eine gemeinsame Unterscheidung dessen, was sich in der Geschichte ereignet.

Von einer „rahmenden" zu einer „zeugenden Pastoral"

Die Unterscheidung zwischen einer „rahmenden Pastoral" und einer „zeugenden Pastoral", die vor kurzem in eine Reihe „pastoraler Leitlinien" eingeführt wurde, entspricht geschichtlichen Beweggründen und gehört in den Zusammenhang der Interpretation des II. Vatikanischen Konzils. Sie zielt auf eine kirchliche Umkehr, die auf verschiedene Weise in allen Epochen der Geschichte gelebt wurde.

Unter *historischem* Gesichtspunkt ist hier festzuhalten, dass uns bereits das Konzil eingeladen hat, das gesamte kirchliche Leben rund um die „Pastoralität" zu konzentrieren, das heißt um die Beziehung zwischen Jesus und all denen, die seinen Weg kreuzen, damals in Galiläa *wie* auch heute. Was uns zu dieser Konzentration führt, ist die Bedeutung, die wir den *Be-*

ziehungen in der zeitgenössischen Kultur geben, der Beziehung zwischen Männern und Frauen sowie der Stellung des „Glaubens" in der Zeugung von Leben. Und wenn uns diese neue Sorge, die der Zeugung von Leben und Glauben gilt, beim Lesen der Heiligen Schrift begleitet, so sind es umgekehrt die Evangelien, die uns den Blick auf unsere Beziehungen in Gesellschaft und Kirche richten lassen. Der Übergang von einer „rahmenden Pastoral" hin zu einer „zeugenden Pastoral" bedeutet nicht, dass wir dem Gebiet der Gemeinde weniger Aufmerksamkeit schenken. Er signalisiert vielmehr eine andere Beziehung. Das Ziel ist nicht länger ein makelloser „administrativer Rahmen", sondern die größtmögliche Öffnung für die spirituellen *Ereignisse*, die dort stattfinden. Dies erfordert die Aufmerksamkeit auf die „göttliche ‚An-ordnung'" der Kirche in ihren grundlegenden Polaritäten, auf ihre historischen Veränderungen und auf die Vervielfältigung der „Charismen", die bereits angesprochen worden ist, als wir uns für mehr Kreativität in diesem Bereich eingesetzt haben.

Unter *theologalem Gesichtspunkt* ist hier zu beachten, dass diese Aufmerksamkeit aber nicht leicht ist, weil sie ständig von unseren kirchlichen Gewissheiten gestört wird, von unseren aus der Vergangenheit ererbten Verständnismustern und von unserer Art und Weise, die Menschen aufgrund ihres Amtes oder ihrer Aufgaben oder sogar aufgrund ihres religiösen Etiketts zu identifizieren. Das *bedingungslose* Interesse für die absolute Einmaligkeit einer Person, für ihren Weg und die darin verborgenen Potenziale erfordert eine echte gemeinschaftliche Umkehr, die eigentlich ein Wunder ist und uns auf das Wirken des Heiligen Geistes verweist.

Die Dimensionen dieser Umkehr sind auch deswegen beeindruckend, weil es für die Kirche um eine „Dezentrierung" geht: Sie muss sich erneut zur „Tür" oder zur „Schwelle" begeben, dorthin nämlich, wo die christliche Berufung auf der menschlichen Berufung aufbaut und ihr eine christusförmige Gestalt gibt. Gerade dieses bedingungslose Interesse für das menschliche Abenteuer, für seine Authentizität, seine Richtigkeit und seine Wahrheit, macht die Kraft des Evangeliums Jesu Christi aus und damit die Kraft derer, die das Evangelium in seiner Nachfolge in den Mittelpunkt ihres Lebens stellen. Dieses bedingungslose Interesse findet übrigens seinen aktuellen Ausdruck in Untersuchungen zur Katechese, welche die Erstverkündigung des Evangeliums in den Vordergrund stellen. „Diese Verkündigung", heißt es im *Nationalen Dokument zur Orientierung der Katechese in Frankreich*, „ist die ‚erste', weil sie zum Glauben aufruft und zu der Schwelle führt, an der eine Umkehr möglich wird. Sie will das Verlangen wecken und zu einem Weg des Glaubens einladen. Sie weckt Interesse, ohne es darauf abzusehen, dass die Person, an die sie sich wendet, eine Jüngerin wird."²⁷

Planen und Wachsen in der „Armut des Herzens"

Diese Verschiebung des Schwerpunktes der Kirche, ihres Interesses und ihres Handelns ist der zentrale Punkt ihrer kontinuierlichen Umkehr. Sie sollte einen wichtigen Platz in den Pastoralplänen der Gemeinden finden. Diese Pläne sind nicht nur legitim, sondern wünschenswert, ja notwendig. Sie müssen natürlich die oben erwähnten Schwierigkeiten berücksichtigen, aber dabei sollen sie diese auch als Anstoß zu einem Lernprozess verstehen, der sich am Lesen der Schrift und an einer kreativen Beziehung zur christlichen Tradition orientiert. Häufig beginnen sie ja mit dem Hinweis auf eine geistliche *Haltung*: durch einen Bezug auf das Evangelium oder auf die Haltung der „Armut des Herzens", mit der die Seligpreisungen eröffnet werden, oder indem sie Schlüsselpassagen der Apostelgeschichte bzw. des II. Vatikanischen Konzils zitieren.

Jeder Plan ist ein „Pro-jekt", ein „Wurf nach vorn". Es wird von einer „strategischen" Vision der Wirklichkeit getragen. Eine Gruppe gibt sich ein Ziel und denkt über die Mittel nach, die ihr erlauben, dieses Ziel zu erreichen. Ohne diese Logik ist keine gemeinschaftliche Aktion möglich. Eine christliche Gemeinde, Pfarrei, Bewegung, der es gelingt, einen „Pastoralplan" zu erstellen, zeigt damit, dass sie sich ihrer Identität und ihres Status als „geschichtliches Subjekt" bewusst ist: ein Subjekt, das fähig ist, seine Vergangenheit anzuschauen, um sie zu verstehen, seinen Ort in der Gegenwart einzunehmen und sich „nach vorn" in die Zukunft hinein zu „entwerfen". Einerseits kann die spirituelle Haltung, die den gesamten Plan bestimmen soll, zwar ein frommer Wunsch bleiben, wenn es nur um die beste Umsetzung der zur Verfügung stehenden Mittel geht. Andererseits kann sie auch entscheidend werden und sich in den Plan einschreiben durch den ständigen Verweis auf etwas Anderes, nämlich auf die *Erzählung* von dem, was konkret dieser oder jener oder einer bestimmten Gruppe geschieht. Wenn dies einigen Personen erzählt worden ist, fließt es irgendwann zurück und verändert die Zielsetzung einer Gemeinde und deren Verwirklichung. Solches Erzählen wird diese Gemeinde bereichern und durch einen kontinuierlichen Prozess der Relektüre flexibler machen. Die Apostelgeschichte ist ein typisches Beispiel für diese Wirkung des Erzählens: Denken wir nur daran, was Petrus und dem Hauptmann Kornelius geschieht und was durch Gerüchte

---

²⁷ Vgl. Conférence des évêques de France: Texte national pour l'orientation de la catéchèse, 17.

und den Bericht des Petrus verbreitet wird (vgl. Apg 10; 11)! Denken wir an die Rückkehr von Paulus und Barnabas von ihrer Mission (vgl. Apg 14,27) oder auch an die Versammlung von Jerusalem, wo die Erzählung dieser Apostel für die zu treffenden Entscheidungen den Ausschlag gibt (vgl. Apg 15,12)! Wir sehen deutlich, wie die Kirche auf diese Weise *entsteht*, nicht als Ergebnis unserer Projekte und Handlungen, sondern ausgehend von dem, was sich hier und jetzt *ereignet*, und ausgehend von den *Menschen*, die ihr gegeben sind. So wächst allmählich eine gemeinsame Sensibilität für das, was an der „Schwelle" möglich wird: eine gemeinsame Haltung der „Armut des Herzens", die mit Sympathie, Mitgefühl oder Freude das annimmt, was geschieht. Wenn sich zwangsläufig auch in den kleinsten Gemeinden Bedürfnisse zeigen – und sei es nur die tägliche Öffnung der Kirche –, so können sie sich doch nach und nach dem Handeln Gottes im Leben einer Frau, eines Mannes anpassen.

Diese heute so schwierige *„Passung"* folgt wie der Weg der individuellen Unterscheidungsarbeit einem Vorgehen, das wir jetzt zurückverfolgen werden, um die kirchliche Umkehr konkret werden zu lassen.

Ein Berufungs- und Sendungsprozess

Der Stil der Apostelgeschichte ermutigt mich, über diesen Prozess anhand der Erzählung einer Pastoralbeauftragten namens Claire nachzudenken:

> Alles hatte im September 2007 begonnen. In einem beiläufigen Gespräch auf dem Heimweg von einem Fortbildungsseminar für Krankenhausseelsorgerinnen aus der Region West in Nantes. Ich war zu der Zeit ehrenamtliche Mitarbeiterin eines Seelsorgeteams in einem Krankenhaus in der Normandie und fuhr mit den „Laien"-Seelsorgerinnen Régine und Anne-Marie aus zwei anderen Krankenhäusern im Auto mit. Wir sprachen über die Schwierigkeiten, ehrenamtliche Mitarbeiterinnen und Seelsorgerinnen zu gewinnen. Es ging um die Privatklinik von A., die keine Seelsorgerin mehr hatte. Und da wurde ich gefragt: „Und du, Claire, kannst du dir vorstellen, Seelsorgerin zu sein?" Ich war überrascht und wusste nicht, was ich sagen sollte.
> Etwa vierzehn Tage später wollte mich der Pfarrer meiner Pfarrei sprechen. Der Seelsorgerinnen-Mangel in der Klinik beunruhigte ihn. Er sagte mir, dass er in Absprache mit Anne-Marie daran dächte, mich für den Posten der Seelsorgerin zu rufen.

Da stellten sich mir viele Fragen: Werde ich dazu in der Lage sein? Wird das nicht zu schwer sein? Wird es unser Familienleben belasten? Als Hausfrau mit schon großen Kindern arbeitete ich bereits seit einem Jahr in einem Verein, der sich um die Betreuung von Kindern kümmert, deren Mütter krank sind, vor allem mit Nachhilfeunterricht abends nach der Schule. In dieser Zeit half mir das Gleichnis vom barmherzigen Samariter sehr. Der Satz: „Dann geh und handle du genauso!" (Lk 10,37), beschäftigt mich jeden Tag ein wenig mehr. Für mich ist es normal, zu jemandem hinzugehen, der leidet. Doch warum war ihre Wahl auf mich gefallen? Seit ungefähr sechs Jahren war ich schon ehrenamtliche Mitarbeiterin im Seelsorgeteam des Krankenhauses. Ich hatte an Seminaren zur Gesprächsführung teilgenommen, die für ehrenamtliche Mitarbeiterinnen verpflichtend sind. In der Gemeinde kümmerte ich mich seit 17 Jahren mit Anne-Marie, mit der ich mich sehr gut verstehe, um die Katechese der Kinder der Grundschulstufe. Einen Nachmittag pro Woche übernahm ich den Präsenzdienst im Pfarrhaus, und ich hatte eine Ausbildung zur Trauerbegleitung begonnen. In jener Zeit, in der ich es mir überlegte und mit der Familie, mit Mann und Kindern, sprach und auch mit Anne-Marie und dem Pfarrer, reifte die Idee, Seelsorgerin zu werden, und schließlich sagte ich ja.

Im November trafen sich der Pfarrer und Anne-Marie mit dem Generalvikar der Diözese, um über meine Sendung zu sprechen. Der Generalvikar, der den Mangel in der Klinik von A. gut kannte, begrüßte es, mich im Krankenhaus anstelle des damaligen priesterlichen Seelsorgers zu ernennen, der eine halbe Stelle im Krankenhaus hatte und schon zu alt war für diese Aufgabe. Er befürchtete, die Krankenhausverwaltung würde die Stelle sonst abschaffen. Nach diesem Treffen wurde ich dem Generalvikar vorgestellt. Im Dezember hatte ich eine zweite Unterredung mit ihm. In der Zwischenzeit hatte er den älteren Priester gesehen und Kontakt mit der Leitung des Krankenhauses aufgenommen. Was das Krankenhaus betraf, so hatte der Priester das Recht, zum 1. Januar 2008 in den Ruhestand zu gehen, und ich konnte die halbe Stelle als Seelsorgerin antreten.

Im Februar übergab mir der Generalvikar meinen „Sendungsbrief" mit Wirkung vom 20. Februar 2008. Darin hieß es, dass ich „als Pastoralbeauftragte in der Seelsorge, mit Anne-Marie, der Verantwortlichen, das Team der katholischen Seelsorge des Krankenhauses von A. zu leiten und zu organisieren" habe. Mit diesem „Sendungsbrief" stellte Anne-Marie mich dem Leiter der Personalabteilung des Krankenhauses vor, der mich nach einer Unterredung bat, einen offiziellen Brief zu schreiben, um mich für eine Stelle als Seelsorgerin im Krankenhaus zu bewerben. Lebenslauf und Bewerbungsschreiben müssten dem Direktor der Einrichtung eingereicht werden.

Ein Berufungs- und Sendungsprozess

Der Leiter der Personalabteilung bereitete unterdessen meinen Arbeitsvertrag vor.

Es wurde ein Termin vereinbart mit dem Krankenhausdirektor, dem Leiter der Personalabteilung, dem Generalvikar, dem älteren Priester und Anne-Marie für meine offizielle Vorstellung. In meinem Fall hat es keine Sendungsfeier gegeben. Zu der Zeit hatte ich nicht darauf geachtet. Wir hatten damals noch einen begleitenden Priester, und es war nicht so wichtig wie heute, die Verbindung zwischen dem Krankenhaus und der Pfarrei deutlich zu machen. Jetzt haben wir keinen Priester mehr als Bezugsperson für das Seelsorgeteam. Wenn im Krankenhaus um ein Sakrament gebeten wird, wenden wir uns an die Pfarrei. Heute könnte es vor allem gegenüber der Pfarrei interessant sein, ein solches Zeichen der Anerkennung für die neu berufenen Mitarbeiterinnen zu setzen.

Mein Arbeitsvertrag begann am 1. März 2008: „Auf Vorschlag der religiösen Autorität bin ich als Teilzeit-Seelsorgerin an der Klinik von A. engagiert". Somit bin ich Moderatorin in der Krankenhausseelsorge, vom Krankenhaus eingestellt mit einem Sendungsbrief des Bischofs. Ich besuche die Kranken oder die alten Leute im Altersheim. Ich bin da, einfach im Namen meiner Taufe und meiner Firmung. Ich bin Zeichen einer Kirche, die jenen nahe sein will, die körperlich und seelisch leiden.

Claire

Diese kleine Erzählung von einer Frau, die als Krankenhausseelsorgerin gerufen wurde, erinnert an das, was wir über die persönliche Unterscheidungsarbeit in Hinblick auf eine Berufung gesagt haben. Gewiss kommt die Initiative von außen – von Régine, Anne-Marie und dem Pfarrer. Aber sie löst eine persönliche Relektüre aus – in Bezug auf bisheriges Engagement und auf das, was man ein persönliches Charisma nennen kann: „Für mich ist es normal, zu jemandem hinzugehen, der leidet." Zudem löst sie eine mit der Familie und anderen Menschen geteilte Frage aus: „Werde ich dazu in der Lage sein? Wird das nicht zu schwer sein? Unser Familienleben belasten?" Es beginnt eine innere Arbeit, die vom Gleichnis des barmherzigen Samariters inspiriert ist. Wenn einer der anderen Beteiligten – Pastoralbeauftragte, Pfarrer oder Generalvikar – diesen Bericht geschrieben hätte, hätte sie oder er sicherlich andere, eher kirchliche Aspekte betont. Aber so wie er ist, enthüllt dieser Text sehr deutlich nicht nur ein echtes pastorales „Bedürfnis", sondern auch und vor allem eine am Evangelium orientierte Weise, darauf zu reagieren. Nehmen wir also die verschiedenen Momente dieses Berufungs- und Sendungsprozesses noch einmal auf und erweitern wir etwas das Feld unserer Überlegungen, indem wir auch die Fragen des Berichts aufgreifen.

Weggenossenschaft

Am Beginn steht die Weggenossenschaft. Wie könnte man sonst das Charisma einer Person erkennen? Die Geschichte beginnt während der Rückfahrt von drei Frauen mit unterschiedlichen Positionen. Man sieht jedoch sofort, dass sich diese Frauen schon seit einiger Zeit kennen. Sie teilen dieselbe „Sorge"; die Verfasserin des Textes hat es deutlich hervorgehoben: eine klar als pastoral qualifizierte Sorge.

Die Rede von „Weggenossenschaft" soll dies herausstellen: dass es etwas gibt, was diejenigen *vereint*, die in einer Gemeinschaft, einer Pfarrei oder einer größeren Einheit für die Präsenz des Evangeliums Sorge tragen. Geteilte Interessen oder Freundschaften können eine gewisse Rolle spielen. Aber das ist nicht das Entscheidende. Für jede von ihnen hat sich etwas „ereignet": Sie haben eines Tages einen Ruf gehört, der sie in Beziehung zu Jesus Christus gesetzt hat. Jetzt können sie nicht anders, als sich darum zu sorgen, dass das Evangelium verkündet und „jeder" zugänglich gemacht wird. Sie haben damit auch einen „Sinn" dafür erworben, die gleiche Sorge bei anderen wahrzunehmen.

Es braucht Zeit, um diese „Sorge" bei einer anderen Person wahrzunehmen und nicht einfach einer Logik der Rekrutierung zu gehorchen. Wenn Anne-Marie, Régine oder der Pfarrer die Geschichte erzählt hätte, wäre dieser Aspekt vielleicht angesprochen worden. Man wünschte zu wissen, was diese bei Claire wahrgenommen haben und warum sie sie angesprochen haben.

„Geständnis"

Diese Weggenossenschaft, die eine gewisse Zeit braucht, ist jedenfalls die Voraussetzung, damit ein Wort wie dieses ausgesprochen und gehört werden kann: „Und du, Claire, kannst du dir vorstellen, Seelsorgerin zu sein?" – Was ruft das Wort „Seelsorgerin" bei derjenigen wach, die diese Frage stellt, und bei der, die zu diesem Zeitpunkt nicht weiß, was sie antworten soll? Geht es bei diesem Satz nur um die Aufgabe oder geht es auch um die *Identität* der Person, die sie ausüben wird? Die Erzählung sagt nichts darüber. Aber wir können die Tiefe der inneren Arbeit, die diese Frage aufwirft, erraten. Die Reihe der aufgeführten früheren Tätigkeiten lässt erahnen, dass alles auf einen Schwerpunkt ausgerichtet ist, der auch durch die Bezugnahme auf das Gleichnis vom barmherzigen Samariter nahegelegt wird. Mehrmals haben wir zwei Seiten einer Situation unterschieden: Es gibt die Person, die eine bestimmte Aufgabe innehat, und die Person, die diese Aufgabe übernimmt aufgrund ihrer pastoralen oder apostolischen Identität, welche diese Aufgabe selbst übersteigt. Hier befinden wir uns anscheinend zwischen diesen beiden spirituellen Situationen. Vielleicht hat ja die Frage: „Und du, Claire …", die Suche ausgelöst, die dieser Frau in ihrem durch ihren christlichen Glauben geprägten Menschsein genau entspricht.

Diese Frage umgibt ein Klima des Vertrauens. Das ist wesentlich, denn die Achtung der angesprochenen Person erfordert Diskretion. Da ist die Sprache eines „Gestehens und Bekennens" erforderlich. Eine Person wird nicht nur befragt oder eingeladen, sich diese oder jene Position vorzustellen. Vielmehr kommt ihr die andere zuvor und offenbart ihr ihre Identität: „Du bist so, du zeigst dich so …" Denken wir noch einmal an die entscheidende Begegnung zwischen Jesus und Simon in Cäsarea Philippi (vgl. Mt 16,13–20 par.): Der geheimnisvollen Anerkennung zwischen diesen beiden Männern geht eine Zeit der Weggenossenschaft Jesu mit seinen Jüngerinnen und Jüngern und der Gruppe der Zwölf voraus. Die Begegnung findet in einem entscheidenden Moment statt, wo keiner der beiden „Partner" Einfluss auf die Zukunft hat und wo *der Glaube an die Identität des anderen* „Du bist der Messias, der Sohn des lebendigen Gottes!" *„Du bist Petrus* und auf diesen Felsen werde ich meine Kirche bauen …" – noch nicht seine volle Bedeutung zeigen kann: eine Bedeutung, die der Glaube erst Ostern im Augenblick des Durchgangs durch den Tod erhalten wird.

Wir dürfen sagen, dass diese Begegnung der Hintergrund aller „Amtsübergaben" in der Kirche bleibt, und zwar nicht nur, weil die gesandte Person hier durch die Enthüllung ihrer apostolischen Identität angerufen wird, sondern auch, weil sie in einer Beziehung der Weggenossenschaft auf die Frage antworten muss, wer für sie Jesus von Nazareth und wer derjenige ist, der sie in seinem Namen ruft. Gewiss zeigen sich sofort große Unterschiede zwischen diesen beiden Episoden, und sei es nur die Vorsicht, mit der die Frage an Claire gestellt wird: „… kannst du dir vorstellen, Seelsorgerin zu sein?", und die unerschütterliche, „felsenfeste" Sicherheit, mit der Jesus sich an Simon Petrus wendet. Aber ist diese sensible Wahrnehmung dessen, was im anderen geschehen kann, und diese Kraft des Wortes letzten Endes nicht all denen verheißen, die sich im kirchlichen Prozess des Rufens und Sendens engagieren?

Beratung und Absprache

Beratung und Absprachen begleiten das „Geständnis" bzw. die einfache Frage: „Und du, Claire …", und folgen ihnen auch. Da sind das innere

Überlegen der Person, ihre Beunruhigung und ihr Fragen, ihr Bezug zur Heiligen Schrift und das Hören der „Stimme" Gottes – da ist die äußere Beratung mit Familie und Kolleginnen. Die kleine Erzählung bringt das durch die allmähliche Erweiterung des Kreises der Betroffenen gut zum Ausdruck: Mann und Kinder, Anne-Marie, der Pfarrer; dann der Generalvikar, der ehemalige Seelsorger, die Leiter des Krankenhauses; schließlich die institutionelle Ebene mit der Unterzeichnung des Arbeitsvertrages.

Man kann nur bewundern, wie gut der Respekt vor der Person und ihrem Rhythmus und die verschiedenen Etappen im Verlauf des Rufens miteinander verbunden sind. Das Fingerspitzengefühl des Pfarrers und seine pastorale Erfahrung spielen hier eine wichtige Rolle. Dieses positive Beispiel darf allerdings die schmerzhaften Erfahrungen nicht verdecken, die sonst auch gemacht werden können. Keiner von uns ist frei von Fehleinschätzungen. Schließlich sind in Situationen wie der Krankenhaus- oder Gefängnisseelsorge außer der Kirche auch andere Institutionen und eventuell öffentliche Instanzen mit beteiligt. Das kann zu Konflikten, aber vor allem auch dazu führen, dass die evangelische Berufung nach dem Muster der professionellen Rekrutierung verläuft.

Anerkennung, Sendung und Feier

Nach der Zeit der Weggenossenschaft, nach der an die jeweilige Person gerichteten Frage bzw. dem „Geständnis" sowie nach der Überlegung und dem Einverständnis aller beteiligten Instanzen bilden die offizielle Anerkennung und die Sendung eine vierte Phase im Verlauf des Rufens. Die Verfasserin der Erzählung bedauert das Fehlen einer liturgischen Feier; und sie hat Recht. Bei dieser Sendungsliturgie geht es allerdings nicht nur darum, „gegenüber der Pfarrei" oder einer Gemeinschaft ein „Zeichen der Anerkennung für die neu berufenen Personen" zu setzen. Es ist viel grundlegender der einzige Weg, sie mit dem apostolischen Ursprung jeglicher Sendung zu verbinden. Die Sendung ist in der Tat der „institutionelle" Akt schlechthin; er erlaubt, konkret und sakramental zum Ausdruck zu bringen, dass keine von uns in ihrem eigenen Namen Gegenwart des Evangeliums sein kann.

Claire beendet ihre Erzählung damit, dass sie da ist, „einfach im Namen meiner Taufe und meiner Firmung. Ich bin Zeichen einer Kirche, die jenen nahe sein will, die körperlich und seelisch leiden." – Sie sagt das zu Recht, denn die Taufe und vor allem die messianische Salbung bei der Firmung machen aus der Christin eine Gesandte des Reiches Gottes in ihrem täglichen Umfeld. Allerdings kann man sich fragen, ob ihre Anwesenheit im

Krankenhaus „im Namen Christi" und als Gesandte des Bischofs, um „Zeichen einer Kirche" zu sein, die bestimmten Menschen „nahe sein will", nicht im Grunde etwas ist, was das Amt des Apostels definiert.

Die Ausbildung beginnen und die Früchte der Mission „zurückbringen"

Eine letzte Phase – vielleicht die längste – beginnt oft lange vor dem Ruf und setzt sich nach der Sendung fort, um die ganze Existenz der Gesandten zu begleiten. In ihr geht es darum, stets zweierlei miteinander zu verbinden: die Ausbildung und die Fähigkeit, von dem, was sich bei der Ausübung der Sendung zuträgt, zu erzählen. In ihrem Bericht spricht Claire von ihrer Ausbildung in Gesprächsführung, die für ehrenamtlich Engagierte in der Krankenhausseelsorge verpflichtend ist. Es gibt natürlich auch andere Ausbildungen, die oft den Boden und manchmal auch das Netzwerk der Beziehungen liefern, in denen ein Ruf bzw. eine Berufung entstehen kann. Aber wenn die Sendung stattgefunden hat, kehrt sich die Ordnung der Dinge um: Die Art und Weise, wie eine Person ihren Ort in ihrer Sendung findet, bestimmt von nun an die Logik der Ausbildung.

Die Sendung – um mit ihr zu beginnen – ist in der Tat kein rein formaler Akt, sondern führt zu einer spezifischen Beziehung zwischen der Person, die sendet, und der, die gesendet wird. Das ist eine Beziehung, die eine gegenseitige „Anerkennung" bzw. ein „Geständnis" endgültig qualifiziert, auch wenn andere Menschen später diese Plätze einnehmen. Diese Beziehung findet allmählich ihre Gestalt in der Weise, wie die „Früchte" der Mission zu denjenigen zurückgebracht werden, die Christus im Vollzug des Sendens abgelöst haben (vgl. Apg 13,2 f. u. Apg 14,26 f.). Dieses Zurückbringen der Früchte kann in Form eines *Erzählens* geschehen: von Ereignissen und Überraschungen, die sich auf dem Weg zugetragen haben. Dabei wird das Erzählen sicherlich nach einer gewissen Zeit und aufgrund zunehmender Erfahrung von Analysen des Kontextes oder von der Diagnose einer bestimmten Situation (z. B. der Ort der Seelsorge in einem Krankenhaus) begleitet werden. Im Hintergrund der Erzählungen steht jedoch eine *viel grundlegendere Geste:* „Zurückzubringen", was auf dem Weg erlebt wurde, heißt auch, sich davon zu lösen, es zu schenken und so in die Eucharistie Christi einzubringen, dessen „Selbstauslieferung" Ursprung und Prototyp jeder Weitergabe ist. Indem die Gesandte es konkret tut, erkennt sie, dass sie das Evangelium „im Namen eines anderen" verkündet. Und sie findet dabei allmählich zur wahren Autonomie derjenigen, die „Gegenwart Christi" ist, weil er *in* ihr zum Leben kommt.

Die „Ausbildung" der gesandten Person baut also auf dieser wachsenden Freiheit in den Beziehungen auf, sie strukturiert und stärkt sie. Deshalb müssen wir auf allen Ebenen zwei Arten von Ausbildung unterscheiden, die notwendigerweise komplementär sind: einerseits eine spezialisierte methodische Ausbildung, die der von der Gesandten ausgeübten Arbeit entspricht, andererseits eine zutiefst evangelische Formung ihrer „Kompetenz". Diese ist es, die letztendlich zählt.

Alles in allem bekundet sich die Berufung einer Person in dem ganz speziellen Sinn, den dieser Begriff jetzt hat, durch die „Autorität", die andere ihr zuerkennen. Diese „Autorität", von der in den Evangelien so oft in Bezug auf Jesus selbst, die Zwölf und andere Dienende die Rede ist (vgl. Mk 1,22.27; 2,10; 3,15; 6,7; 11,27–33; 13,34), entwickelt sich, aber sie entsteht auch unmerklich, ohne jemals ein ausdrücklich von der Ausbildung angestrebtes Ziel zu sein. Die Autorität gehört in den Bereich der Gaben und offenbart, wenn sie von einer oder mehreren anderen anerkannt wird, dass der kirchliche Ruf das einzigartige „Charisma" einer Person wirklich erkennen und fördern konnte.

Orte und Pädagogiken

In dem gerade beschriebenen Prozess von Ruf und Sendung ereignen sich die Umkehr der Kirche und die Passung unserer Pläne und dessen, was Gott hier und jetzt gibt. Wir können uns jedoch nicht damit zufrieden geben. Denn die Personen, um die es hier geht, haben ihren Ort nicht nur im Netz einer Gemeinschaft, sondern auch im weit größeren Gewebe der Menschheit. Unser Ziel ist es, den Gemeinden und ihrer Umgebung zu helfen, in eine echte „Kultur der Berufung" einzutreten. *„Jeder Mensch* ist eine heilige Geschichte";[28] und in der Nachfolge Christi ist jede Christin dazu berufen, in den Dienst dieser vielfältigen und bunten Geschichte einzutreten, sei es in einer Gemeinde oder mehr oder weniger „verwaist" und „vagabundierend".

In „geistlicher" Hinsicht oder was die „Sinngebung" betrifft, sind unsere Gesellschaften wie trockene Schwämme, die beim ersten Tropfen aufgehen. Die Einzelnen haben weitgehend die Sprache verloren, was ihre eigene menschliche Identität betrifft. Sie warten auf Menschen mit der Fähigkeit, ihnen Worte dafür zu geben. Wo der allgemeine Individualismus nur beklagt wird, hindern wir uns daran, den überall vernehmbaren Ruf nach Nahrung zu hören, nach einer „spirituellen" Nahrung, die genießbar ist und umsonst

---

[28] Zeile aus dem Lied „Que tes œuvres sont belles" von Didier Rimaud (1922–2003) zu einer Melodie von Jacques Berthier (1923–1994).

geschenkt – oder anders und zum wiederholten Male gesagt: Es geht allein um die andere Person und ihre Berufung. Insofern wird eine pastorale Hauptsorge sein müssen, beziehungsfähig zu werden zu „wem auch immer" – und dafür entsprechende „Orte" und „Pädagogiken" zu haben.

Orte

Zwei Situationen oder Ausgangslagen können voneinander unterschieden werden. Wenn eine große Gemeinde – auf der einen Seite – über viele „Orte" im weitesten Sinn des Wortes verfügt, scheint sich das genannte pastorale Problem nicht zu stellen. Da sie über Mittel aller Art verfügt, kann sie in eine Logik der Spezialisierung eintreten, die der Verschiedenheit der Empfängerinnen des Evangeliums Rechnung trägt. Möglicherweise hat sich eine solche Gemeinde auch schon mit den Schwierigkeiten auseinandergesetzt, die eine solche interne Differenzierung zumindest teilweise hervorruft: Die verschiedenen Aufträge und Aufgaben sind immer weniger miteinander in Einklang zu bringen; die sich ergebenden Konflikte zu regeln, wird kompliziert; Freiwillige werden rar; in der Gremienarbeit schrecken die kirchlichen Ansprüche ab; gerade die reicheren Gemeinden neigen dazu, sich zu verschließen. Allein, trotz einer geduldigen und oft erfolgreichen, bewunderten und bewundernswerten Arbeit breitet sich ein Gefühl der Schwere aus. Die institutionelle Logik der einzelnen Sektoren wird unmerklich bestimmend. Und manch eine betrachtet mit Sorge den Graben, der sich zwischen der Kirche und ihrem Umfeld öffnet, und fragt sich, durch welches „Tor" die Neuheit des Evangeliums in den gesellschaftlichen Raum einbrechen kann.

Wenn aber – auf der anderen Seite – eine sehr kleine und vielleicht alternde Gemeinde über keinen „Ort" mehr verfügt außer der Kirche im Dorf oder im Wohnviertel und einige einladende Privathäuser, scheint die Situation ungleich schwieriger zu sein, zumindest für manche Beobachterinnen und auch einige ihrer Mitglieder. Nicht selten entwickeln jedoch gerade hier einzelne Personen eine neue Sensibilität, einen Geschmack am Elementaren des christlichen und menschlichen Lebens. Sie wertschätzen die einfachsten Mittel wie Aufmerksamkeit für die Nachbarschaft, Gastfreundschaft, die Unterstützung gemeinsamer Anliegen, das Vereinsleben, das Gemeinwohl der Nachbarschaft oder was auch immer. Ein am Evangelium orientiertes Leben entsteht „unten, an der Schwelle" und schafft die Voraussetzungen für eine neue Verbreitung der Botschaft, die immer neu gut ist, weil sie vom radikalen Gutsein des Lebens handelt.

Mein Ziel ist es nun nicht, den ersten dieser beiden Fälle zu kritisieren und den zweiten zu loben. Ich möchte nur für einen differenzierten Blick auf die geistliche Situation der christlichen Gemeinden werben und eine „dialektische" Sichtweise vorschlagen, die es erlaubt, in eine Bewegung kirchlicher Umkehr einzutreten – ausgehend von dem Punkt, an dem eine jede steht. Eine Gemeinde mit starker „institutioneller Dichte" muss ständig darauf achten, sich nicht selbstgenügsam nur auf sich zu beziehen. Eine kleine und mittellose Gemeinde kann sich, statt sich zu beklagen, immer fragen, ob sie ihre wahren Reichtümer genügend wahrnimmt und sie fruchtbar werden lässt.

Wir haben bereits vom Interesse der französischen Bischöfe an der „Erstverkündigung" gesprochen. Das *Nationale Dokument zur Orientierung der Katechese in Frankreich* ist ein schönes Beispiel für diese „dialektische" Sicht: Darin ist zwar von institutionellen „Orten" die Rede, aber ausgehend von dem, was sich an diesen Orten ereignen kann, und unter welchen Bedingungen das Evangelium an ihnen gegenwärtig werden kann.

> Wenn wir die Familie, die Schulen, die Bewegungen *aufrufen*, eine Praxis der Erstverkündigung zu entwickeln, fordern wir sie damit nicht etwa auf, das, was ihre *eigentliche Berufung* ist, aufzugeben. Vielmehr meinen wir, dass sie durch ihre besondere Stellung als Lebensorte mehr als andere Lebensbereiche der Kirche fähig sind, diesen Teil katechetischer Verantwortung zu übernehmen.
>
> Alle sind zunächst dazu *berufen*, ein Klima zu schaffen, das Lust macht, weite zugehen: indem Personen echte Aufmerksamkeit geschenkt wird; indem Wegbegleiter gefunden und ausgebildet werden, die aus dem Glauben leben; indem Sorge getragen wird, dass die Beziehungen von besonderer und ständig überprüfter Qualität sind. Dies sind unabdingbare Voraussetzungen für eine Erstverkündigung. Ohne Übereinstimmung zwischen dem, was gelebt, und dem, was verkündet wird, ohne Räume, in denen die Verkündigung konkret und authentisch erfahren wird, kann der Dienst am Wort nur schwer wahrgenommen werden.[29]

Man kann sich über einen gewissen „strategischen" Ton im Ganzen des Dokuments wundern. Aber es listet nicht nur die wesentlichen „Orte" für menschliches Wachstum auf – Familienleben, Erweckung zum Glauben der Kleinkinder, Schulen und viele andere „Orte" des Lebens (man hätte auch die Ehevorbereitung oder die Begleitung am Lebensende erwähnen können). Es nennt *auch* einfache Voraussetzungen, damit diese „Orte" sich mit

---

[29] Vgl. Conférence des évêques de France: Texte national pour l'orientation de la catéchèse, 44.

einem vom Evangelium geprägten Leben erfüllen: Aufmerksamkeit für die einzelne Person, Kompetenz in der Begleitung, Qualität der Beziehungen und vor allem die Kohärenz zwischen dem Evangelium und einer Lebensweise. Das Beispiel der Familie ist sehr aufschlussreich:

> Man kann kaum eine Familie *rufen*, damit sie die Verantwortung für die Erstverkündigung übernimmt, ohne vorher all das in ihr wertzuschätzen, was bereits ein Anknüpfungspunkt für das Evangelium ist: Zeit miteinander verbringen, die Mahlzeiten gemeinsam einnehmen, sich um Kranke und Arme kümmern, Dienste miteinander teilen, Gastfreundschaft leben ..."[30]

Damit diese wertvollen Hinweise nicht zu einem Gemeinplatz werden und damit sie in unseren Gemeinden Frucht bringen können, muss ihr letztes Ziel im Gedächtnis bleiben: die „Zeugung" des „Glaubens" im menschlichen und eventuell christlichen Sinn des Wortes und den Zugang einer jeden zu ihrer eigenen Berufung. Es geht um die Bedingungen für eine echte „Kultur der Berufung". Wie in den Evangelien ist auch hier die *Begegnung* der prägende Anfang, sei sie zufällig oder angestrebt. Wie viele echte Begegnungen können sich *unerwartet* ergeben, wenn man die Kinder zur Schule bringt, vor dem Klassenzimmer mit einem Schüler oder während der Mittagspause mit einer Kollegin spricht, beim Verlassen des Büros, auf dem Markt? Alle Begegnungen können für jene, die es versteht, der anderen zuzuhören, zur Gelegenheit für einen kurzen, aber nicht oberflächlichen Austausch werden. Was sich nach dem Ende einer Sitzung ereignet, kann wichtiger sein als alles, was in ihr gesagt wurde; das weiß jede. Manchmal beschließt ein Priester, eine Pastoralbeauftragte oder sonst jemand, *gezieltere Besuche* zu machen, allein oder zu zweit, in einem Viertel, einem Dorf oder einer Stadt, und sich im Namen der katholischen Gemeinde vorzustellen – ohne eigentliches Ziel, einfach nur, um Kontakt aufzunehmen, eventuell mit einer unaufdringlichen Einladung oder einem Flugblatt. Es ist eine Möglichkeit, sich der anderen gegenüber verletzlich zu machen. Nur dann können Ereignisse wie ein Trauerfall oder glückliche Nachrichten wie eine Geburt mitgeteilt werden. Vielleicht kommt es einfach zu einer Stille, zu einer Erklärung, einem guten Wort. Manchmal genügt schon ein freundliches „Auf Wiedersehen!", wenn die kaum geöffnete Tür sofort wieder geschlossen wird.

Diese stets unvorhersehbaren, immer neuen Begegnungen haben sehr einfache Merkmale. Das Schlüsselwort ist die „Präsenz": „Präsent"-Sein heißt, nicht abgelenkt oder „abwesend" zu sein. „Präsent"-Sein heißt auch,

---
[30] Ebd., 45.

sich auf ein Geben zu verstehen, das sich nicht aufdrängt. Diese „Präsenz des Evangeliums" kann abgelehnt werden, gewiss. Aber *sie lässt sich erkennen* an der Fähigkeit, die andere zum Sprechen zu bringen, ihre Geschichte wachzurufen, ihr zu erlauben, sich zu beklagen oder ihre Freude zum Ausdruck zu bringen. Kurz, diese Präsenz des Evangeliums ist eine Quelle von Lebens- „kraft" (*dynamis*, sagt die Schrift; vgl. Mk 5,30). Manchmal kommt sie sogar in einem Wort der Bewunderung für den Glauben der betreffenden Person zum Ausdruck – einen ganz und gar einfachen menschlichen „Glauben", der als mutiger Weg, durch das eigene Leben zu gehen, erkannt wird: „Geh, *dein* Glaube hat dich bis jetzt gerettet und wird dich weiterhin retten." Das sagte Jesus denen, die zu ihm kamen, um geheilt zu werden.

Es gehört auch zur Eigenart dieser Begegnungen, dass sie den Wunsch nach weiteren Begegnungen derselben Art wecken, als ob hier und jetzt ein radikales Gutsein aufgetaucht wäre, das sich über den Augenblick hinaus mitteilt – durch eine Ausstrahlung und ein Weitererzählen, die anziehend wirken. Ein Raum hat sich geöffnet, wo das Evangelium vom Reich Gottes gehört werden und eine Sehnsucht nach Gott entstehen kann. Nicht selten ist diejenige, die zur Ursache eines solchen „Ereignisses" geworden ist, selber überrascht. So gelangt sie zu einer *größeren Aufmerksamkeit* für das, was in diesen Begegnungen geschehen kann. Wenn sie echt sind, wenn zwei einzigartige Menschen einander begegnen und authentisch über das sprechen, was Lebenskraft oder Leiden für sie ist. War Jesus nicht fähig, sofort zu sehen, was sich ereignet hatte? „Im selben Augenblick fühlte Jesus, dass eine Kraft von ihm ausströmte, und er wandte sich im Gedränge um und fragte: Wer hat mein Gewand berührt?" (Mk 5,30)

Die meisten dieser Begegnungen sind *flüchtig*; und das ist gut so. Wie in den Evangelien kann sich etwas Entscheidendes und Endgültiges in einer sehr kurzen Zeitspanne ereignen. Dann nimmt jede ihren Weg wieder auf, ohne dass es notwendig wäre, eine gemeinsame Antwort auf das zu geben, was gerade geschehen ist. Vielleicht lebt diejenige, die einen Augenblick lang „Präsenz des Evangeliums" war, diesen Augenblick als eine Art Loslösung vom anderen – das ist ein Zeichen der Bedingungslosigkeit ihrer Geste. Aber manchmal folgt auf eine erste Begegnung eine andere und noch viele andere. Eine löst die andere ab, eine *Kontinuität* in der Zeit entsteht. Gemeinden mit größerem institutionellem Gewicht sollten diese „Öffnungen" für flüchtige Begegnungen pflegen. Kleinere Gemeinden dagegen, die fast ausschließlich auf dem gründen, was ihnen ganz unerwartet geschieht, sollten über die „Kontinuität" nachdenken, die sie ermöglichen könnten.

Zu den „Orten", die möglicherweise eine solche Kontinuität entstehen lassen, gehören bestimmte Bibelgruppen,[31] von denen nicht wenige in der letzten Zeit entstanden sind. Eine Person lädt Freundinnen oder Zufallsbekanntschaften zu sich ein und schlägt vor, gemeinsam Texte des Evangeliums zu lesen. Gerade ein Zusammenkommen sowohl von befreundeten als auch fast noch unbekannten Personen, von Menschen aus verschiedenen sozialen Milieus, mit unterschiedlichen Vorstellungen vom Glauben und von der Kirche, kann ein Klima schaffen, in dem jede sich zutiefst respektiert und auf einer Ebene angesprochen fühlt, auf der es um sie selbst geht. Die Häufigkeit der Treffen (ein Abend pro Monat oder an einem Samstagnachmittag von Zeit zu Zeit) ist ebenso wichtig wie der Geist des Ortes, an dem die Gruppe zusammenkommt: ob Haus oder Wohnung, auf jeden Fall das „Zuhause" einer Teilnehmerin, ein guter Ort, um zu einer Gruppe zu werden, wo der Austausch miteinander im Zentrum steht. Der Rhythmus der Treffen wird durch den Text bestimmt. Manchen genügt es, diesen oder jenen Abschnitt unter der unaufdringlichen Leitung einer Person zu lesen, die Erfahrung damit hat. Häufig erkennt die Gruppe, dass das Lesen eines *ganzen* Evangeliums eine Chance ist. Die dafür benötigte längere Dauer erlaubt den Teilnehmerinnen, sich in Ruhe aneinander zu gewöhnen, und das als ein Ganzes gelesene Evangelium kann sich in der Gruppe ganz anders auswirken, festigend und überraschend zugleich. Und was geschieht nun im Lauf dieses gemeinsamen Lesens? Das Evangelium wird laut und langsam gelesen, dem Gang des Erzählens durch den Evangelisten entsprechend. Jede will einfach „hören", was der Text sagt, will ihn „sprechen lassen", und so wie jede ihn hört, bereichert es das Verständnis aller. Auf diese Weise lässt der Text des Evangeliums nach und nach das Sprechen einer jeden hervorkommen: ein Sprechen, das ganz und gar einmalig und erfahrungsgesättigt ist – und geprägt durch den gemeinsam zurückgelegten Weg und das, was auf diesem Weg von der persönlichen Existenz einer jeden offenbar wurde.

Wenn diese Gruppen durch Personen zustande kommen, die Erfahrung mitbringen, brauchen sie nur eine geringe Begleitung. Die „Moderatorin" muss sich bewusst sein, dass mit einem so monumentalen Dokument wie der Bibel eine Versuchung verbunden ist – die Versuchung nämlich, eine „Lehre" *über* den Text zu erwarten oder zu geben, statt zu glauben, dass es möglich ist, ihn anzugehen, einfach indem man ihn *aufmerksam und mit Methode* liest. Die Aufgabe der Begleiterin liegt eben hier: der Gruppe zu helfen, in den Text einzutreten, so wie er ist, und sich bei Fragen zu „kul-

---

[31] Im Französischen heißen diese Gruppen *groupes d'Évangile*, „Evangeliumsgruppen", da sie sich, wie im Folgenden erläutert wird, insbesondere ausgehend von Texten der Evangelien bilden.

turellen" oder „historischen" Aspekten der Anmerkungen der Bibel[32] zu bedienen – wobei hier und da ruhig Präzisierungen vorgenommen werden können. Der Respekt vor dem Text *und* vor der Autonomie einer jeden Leserin erzeugt ein *Klima von Absichtslosigkeit* und formt nach und nach eine Gruppe, die auf der Weggenossenschaft ihrer Mitglieder gründet. Dann kann sich die Aufmerksamkeit für das entwickeln, was in jeder Einzelnen vor sich geht. Es ist ja gar nicht anders möglich, als dass der Text sich auswirkt. Die einen lädt er ein, sich darin prägen zu lassen, wer sie einfach als Menschen sind; die anderen identifizieren sich vielleicht mit Figuren auf dem Weg Jesu, von denen das Evangelium erzählt.

Unversehens sind wir wieder beim Charisma bzw. bei der einzelnen besonderen Berufung einer jeden angekommen! Sie zu entdecken in der Begegnung mit dem biblischen Text, Weggefährtinnen zu finden, die wach genug sind, um wahrzunehmen und zu hören, was die andere erlebt, und ihr zu spiegeln, was der Text von ihrer Identität offenbaren will – das ist das wichtigste Geschenk dieser Begegnungen. Es ist so unverhofft, wie es doch zugleich von langer Hand vorbereitet wurde, nämlich durch die Beachtung eines Minimums an Voraussetzungen. Für die einen wie die anderen Typen von Gemeinden – für Gemeinden mit einem stärkeren institutionellen Gewicht wie auch für institutionell eher schwache, auf sporadische Begegnungen angewiesene Gemeinden – können diese Orte zu einer wichtigen Quelle werden, durch die das Evangelium unvorhersehbar einbricht und spirituelle „Kontinuitäten" entstehen, die etwas ganz anderes sind als institutionelle Kontinuitäten. Kirchliche Umkehr und eine „Kultur der Berufung" beginnen nur um diesen Preis.

Eine je angemessene Pädagogik

Es erweist sich also als notwendig, eine den verschiedenen Orten jeweils angemessene Pädagogik zu erfinden oder wieder zu beleben. In ihrer langen Geschichte hat die Kirche Zeiten großer pädagogischer Kreativität gekannt. Denken wir nur an die Arbeit der Katholischen Aktion oder der katechetischen Erneuerung im 20. Jahrhundert. Wir haben im letzten Kapitel bereits Bezugsfelder vorgestellt: Es geht um den eigenen einmaligen Weg. Es geht darum, ihn in Beziehung zu großen biblischen Berufungsfiguren zu setzen, und es gilt, diesen Weg einzuschreiben in die Geschichte der Kirche. Wir

---

[32] Unter den deutschen Ausgaben entspricht den hier verwendeten Bibeln die „Jerusalemer Bibel" mit ihren Erläuterungen, die es seit 1968 gibt, sowie die Ausgaben „Stuttgarter Altes Testament" und „Stuttgarter Neues Testament".

greifen diese Bezugsfelder hier nach einmal auf, allerdings in einer anderen Reihenfolge, um ihre Pädagogik besser hervortreten zu lassen: eine Pädagogik, die wahrnehmen hilft, was sich „draußen" vor den Toren der Gemeinde ereignet und Menschen öffnet für Begegnungen mit dem Evangelium sowie für eine menschliche und geistliche Kontinuität.

1. Das Lesen der Heiligen Schrift ist ein erster Pol dieser Pädagogik. Das haben wir von Beginn an praktiziert, und zwar mit der Lektüre der Berufungsgeschichten des Alten und Neuen Testaments und später mit der Lektüre jener Abschnitte aus den Paulusbriefen, die sich mit dem Charisma und den Charismen beschäftigen. Es geht um eine Lektüre in der Perspektive der Berufung oder allgemeiner um eine anthropologische Lektüre des biblischen Textes. Dabei wird schrittweise integriert, was in einer Person vorgeht, die durch die Lektüre in die Beziehung zwischen Jesus Christus und denen, die ihm folgen oder ihn nachahmen, eingeführt wird. Wir sind insbesondere aufmerksamer geworden für den Übergang, den immer überraschenden Übergang *von der Lektüre eines Textes zum Hören einer „Stimme"*, der „Stimme" Gottes selbst, und für die Bedingungen des Hörens. Die Bibelgruppe ist eine konkrete Art und Weise, durch die „Tür zum Glauben" (Apg 14,27) einzutreten.

2. Damit eng verbunden, besteht ein zweiter Pol dieser Pädagogik darin, den Frauen und Männern, die durch diese „Tür" gehen, dabei zu helfen, ihr inneres Leben zu wecken und zu formen. Auch hier können wir auf frühere Hinweise zurückgreifen. Wir haben auf der Erfahrung des *Hörens* bestanden – des Hörens auf die anderen und des absolut ursprünglichen Hörens der „Stimme" Gottes. Wir haben die Erfahrung des *Sehens* nachgezeichnet – des Sehens jener, die uns im Menschsein und im Glauben vorangegangen sind und uns durch ihr Leben ermutigen, den Weg unseres absolut einmaligen Abenteuers bis ans Ende weiterzugehen. Auf diese Weise hat sich nach und nach die entscheidende Begegnung mit Christus vorbereitet. Schließlich haben wir die verschiedenen Etappen des Weges, der zur Innerlichkeit führt, erklärt und ein Vorgehen für diejenigen vorgeschlagen, die wichtige Entscheidungen im Hinblick auf ihre Berufung treffen müssen.

3. Das allmähliche Hineinwachsen in ein „sentire cum ecclesia" bildet den dritten Pol dieser Pädagogik. Gemeint ist die Entwicklung einer Weisheit, die ein Minimum an Geschichtsbewusstsein erfordert. Wer die der Schrift zugrundeliegende Geschichte entdeckt, wer beginnt, eine Vorstellung von der Entstehung der ersten Gemeinden zu bekommen, und sich dann auch eine zumindest umrisshafte Sicht der wichtigsten Phasen des zweitausendjährigen Weges der Kirche aneignet, diese Person versteht, warum manche Strukturen sowohl zu einer „göttlichen ‚An-ordnung'" als auch zu dem gehören, was hier und jetzt den Umständen entspricht. Sie erwirbt ein

Gespür für die Veränderungen, die heute notwendig sind, und auch eine liebevolle Geduld mit der menschlichen Langsamkeit – eine geistliche Haltung, die jeder wirklichen Kreativität zugrunde liegt. Dieser dritte Pol einer Pädagogik der „Tür" öffnet die „subjektive" und relationale Perspektive der beiden ersten Pole und verwurzelt sie in einem konkreten Lebenskontext, einer historischen oder gegenwärtigen Vor-Ort-Realität, einem „Galiläa" der menschlichen Geschichte.

Leiden ... auf dem Weg ... in Gemeinschaft mit anderen

Wir nehmen hier die Schlüsselworte der letzten beiden Kapitel noch einmal auf, um die Einheit des Weges sichtbar zu machen, den wir zurückgelegt haben. Wir lesen diesen Weg im historischen und kirchlichen Kontext des letzten Kapitels. Da war die Verzweiflung derer, die meinen, in ihrem tiefsten Innern einen Ruf gehört zu haben, und unter dem Widerstand der Kirche leiden, die es ablehnt, diesen Ruf anzuerkennen. Da waren die Störungen, die daraus erwachsen, dass ein innerer Ruf und seine institutionelle Anerkennung so weit auseinandergehen.

Haben wir eine „Lösung" für die aufgeworfenen Fragen gefunden? Es wäre vermessen, das zu behaupten. Denn es kann sich nicht sofort um eine „Lösung" handeln, sondern zunächst um einen Weg, den wir mit anderen gehen und bei dem wir uns die Zeit nehmen, auf die angesprochenen leidvollen Erfahrungen des kirchlichen Leibes wirklich zu hören. Dieses geduldige Zuhören ist Teil der „Umkehr". Um nun dem Begriff „Umkehr" und der gemeinschaftlichen Erfahrung, die er wachruft, sein ganzes Gewicht zu lassen, wollen wir noch genauer ansehen, was dieser Prozess eigentlich meint.

1. Von „kirchlicher Umkehr" zu sprechen, kann nämlich eine unselige „Spiritualisierung" der angesprochenen Probleme bedeuten. So könnte man sagen, dass diese Umkehr eine ständige Forderung ist, dass sie – gemäß dem Wort aus dem Mittelalter – in einer „ständig zu reformierenden Kirche" (*Ecclesia semper reformanda*) geradezu strukturell ist, und dass sie daher jeden Morgen neu zu beginnen hat. Eine solche Aussage ist richtig, aber so allgemein, dass sie Gefahr läuft, kaum substantielle inhaltliche Änderungen anzustoßen und letztlich toter Buchstabe zu bleiben. Die angesprochenen Leiden und Störungen verlangen von uns konkrete Schritte: Zuerst müssen wir eine genaue Diagnose der Symptome erstellen. Dann steht unsere gemeinsame Verantwortung auf dem Spiel. Wir müssen das geschichtliche Gedächtnis der Kirche geltend machen und der Kreativität des kirchlichen

Leibes in seinen vielen verschiedenen Gliedern neuen Schwung geben. Das wiederum verlangt von uns, über die „pädagogischen" Voraussetzungen nachzudenken, die eine geduldige und langsame Veränderung unserer erworbenen Gewissheiten erlauben. Das sind nach meiner Meinung die notwendigen Schritte in einem Prozess, der den Namen „kirchliche Umkehr" verdient.

2. Diese Umkehr kann nur in einer Weggenossenschaft gelebt werden, die viel von uns verlangt. Im Unterschied zur Freundschaft und ähnlichen Affinitäten entsteht die Weggenossenschaft durch die gemeinsame Sorge um das Evangelium. Sie muss daher gewissenhaft und mutig sein. Die Mitglieder einer selben Gemeinschaft oder Gruppe haben u. U. sehr unterschiedliche Tendenzen und Neigungen, und es ist nicht leicht, damit umzugehen. Sie zwingen uns aber auch zu tun, was wir gerade gefordert haben: Symptome von Fehlfunktionen ernst zu nehmen, sie richtig zu analysieren und sie in einer gemeinsamen Verantwortung zu tragen. Das verlangt, jegliche Ausübung von „Macht" der einen über die anderen zu vermeiden und Voraussetzungen für einen gemeinsamen Prozess der Beratung zu schaffen, bei dem jede „Stimme" bis zum Ende gehört und respektiert wird. Zweifellos ist das eine „Utopie", ebenso wie unser Wunsch, eine „Kultur der Berufung" entstehen zu lassen. Doch es ist eine notwendige Utopie, wenn die Kirche durch ihre Schriften und durch das Wort Gottes bis zum Ende etwas lernen will.

3. Nur wenn diese Voraussetzungen einer gemeinschaftlichen Umkehr ernst genommen werden, haben wir das Recht zu sagen, dass wir „auf dem Weg" und „unterwegs" sind – im demütigen Bewusstsein, dass wir mit Veränderungen konfrontiert sind, die uns übersteigen, und mit einer Haltung der Geduld, die diesen Umständen entspricht.

Schlusswort

Zu Beginn dieses Buchs stand der Brief von Sylvain, der von seinen Erlebnissen an einem Sommersonntag in einer ländlichen Gegend Südfrankreichs erzählt. Durch das unvorhergesehene Fehlen des Ortspfarrers hatte er entdeckt: Die Gemeinde, die ihren Pastor erwartete, war auch ohne ihn lebendig. Einige Christen waren fähig, auf der Stelle das zu tun, was zu tun war. Der abwesende Priester hatte seine Pfarrei so geleitet, dass sich das Ereignis dieses Sonntagmorgens zutragen konnte.

Was hat die Fähigkeit dieser Gläubigen, so zu reagieren, zum Vorschein kommen lassen, und was kann dazu beitragen, dass ihr Handeln Zukunft hat? Das haben wir uns mit Sylvain gefragt. Nehmen wir, wenn wir über den „Mangel an Berufungen" klagen, ausreichend wahr, was Gott uns Tag für Tag gibt? Die Kirche ist zum Dienst an den Menschen da; und ihr „Grundwasser", die „menschlichen Ressourcen", die sie mit der ganzen Menschheit teilt, sind für jede Generation das, was diese ausmacht. Wenn unsere Gemeinden lernen, die Berufungen zu erkennen und sie anzunehmen, werden die Gemeinden zum „Subjekt" ihrer eigenen, von Gott her gegebenen Bestimmung. Unsere Überlegungen wollen sie auf diesem Weg begleiten.

Die Frage der Berufung stellt sich in diesem größeren spirituellen und historischen Zusammenhang. Wir sind ihr mit einer *doppelten Haltung* begegnet: Die eine ist *eher aktiv, willensmäßig*. Es geht darum, die verschiedenen Dimensionen von „Berufung" zu unterscheiden und zum Verständnis der entsprechenden Erfahrungen beizutragen. Das Buch will dem Leser helfen, seinen eigenen Weg zu finden, und den Gemeinden darin beistehen, eine wirkliche Kultur des Rufens heute zu entwickeln. Die andere Haltung ist *eher passiv, Gott-„ergeben"*. Sie besteht darin, die uns gegebenen „Früchte" des menschlichen und christlichen Lebens aufzunehmen und zu versuchen, von innen her ihr Verhältnis zur göttlichen Quelle, zur „Stimme" Gottes selbst, zu verstehen. Diese Stimme erklingt heute wie gestern in einer biblischen „Ahnenreihe", in der die Letzten – also wir – sich als Erben der Ersten, ja des Ersten, Christus, verstehen. Damit sind wir auch Erben dessen, was Christus an den Seinigen getan hat, als er sie dazu befähigte, andere in ihre Nachfolge zu rufen und so von Generation zu Generation Berufene hervorzubringen bis hin zu uns selbst: Der Baum ist an seinen Früchten zu erkennen (vgl. Mt 7,16–20).

In einem aktiven Angang haben wir die Schriften des Alten und Neuen Testaments unter die Lupe genommen und ihre Berufungserzählungen gelesen (I). Mit dem II. Vatikanischen Konzil haben wir uns unserer menschlichen Berufung genähert: der geheimnisvollen Tatsache, dass sie je einmalig und einzigartig ist, und der besonderen Form, die ihr die christliche Berufung gibt (II). Wir haben die Überfülle an Charismen als vielfältigen Ausdruck der einen christlichen Berufung bewundert. Dabei sind wir uns bewusst geworden, dass zu ihrer Entfaltung eine „göttliche Vorgabe" gehört, die immer dieselbe ist, während die vielfältigen Charismen so verschiedene Ausprägungen annehmen, wie bei ihrer Vermehrung zutage treten (III). Wir haben verstanden, wie viel Unterscheidungsarbeit nötig ist, um die Berufungen festzustellen: Sie betrifft *sowohl* den von Einzelnen tief in ihrem Innern gehörten Ruf *als auch* die Modelle von Berufungen, die sich in der Geschichte der Kirche ausgebildet haben und mit deren Hilfe die Kirche eine persönliche Erfahrung bestätigt oder ihrerseits Menschen ruft. Die „Passung" zwischen dem Geist, der in jedem spricht, *und* dem, der die ganze Kirche belebt, ist nicht von vornherein gewährleistet. Noch weniger jetzt, in Zeiten großer kultureller Veränderungen! Diese Polarität ist so entscheidend, dass wir die Berufung zunächst aus der Sicht des Einzelnen und seines Weges (IV) und dann aus der Sicht der christlichen Gemeinden und ihrer Fähigkeit zum Rufen, behandelt haben (V). Um auf das Erstaunen von Sylvain zu antworten, müssen wir über die *Bedingungen* einer „kirchlichen Umkehr" nachdenken, die gleichermaßen die Einzelnen *und* die Gemeinschaft der Gläubigen insgesamt betrifft.

Ich spreche hier von „Bedingungen", weil sich uns das Ereignis selber: diese kollektive Umkehr und das individuelle Hören, radikal entzieht. Es ist nicht programmierbar und ereignet sich überraschend. Das Ereignis der Umkehr gehört zur passiven Seite unseres Ansatzes. Es hat damit zu tun, sich Gottes Willen zu überlassen. Das liegt außerhalb dessen, wovon dieses kleine Buch handelt. Ich habe versucht, den Leser darauf hinzuweisen und ihn eingeladen, nach und nach in die Erfahrung der Kontemplation einzutreten. Diese besteht darin, in immer größerer Gelassenheit und Hingabe die „bereits gegebenen" Früchte des Lebens wahrzunehmen und einzusammeln, zu ihrer Quelle zurückzugehen und die eigene Existenz so zu ordnen, wie es sich aus dieser Betrachtung ergibt.

So können wir ständig neu zu hören und zu sehen lernen: Lernen, die Stimme des anderen und die unendlich diskrete Stimme Gottes zu hören (I). Lernen, die „Übersetzer" zu sehen, Christus selbst mit den Seinen, die uns zu einem anderen Ufer führen (II). Und in dem Maße, in dem unser Gehör und unser Blick wieder hergestellt werden und wir so Zugang bekommen zum Menschsein, das wir mit allen gemeinsam haben, können die „Talente" und besonderen „Charismen" jedes Einzelnen hervortreten – mit ihren Stärken und Reichtümern, aber auch mit ihren Grenzen, ihren Risiken und Gefahren (III). Dann stellt sich die Frage nach der persönlichen Orientierung, nach dem konkreten Weg nicht mehr rein individuell oder in bloßer Konformität mit den von außen vorgegebenen Modellen. Sie stellt sich mitten in der Betrachtung der uns umgebenden Charismen und des geheimnisvollen Aufbaus eines sozialen und gesellschaftlichen Körpers, der immer in Bewegung ist (IV). Eine solche Betrachtung hat immer zu geschehen, auch und gerade wenn es um eine Kirche geht, die in einem schmerzhaften Wandlungsprozess steht (V).

Diese kontemplative Atmosphäre hatte mich in dem Brief von Sylvain berührt. Die Antwort dieses Buches kann ihn nur ermutigen, alle Konsequenzen aus seiner schönen Erfahrung zu ziehen. Heute sind uns Ressourcen gegeben, die wir zuerst sehen und dann willkommen heißen und dann begleiten müssen.

Anhang:
Brennendes Interesse am Alltag der Menschen

[D]en Akzent auf den beliebigen Vorgang ... legen, ihn nicht im Dienst eines planvollen Handlungszusammenhangs [auswerten], sondern in sich selbst; wobei etwas ganz Neues und Elementares sichtbar [wird]: eben die Wirklichkeitsfülle und Lebenstiefe eines jeden Augenblicks, dem man sich absichtslos hingibt. Das, was in ihm geschieht, mögen es äußere oder innere Vorgänge sein, betrifft zwar ganz persönlich die Menschen, die in ihm leben, aber doch auch eben dadurch das Elementare und Gemeinsame der Menschen überhaupt; gerade der beliebige Augenblick ist vergleichsweise unabhängig von den umstrittenen und wankenden Ordnungen, um welche Menschen kämpfen und verzweifeln; er verläuft unterhalb derselben, als tägliches Leben. Je mehr man ihn auswertet, desto schärfer tritt das elementar Gemeinsame unseres Lebens zutage.... [E]s ist noch ein langer Weg bis zu einem gemeinsamen Leben der Menschen auf der Erde, doch das Ziel beginnt schon sichtbar zu werden ...[33]

Soweit die Abschlussüberlegungen von Erich Auerbach in seinem zwischen 1942 und 1945 in Istanbul entstandenen Werk „Mimesis" über die „Dargestellte Wirklichkeit in der abendländischen Literatur", dessen letztes Kapitel eine Episode aus Virginia Woolfs Roman „To the Lighthouse" aus dem Jahr 1927 kommentiert.

Ich beginne meine theologisch-pastoralen Gedanken über den Alltag der Menschen nicht nur deshalb mit diesem Zitat, weil es auf eine sehr eindrucksvolle Weise unser heutiges Ethos vorwegnimmt, sondern auch weil Auerbach eine genealogische Beziehung zwischen unserem Interesse am täglichen Leben und den biblischen, vor allem neutestamentlichen Erzählungen herstellt. Seine Theorie der europäischen Literatur zeigt – dies sei kurz vorangestellt – wie der Realismus der Bibel die antike und klassische Lehre von den stilistischen Höhenlagen umstürzte: die Regel, „nach welcher das alltägliche und praktisch Wirkliche nur im Rahmen einer niederen oder mittleren Stilart, das heißt entweder als grotesk komisch oder als angenehme, leichte, bunte und elegante Unterhaltung" erscheinen kann.[34] Auerbach unterscheidet zwischen zwei Arten von Realismus und Umstürzung der antiken und klassischen ästhetischen Theorie, zwischen dem modernen Realismus, der sich seit Beginn des 19. Jahrhunderts mit Balzac und Stendal seinen Weg sucht, und der antiken christlichen Darstellung der Wirklichkeit, die zwar weiterhin der „Typologie" eine gewisse Rolle zuweist (was in der Moderne so nicht mehr denkbar ist), vornehmlich aber an der „Entstehung

---

[33] Auerbach, Erich: Mimesis. Dargestellte Wirklichkeit in der abendländischen Literatur, Tübingen [11]2015, 513 f.
[34] Ebd., 515.

einer geistigen Bewegung", so heißt es in Mimesis, „in der Tiefe des alltäglichen Volkes, mitten aus dem zeitgenössischen alltäglichen Geschehen heraus", interessiert ist.[35]

Der von Auerbach mit einigen Strichen antizipativ gezeichnete Alltagsmensch stellt eine, vielleicht die entscheidende Herausforderung an die heutige kirchliche Pastoral dar. Deshalb gehe ich nun von der, auch von Auerbachs „Mimesis" nahegelegten Hypothese aus, dass eine den Alltagsmenschen vergessende Pastoral eine bestimmte, einseitig dogmatisch und liturgisch zentrierte Lektüre der Schrift impliziert, während sich die im französischen Sprachraum entwickelte „pastorale d'engendrement", die „zeugende Pastoral", aufgrund ihres Interesses am Alltagsmenschen vor allem den synoptischen bzw. den biblischen Erzählungen insgesamt *als* Erzählungen verpflichtet weiß. Die Interpretation der Schrift und die innerkanonische Wägung des Gewichts, das man unterhalb ideologischer Harmonisierungen – der „umkämpften Ordnungen", wie Auerbach sagen würde – einzelnen Teilen, Stilen und Augenblicken der biblischen Texte zumisst, hat in der Tat entscheidende theologisch-pastorale Implikationen. Die Vermittlung zwischen einer dem Alltag dienenden Pastoral und der so gelesenen Schrift lässt sich allerdings nur – so meine ich – über eine biblisch-spirituelle Haltung herstellen, die ich mit dem Begriff des „brennenden Interesses" anvisiere: *Brennendes Interesse am Alltag der Menschen.*

Damit ist aber bereits angedeutet, dass es in der am Alltag orientierten „zeugenden Pastoral" zunächst nicht um ein neues Konzept geht. Man könnte ja einwerfen, dass es doch in unserer immer stärker aufgegliederten Gesellschaft durchaus alltagsbezogene Spezialisierungen der Pastoral gibt: Ehevorbereitung und -begleitung, Taufkatechese, Jugendpastoral, Schul-, Krankenhaus- und Gefängnisseelsorge etc. Nur stellt sich heute die Frage, ob wir in diesen Bereichen jeweils dem Alltagsmenschen begegnen oder lediglich dem wohlverstandenen Interesse unserer gesellschaftlich-kirchlichen „Ordnungen" dienen. Die „pastorale d'engendrement" reflektiert daher in erster Linie auf die pastorale Grundhaltung der Kirche und ihrer Akteure und erst in zweiter Linie auch auf den *modus procedendi,*die Vorgehensweise, die solcher Spiritualität entspricht, und die Orte und Zeiten des Dienstes – unser Galiläa und seinen spezifischen Kairos oder günstigen Augenblick. Ich vermeide dabei bewusst den Begriff des „Konzeptes" und zwar aufgrund seiner strategischen Bedeutung; ist doch das Grundanliegen der „zeugenden Pastoral" gerade die pneumatologische „Unterbrechung" unserer institutionellen Pastoralstrategien. Hier leuchtet der theologische

---

[35] Ebd., 46.

Hintergrund einer alltagsbezogenen Pastoral auf, den ich im abschließenden Teil meiner Überlegungen weiter bedenken werde. Aber zuerst:

Was kann man vom Alltag sagen?

1. Vielleicht zunächst ganz einfach, dass er „grau" ist; und das heißt, dass er einem gleichförmigen Ablauf unterworfen ist, dem sprichwörtlichen „tagtäglichen Einerlei", und dazu neigt, seine Farbe und sein Relief zu verlieren – vor allem heute, wo die immer stärkere Spezialisierung unserer Gesellschafts- und Kompetenzbereiche unsere privaten, beruflichen und gesellschaftlichen Beziehungssphären auseinanderdriften lässt, früher nie so gekannten Stress erzeugt und uns dazu führt, die innere Einheit unseres Daseins an unsere Tages- und Lebensrhythmen und -riten abzugeben.

2. Gleichzeitig sind fast alle strukturierenden Elemente unseres Lebens provisorisch geworden; der gewöhnliche Alltag verlangt so viel an Energie, dass der Gesamtzusammenhang unseres Lebens in den Hintergrund gerät und vielfach ganz aus dem Blick kommt. Scheinbar hat sich ein elementarer Wertekanon, eine Art Werteparallelogramm eingespielt, was viele Umfragen bestätigen: Der *erste* Wert ist „Gesundheit"; Krankheit und Altern sind Anzeichen eines nur schwer akzeptierbaren Scheiterns. Wirtschaftliche Sicherheit und ein einigermaßen gesicherter Arbeitsplatz stehen auf dem *zweiten* Platz; sie sind mit Anerkennung verbunden und garantieren die Teilhabe an den Errungenschaften unserer Konsumgesellschaft. Verlust des Arbeitsplatzes ist eine Katastrophe. Während Gesundheit und Arbeitsplatz Freiheit und Unabhängigkeit garantieren, kristallisiert sich *drittens* unsere instinktive Suche nach Sinn in Beziehungen, familiären Bindungen, Freundschaften. Einsamkeit, Isolierung und Zölibat sind vielfach negativ besetzt. *Schließlich* gehören noch die Freizeitbeschäftigungen, oftmals auch Flucht aus dem Alltag und das Abenteuer zu einem als gelungen angesehenen Leben. Nichts ist unerträglicher als Langweile und wir tun alles, um unserem tagtäglichen Einerlei neue Farbe zu geben.

3. Wenn auch der Alltag und die in ihn investierte Lebensenergie den Gesamtzusammenhang unseres Lebens weitgehend verhüllt, so gibt es doch immer wieder „Unterbrechungen", die ihn plötzlich auf das Gesamt des Lebens hin öffnen. Drei solcher „Unterbrechungen" können als strukturell angesehen werden.

Erstens sind da die „Krisen", die sich – mehr oder weniger gravierend – zwischen den einzelnen Phasen oder Zyklen unserer Lebensgeschichten melden, wenn sich ein labiles Gleichgewicht als nicht mehr tragfähig erweist und ein neues gefunden werden muss. Es gibt ein relatives Ungleichgewicht zwischen zwei Zuständen relativen Gleichgewichts: Das ist die medizinische Definition der „Krise", die mehr oder neues Leben möglich macht, aber auch fatal werden kann. *Zweitens* wird unsere jeweilige Lebensgeschichte von unseren Projekten in die Zukunft vorangetrieben: einen Arbeitsplatz finden oder wechseln, Beziehungen aufbauen, eine Wohnung finden oder ein Haus bauen, Fußball spielen oder eine Ferienreise planen; wir stoßen hier erneut auf unser Werteparallelogramm, da unsere Projekte weitgehend von unseren bewussten oder unbewussten Wertvorstellungen abhängen. Während wir die biologischen Phasen unseres Lebens eher passiv erfahren, sie dann aber – bis zu einem gewissen Punkt – positiv in unsere Lebensgeschichte integrieren können, hängen unsere Pläne von unserer eigenen Imagination ab. Aber auch in diesem Bereich gibt es „Unterbrechungen": bei weitem nicht nur das Scheitern eines Projekts, sondern auch sein Erfolg oder eine alle Erwartungen übersteigende Übererfüllung wie zum Beispiel die Geburt eines Kindes. Vielfach sind die „Unterbrechungen" unserer Pläne sehr subtil, da deren Verwirklichung auf Mitarbeit angewiesen ist und wir umgekehrt in die Pläne anderer „verstrickt" sind. Strategien werden entwickelt, aber auch kommunikatives Handeln, das den anderen nicht zum Mittel meiner Projekte macht, sondern die in unseren Beziehungen lauernden Missverständnisse und Gewalt zu überwinden weiß. *Drittens* wird unser Lebenslauf von einer Vielzahl unvorhersehbarer kleinerer und größerer Ereignisse „unterbrochen": eine Begegnung, sich verlieben – die französische Sprache unterstreicht den Ereignischarakter dieser Erfahrung: *On tombe amoureux*, man „fällt" in den Zustand des Verliebtseins! –, eine Erfüllung, in einen Unfall verwickelt sein, das große Los ziehen und was auch immer; kurz, die vielen „Zu-fälle", die unseren Lebensgeschichten nicht selten eine unerwartete Wendung geben.

Das tagtägliche Einerlei mit seinen Gewohnheiten und Riten kennt also durchaus „Unterbrechungen", in denen nicht selten das je meinige Leben oder das der anderen als Ganzheit „aufblitzt". Man hat das auch Eröffnungs- oder Erschließungssituationen genannt; im angelsächsischen Raum spricht man von *disclosure situations*.[36] Gemeint sind „Augenblicke" – im Sinne von Auerbach – oder mehr oder weniger kurze „Zeitfragmente", die wie durch ein Fenster das Leben als unverfügbaren Zusammenhang erscheinen lassen. Tod und Geburt, die beiden Grenzdaten allen Lebens, melden sich in dieser plötzlich sich öffnenden Lücke und erinnern daran, dass ich nur ein einziges Leben habe: Nicht gewählt, sondern zugefügt, ist es mir in diesen Augenblicken erneut zur Wahl gestellt. Gewiss kann man solche Momente unbe-

---

[36] Vgl. Ramsey, Ian T.: Religious Language. An Empirical Placing of Theological Phrases, London 1967, 15–28.

achtet lassen und in einen bereits geplanten „Handlungszusammenhang" eintragen. Man kann sich ihnen aber auch, wie das Auerbach andeutet, „absichtslos" hingeben; „wobei etwas ganz Neues und Elementares sichtbar" wird, wie er schreibt: „eben die Wirklichkeitsfülle und Lebenstiefe" eines solchen Augenblicks.[37]

4. Sich absichtslos dieser Erfahrung hingeben? Gestehen wir zu, dass das keineswegs so selbstverständlich ist, vor allem dann nicht, wenn die „Unterbrechungen" oder „Erschließungssituationen" negativ belastet sind und unserer Sinnfrage einen dramatischen Ton geben: Lohnt es sich wirklich zu leben? Weiterzuleben? Das mir zugefügte Leben – hält es sein Versprechen? Der reine Überlebenstrieb genügt hier nicht mehr; solches anerkennen, lässt „Lebenstiefe" sichtbar werden und ermöglicht das Entstehen eines elementaren Lebensglaubens. Paul Tillich nannte ihn einmal „Mut zum Sein".[38] Allerdings entsteht eine solche, nie ein für alle Mal gewonnene elementare Glaubens-„Überzeugung" nur dann in jemandem, wenn ihm ein: „Es lohnt sich wirklich!", von einem Mitmenschen glaubhaft zugesprochen wird. Vielleicht verbirgt sich diese paradoxe Beziehungsstruktur des Lebensglaubens im schönen Wort „Über-zeugung": In unserer vom Bösen geprägten Geschichte muss das „Zeugnis", das Leben, mein Leben und das des anderen seien „gut", ja sogar „sehr gut" – so das im biblischen Schöpfungsbericht enthaltene Protoevangelium – gleichzeitig „von außen" und „von innen" kommen.[39] Wenn sich dieser „Übergang" von „außen" nach „innen", dieses Zusammenspiel plötzlich mitten im Alltag ergibt und so „Überzeugung" entsteht, dann wird besagter „Augenblick" zu einem Kairos.

Alles hängt hier von der Art des Interesses ab, das jemand dem Alltag eines anderen Menschen entgegenbringt. Daher jetzt ein zweiter weiterführender Schritt:

Brennendes Interesse entwickeln

Der Gedanke, hier nicht nur von Interesse, sondern von einem „brennenden" Interesse zu reden, kam mir bei der Lektüre von Artikel 1 der Kir-

---

[37] Auerbach, Mimesis, 513.
[38] Vgl. Tillich, Paul: Mut zum Sein, Stuttgart 1953.
[39] Zum darin enthaltenen, auf das französische Wort *conviction* bezogene Wortspiel vgl. Theobald, Christoph: Evangelium und Kirche, in: Feiter/Müller (Hg.), Frei geben, 110–138, hier: 115: „Der Begriff ‚con-viction' (Überzeugung) sagt schon durch seine Wortherkunft, dass es sich hier um einen Sieg handelt (*victoire*) – ich erringe einen Sieg über die negative Botschaften in meinem Leben – einen Sieg aber, der des Zusammenspiels (*con-cours*) anderer Personen bedarf, und zugleich einen Sieg, den kein anderer an meiner Stelle erringen kann."

chenkonstitution *Lumen gentium*, welche die Verkündigung des Evangeliums und die Erleuchtung der Welt durch das Licht Christi auf dem Antlitz der Kirche in einem „leidenschaftlichen Wunsch" (*vehementer exoptat*) des Konzils verwurzelt. In der Tat geht es in Verkündigung und Pastoral um Leidenschaft, um ein leidenschaftliches Interesse am Alltag der Menschen, dessen verschiedene Facetten ich kurz erläutern muss.

1. Zunächst, wem gilt dieses Interesse? Dem ganzen Menschen und seinem Lebensweg als Ganzem, der ihm allerdings selbst im Alltag kaum zugänglich ist und noch weniger seinen Mitmenschen. Wir haben jeweils nur Ausschnitte, Fragmente unserer Lebensgeschichte und der der anderen vor Augen, müssen aber darauf bauen, dass es in besagten „Eröffnungssituationen", die wir ja alle kennen, zu Begegnungen kommt, in denen der Lebensglaube – in seiner elementarsten Form als ein: „Es lohnt sich!" – sowohl von außen wie auch von innen her erneut aktiviert wird; vor allem dann, wenn er in den soeben angesprochenen „Krisen" oder „Unterbrechungen" des Alltags bedroht ist. Das Interesse gilt somit immer der jeweils Einzelnen, gleichzeitig aber auch einer Konstellation von Begegnungen, einem sich unterhalb der großen, in den Massenmedien gespiegelten Ereignisse zeigenden Geflecht von Lebensgeschichten. Die je Einzelne, die mein und unser Interesse herausfordert, ist dann gerade nicht nur der mir jeweils nahestehende Mensch, sondern „Jedermann", der mir oder uns mehr oder weniger zufällig über den Weg läuft.

2. Solches Interesse am Alltag anderer, ja vieler anderer Menschen ist nicht selbstverständlich und keine von vornherein gegebene Haltung; dies ist ein zweiter Punkt. Sie muss entstehen und gelernt werden, verlangt sie doch die Gabe der Beobachtung, ein kontemplatives Sehen und Hören oder eine Einfühlung, die in der banalsten Begegnung mit dem anderen die geringsten „Lücken" oder „Unterbrechungen" wahrnimmt, in denen ein das Protoevangelium übersetzendes „Es ist wirklich gut!" respektvoll gesagt und dann vielleicht auch gehört werden kann. Dies geschieht im alltäglichen Gespräch, in den Zwischenräumen unserer Institutionen, beim Mittagessen mit Kolleginnen, an der Klassentür mit einer Schülerin, vor der Schule, wenn die Eltern ihr Kind abholen, beim Abendessen der Familie usw.; das heißt in den „Augen-blicken", in denen die von unseren Institutionen mit Recht eingeführten funktionalen Sprachspiele außer Kraft gesetzt sind und plötzlich Tiefendimensionen unserer Lebensgeschichten aufleuchten können, dank des spezifischen Interesses, das ihnen entgegengebracht wird.

3. Wie entsteht aber ein solches Interesse? Wie kann es gelernt werden? Dies ist ein weiterer Punkt: Anscheinend erwacht es nur in der Beobachtung solcher Menschen, die bereits aus und mit einem solchen brennenden Interesse am Alltag der Mitmenschen leben. Sie üben sozusagen eine „anste-

ckende" Wirkung aus und erwecken in der anderen eine derartige, latent bereits gegebene Teilnahme. Dies ist es wohl, was sich zwischen Jesus und seinen Jüngern und Jüngerinnen abspielte: Mit dem Ruf in die Nachfolge beginnt eine lange Phase des Lernens durch Beobachtung, Verstrickung in Missverständnisse, Flucht und Verrat – die Dramatik einer Jüngerschaft, die schließlich doch in einer gelungenen „Ablösung" (im doppelten Sinn des Wortes) mündet.[40] Lukas konzentriert das von Jesus an seine Jüngerinnen und Jünger vermittelte messianische Interesse für den galiläischen Alltagsmenschen in der Metapher des Feuers: „Ich bin gekommen, um Feuer auf die Erde zu werfen. Wie froh wäre ich, es würde schon brennen!" (Lk 12,49) Und das verwirklicht sich dann für die Jüngerinnen und Jünger an Pfingsten: Brennendes Interesse am Alltag aller Menschen! Johannes bezieht sich auf den Psalm 69,10: „Der Eifer für dein Haus verzehrt mich." (Joh 2,17) In Luthers sehr drastischer Übersetzung: „Der Eifer hat mich gefressen".

4. Wie jede Leidenschaft, so stellt auch Jesu Entschiedenheit für Gottes Haus im Alltag der Menschen seine Zeitgenossinnen in einen unausweichlichen Interpretationskonflikt – dies ist ein letztes Merkmal seines Interesses. Das Johannesevangelium bringt die gesamte Spannbreite negativer Interpretationen: Es erinnert an die beiden, bereits von Markus registrierten, religiösen und profanen Deutungen – „Er ist von einem Dämon besessen und redet im Wahn" (Joh 10,20) – und fügt auf der einen Seite das Motiv der „Gotteslästerung" (Joh 10,33) hinzu und auf der anderen das der „Anmaßung" (vgl. Joh 8,53) und des „Selbstmordes" (vgl. Joh 8,22). Auf der Gegenseite steht das Vertrauen, das in dem bereits angesprochenen elementaren Lebensglauben aufscheint – in „Jedermanns" Mut zum Sein – oder sich aber bei den Jüngerinnen und Jüngern Jesu in Christusglauben verwandelt. Dieser ganz spezifische Christusglaube impliziert allerdings, dass in den Jüngerinnen und Jüngern selbst das brennende Interesse Jesu im Erwachen begriffen ist und sich entfacht.

5. Solches Interesse am Alltag der Mitmenschen, dessen verschiedene Facetten hier kurz skizziert wurden, stellt den pastoralen Dienst der Kirche und ihrer Akteure vor die Frage nach ihrer Grundhaltung. Verbleibt unsere Pastoral im kirchlichen Raum der Liturgie und im Kreis sakramentaler Handlungen? Lässt sie sich über diesen Ordnungsbereich hinaus in einzelne, auf dieses Zentrum hin bezogene Sektoren auf-gliedern? Wo liegt ihr grundlegendes Interesse? Man wird hier vermutlich antworten: der Welt das Licht Christi auf dem Antlitz der Kirche zu zeigen und die Menschen so zu Jesus, dem Christus, zu führen, dass sie gleichzeitig in der einen Kirche

---

[40] Vgl. Anm. 11.

zusammenfinden. Sollte man heute nicht jedoch bedenken, dass der Dienst Jesu an seinen galiläischen Zeitgenossinnen in umgekehrter Richtung verläuft, dass im Mittelpunkt seiner sensiblen Aufmerksamkeit der bedrohte Lebensglaube des ihm begegnenden Menschen steht – unabhängig davon, ob diese Person nun seine Jüngerin oder sein Jünger wird oder nicht! Dieses „Umsonst" des Dienstes, seine „Absichtslosigkeit" ist der kritische Punkt, der unserer Pastoral eine immer wieder neu zu vollziehende Umkehr abverlangt: Umkehr zu dem Jesus, dessen „brennendes" Interesse am Alltag seiner Zeitgenossen gleichzeitig ein „reines" und „bedingungsloses" Interesse ist, welches sich – um hier nochmals die schöne Formulierung Auerbachs aufzunehmen und zu variieren – der „Wirklichkeitsfülle und Lebenstiefe eines jeden Augenblicks" *menschlicher Begegnung* „absichtslos hingibt".

Genau um diese Konversion geht es in der sogenannten „zeugenden Pastoral", deren Ziel es ist, auf die geistlichen Entstehungsbedingungen des Lebensglaubens im Alltag der Menschen hinzuweisen. Das zweite Kapitel des Missionsdekrets ist einer der wenigen Texte des Konzils, in dem sich diese Konversion abzeichnet. Dessen genetische Sicht von Mission und Pastoral setzt beim alltäglichen Zeugnis an: Wie Christus in allen Städten und Dörfern umherzog und alle Not und Krankheit zum Zeichen der Ankunft des Gottesreiches heilte, so nähert sich die Kirche durch ihre Gläubigen „den Menschen jedweder Lage" (*Ad gentes*, Art. 12, Abs. 2). Erst in einem zweiten Schritt geht es um das Mysterium Christi, das nur dort zur Sprache gebracht werden kann, „wo auch immer" (*ubicumque*) Gott selbst „den Mund der Rede öffnet" (vgl. *Ad gentes*, Art. 13, Abs. 1).

Das Alltagsleben der Menschen und die alltägliche Präsenz der Christinnen inmitten ihrer Zeitgenossinnen wird hier zum hermeneutischen Schlüssel der Schriftlektüre, während uns umgekehrt die so gelesene Schrift (wie bereits angedeutet) hilft, unseren Alltag zu entziffern.

Zur heuristischen Funktion der Schrift

Erich Auerbachs zu Anfang erwähnte Realismusthese hilft uns, diesen wechselseitigen Bezug ernst zu nehmen:

> [In den Schriften des Neuen Testaments handelt es sich] immer um dieselbe Frage, immer um denselben Konflikt, der ja grundsätzlich an jeden Menschen herantritt, und somit ein offener und unendlicher ist – die Welt der Menschen im Ganzen gerät durch ihn in Bewegung; indes die Verstrickungen durch Schicksal und Leidenschaft, die die griechisch-römische Antike

kennt, immer nur den Einzelnen, den Betroffenen angehen ... Es erscheint hier eine Welt, die einerseits durchaus wirklich, alltäglich, nach Ort, Zeit, Umständen erkennbar ist; andererseits in ihren Grundfesten bewegt, vor unseren Augen sich wandelnd und erneuernd. ... Dasjenige, was die Evangelien und die Apostelgeschichte ... beschreiben ..., ist ganz unverkennbar das Entstehen einer Tiefenbewegung ... Daß dabei beliebige Personen in großer Zahl auftreten, ist sehr wesentlich; denn nur an vielen beliebigen Personen können solche geschichtlichen Kräfte in ihrer hin- und herflutenden Wirksamkeit lebendig gemacht werden; als beliebig werden dabei solche Personen bezeichnet, die, aus allen möglichen Ständen, Berufen und Lebenslagen stammend, ihren Platz in der Darstellung nur dem Umstand verdanken, dass sie gleichsam zufällig von der geschichtlichen Bewegung getroffen werden ...[41]

1. Die in diesem Zitat erwähnte Vielfalt der Episoden wird in den Erzählungen der Evangelien durch die Perspektive der Gottesherrschaft und von den sogenannten „messianischen Zeichen" Jesu im galiläischen Beziehungsgeflecht zusammengehalten. Die Gefahr ist groß, dass diese Episoden und Gesten sozusagen von unseren „sakramentalen Zeichen" und Riten aufgesogen werden, während sie diese doch gerade umgekehrt an die unendlich vielfältigen „Erschließungssituationen" in unserem Alltag zurückbinden.

2. Auch ohne hier die redaktionellen Vorgaben der Evangelien und die jeweils spezifische Verbindung zwischen Gesten und Worten, Zeichen und Parabeln zu untersuchen, lässt sich doch aus diesen Erzählungen so etwas wie eine relativ einfache Grundstruktur erschließen. Einerseits integrieren die Heilungen, Exorzismen und Befreiungsgesten Jesu diese oder jene konkrete Person in ihr soziales Beziehungsgeflecht; andererseits versetzen sie aber dieses Geflecht selbst in einen Krisenzustand, indem sie die verborgenen Tiefendimensionen des Alltags offenlegen, so wie ich das hier in meinen ersten phänomenologischen Überlegungen versucht habe. Das „messianische Zeichen" ist das Entstehen des bereits erwähnten elementaren Lebensglaubens in der ganz konkreten Begegnung mit Jesus. Es handelt sich um Begegnungen vor allem mit Ausgeschlossenen, in denen sich Jesus einerseits ganz einbringt, andererseits aber auch ganz zurücknimmt. Ein solches, jeweils neues Ereignis gehorcht der bereits zu Anfang erwähnten paradoxen Beziehungsstruktur, die sich in dem erstaunlichen, in verschiedensten Formen variierten Zuspruch Jesu kristallisiert: „Mein Sohn – meine Tochter, dein Glaube hat dir geholfen" (vgl. Mk 5,34 par.; Mk 10,52 par.; Lk

---

[41] Auerbach, Mimesis, 46 f.

7,50; Lk 17,19)! In dieser Formel hat die „zeugende Pastoral" ihren Ursprungsort. Auerbach sieht zwar sehr deutlich das völlig neue Interesse Jesu am Alltag dieses oder jenes Menschen, unterschätzt meiner Ansicht nach aber, dass die Bedingungslosigkeit dieses Interesses das Leben zeugende Prinzip ist, welches der entstehenden Jesusbewegung nun seine ganz spezifische Form gibt.

Deshalb sei betont, dass sich Gottes Herrschaft im Alltag der Menschen nicht nur in interpersonalen Begegnungen zeigt, sondern gleichzeitig dort, wo das gesamte Beziehungsgeflecht einer Gesellschaft in Bewegung gerät. In den Evangelien und in der Apostelgeschichte richtet sich das Zusammenleben der Menschen nicht mehr nach familiären, nationalen, religiösen, milieu- oder klassenbedingten Kriterien, sondern gehorcht – kurz gesagt – der sogenannten Gastfreundschaft (*philoxenia*). Deren – immer wieder an Grenzen stoßende – Unbedingtheit provoziert auf der einen Seite die bereits angesprochenen Konflikte, die zu Jesu Prozess und Kreuzigung führen, gibt aber auf der anderen Seite dem – unseren Überlebenstrieb transzendierenden – Glauben an das Leben eine gemeinschaftliche und die Gesellschaft tragende Funktion.

3. Wenn es der „zeugenden Pastoral" um die Entstehungsbedingungen solchen Glaubens in seiner individuellen, relationalen und gesellschaftlichen Struktur geht, dann findet sie diese in den Evangelien und dem von ihnen erzählten Lernprozess der Jüngerinnen und Jünger Jesu. Hierzu nur ein Beispiel: die Geschichte von einer kranken und deshalb ausgeschlossenen Frau, die Jesu Gewand berührt und in der Begegnung mit ihm geheilt und von neuem in das gesellschaftliche Beziehungsgeflecht eingegliedert wird. An welchem Punkt dieser Erzählung in der Version des Markus (vgl. zum Folgenden Mk 5,24–34) gelangt diese Frau zum Glauben an ihr Leben? Man könnte dieses „Ereignis" mit dem Zuspruch Jesu identifizieren: „Meine Tochter, dein Glaube hat dich gerettet. Geh in Frieden! Du sollst von deinem Leiden geheilt sein." Die im Tempus der Vergangenheit formulierte Zusage: „… dein Glaube hat dich gerettet", lässt uns jedoch aufhorchen: Sie bezieht sich wohl auf die Geste der Frau – „Nun drängte sie sich in der Menge von hinten heran und berührte sein Gewand." – und auf ihr Reden mit Jesus, der dank seiner Geistesgegenwart sofort merkt, dass eine Kraft (*dynamis*) von ihm ausgegangen ist. Auf seinen Blick und seine Frage: „Wer hat mein Gewand berührt?", tritt die Frau aus der Menge. Zitternd vor Angst und im Wissen darum, was mit ihr geschehen ist, fällt sie vor ihm nieder und sagt ihm „die ganze Wahrheit". Eine eigenartig offene Formulierung, die dem Leser mit Hilfe des „allwissenden Erzählers" – wie die Narratologie sagt – zeigt, dass das Entstehen dieses Lebensglaubens noch komplexer ist! Im

Vorfeld dieser Begegnung verliert sich der Zugang zum Glauben in der Krankheitsgeschichte dieser Frau,

> die schon zwölf Jahre an Blutfluss litt. Sie war von vielen Ärzten behandelt worden und hatte dabei sehr zu leiden; ihr ganzes Vermögen hatte sie ausgegeben, aber es hatte ihr nicht genutzt, sondern ihr Zustand war immer schlimmer geworden. (Mk 5,5,25 f.)

Im Anschluss an diese Begegnung hat ihr so entstandener Lebensglaube eine unerwartete Wirkung bei einem anderen Zeugen dieser Szene, dem Synagogenvorsteher Jaïrus, der sich nun von Jesus sagen lassen kann: „Fürchte dich nicht! Glaube nur!" (Mk 5,36)

Ein für uns wesentlicher Aspekt dieser für die „zeugende Pastoral" paradigmatischen Szene ist der erstaunliche Kontrast zwischen den Jüngerinnen und Jüngern und der Frau. Die Letztere kennt die bereits seit fünf Kapiteln laufende Jesusgeschichte nur durch ein Gerücht – „Sie hatte von Jesus gehört." (Mk 5,27) – und verschwindet am Ende dieser Geschichte wieder im Dunkel des Alltags. Den Jüngerinnen und Jüngern, die von Anfang an dabei sind, geht anscheinend jegliche Sensibilität für den in dieser spezifischen „Erschließungssituation" entstehenden Lebensglauben der Frau ab: „Du siehst doch, wie sich die Leute um dich drängen, und da fragst du: Wer hat mich berührt?" (Mk 50,30) – Allerdings ist diese narrative Konstruktion eine Art „List" des Erzählers, der uns Leserinnen auf diese Weise in einen, den gesamten Weg Jesu begleitenden Lernprozess einbezieht. Dazu gehört auch die Entdeckung, dass die Begegnung dieser Frau und der vielen Figuren, die ihr gleichen, mit Jesus nur einen „Augenblick" lang andauert und – vor allem – dass es in diesen Begebenheiten nicht direkt und schon gar nicht explizit um Gott geht, auch wenn die christusgläubige Leserin gerade in diesen Alltagsepisoden auf erstaunliche Weise mit Gottes Herrschaft konfrontiert wird. Mit dieser beiläufigen Beobachtung bin ich aber bereits mitten in meinen Schlussüberlegungen:

Zum theologischen Hintergrund einer „Leben zeugenden Pastoral"

1. Zunächst: Wie lässt sich die „zeugende Pastoral" nach dem bis jetzt Gesagten definieren? Sie besteht nicht in einem neuen Konzept, sondern versteht sich als Versuch, den „pastoralen Scheinwerfer" – wenn ich mich einmal so ausdrücken darf – weg von den natürlich zentralen kirchlichen und liturgischen Akten und Praktiken samt ihren Spezialisierungen auf das Alltagsleben der heutigen Menschen zu richten. Dies lässt sich nur in einem

Hin und Her zwischen der Heiligen Schrift auf der einen und unseren alltäglichen Lebensgeschichten auf der anderen Seite verwirklichen. Wie in unserer großen Tradition, aber in einem postmodernen Kontext, dem ein typologisches Denken fremd ist, geht es um das Einüben einer doppelten Lektüre: der Lektüre der Schrift und der pastoralen Relektüre dessen, was sich wirklich im Alltag der Menschen abspielt, sozusagen im dunklen Hintergrund der uns jeweils zugänglichen Lebens- und Gesellschaftsfragmente. Unter methodischem Aspekt geht es um eine biblisch-pastorale oder pastoral-biblische Hermeneutik, die beide Lektüren in ihrer Autonomie ernst nimmt bzw. jeden direkten, fundamentalistischen Bezug zwischen diesen beiden Ebenen zu vermeiden und die geschichtliche Differenz schöpferisch fruchtbar zu machen weiß. Damit sind wir aber bei dem *anfangs* bereits erwähnten *modus procedendi* – wie die Schrift zu lesen und wie das, was sich ereignet, zu entziffern ist – und bei den entsprechenden Dispositiven, die jeweils nach Ort und Zeit variieren. Das kann hier nicht ausgeführt werden, da ich dann von meinen konkreten Erfahrungen in der französischen Pastoral erzählen müsste.[42]

Zwei weitere eng miteinander verknüpfte Elemente gehören noch zur Definition einer „zeugenden Pastoral": zunächst die ganz wesentliche Unterscheidung zwischen einem universal verbreiteten, auf jeden Fall immer und überall möglichen *Lebensglauben* – in seiner immer singulär-relationalen Struktur und mit seinen gesellschaftlichen Implikationen – auf der einen Seite und dem *Christus- und Gottesglauben* der Jüngerinnen und Jünger Jesu auf der anderen Seite. Ein weiteres Element ist das in dieser Unterscheidung aufscheinende brennende und bedingungslose Interesse Jesu am anderen Menschen, wer er auch immer sein mag: sein Interesse an dem „Jedermann" in seiner alltäglichen Vielfalt und an seinem elementaren Lebensglauben. In einer Christenheit, die sich über Jahrhunderte darauf verstand, in der Kirche zwischen Klerikern und Laien und in der Gesellschaft zwischen Atheisten und Angehörigen anderer Religionen zu unterscheiden, ist diese Perspektive wohl etwas Neues. Die Entdeckung dieses niemals selbstverständlichen Interesses macht die „zeugende Pastoral" zu einem Versuch und verwandelt sie in einen nie endenden Konversionsprozess.

2. Damit ist aber bereits der theologische Hintergrund solcher Pastoral skizziert, den ich nun in drei abschließenden Schritten noch kurz bedenken werde:

---

[42] Vgl. Theobald, Christoph: Lire les « Écritures » dans un contexte de mutation ecclésiale, in: Bouthors, Jean-François (Hg.): La Bible sans avoir peur, Paris 2005, 263–291 (http://www.ec.cef.fr/wp-content/uploads/sites/2/2014/05/de_06–2005.pdf, 3.12.2016).

a) In der Tat ist, wie beim II. Vatikanischen Konzil, die sogenannte „Pastoralität" nicht nur der Ausgangs- oder Zielpunkt theologischer Reflexion, sondern ihr eigentlicher geschichtlicher Raum. Das heißt, am Anfang steht die im Evangelium selbst angelegte Beziehung zwischen der, die es verkündet, und der, die es hört, wobei das, worum es in der Verkündigung geht – entsprechend der anfangs analysierten paradoxen Beziehungsstruktur –, bereits in der Adressatin am Werk ist. Wenn Gott sich dem Menschen nähert, dann bricht er eben nicht bei ihm ein, sondern kommt in einen Bereich, der ihm seit jeher gehört, wie es der johanneische Prolog ja zeigt. Die „zeugende Pastoral" ist somit ein Weg zurück zu diesem Ursprungsprinzip aller „Pastoralität", nämlich zu dem, was Geburt und Reifung des Glaubens in einer Adressatin ermöglicht. Vielleicht wird dies besonders im ersten Thessalonicherbrief deutlich, in diesem Text, in dem Paulus seine Beziehung zu der von ihm gegründeten Gemeinde mit Hilfe einer Analogie zwischen seinem Apostolat und einer Mutter- und Vaterschaft verständlich macht. Diese wenig beachtete Analogie ist deshalb so entscheidend, weil sie einerseits die heute neu zu durchdenkende Beziehung zwischen Mann und Frau, Mutter- und Vaterschaft – auch im Raum der Verkündigung – ins Spiel bringt und andererseits die wechselseitige Beziehung von Leben und Glauben zu denken hilft: Niemand kann ohne einen Lebensglauben leben; wie das Leben wird solcher Glaube zwar „gezeugt", muss aber gleichzeitig aus der Tiefe der jeweils anderen kommen. In diesem Sinne unterstreicht Paulus dann, dass das aufgenommene Wort sich in dem Augenblick als Gotteswort erweist, in dem diejenigen, die es aufnehmen, entdecken, dass es in ihnen schon am Werk ist (vgl. 1 Thess 2,13).

Diese prophetische und neutestamentliche Grundstruktur beruht auf christologisch-trinitätstheologischen Voraussetzungen und hat ekklesiologische Konsequenzen.

b) Der christologisch-trinitätstheologische Hintergrund der „zeugenden Pastoral" zeigt sich in der heilsrelevanten Differenz zwischen Jesus und denen, die bis heute in seiner Nachfolge stehen. Hier gilt es jedoch, eine Spannung auszuhalten: Einerseits ist alle pastorale Gegenwart im Alltag der Menschen nur „in seinem Namen" möglich; andererseits ist dies aber wirklich seine Präsenz, die sich in der Präsenz der Christinnen und dem von ihnen und anderen getragenen Beziehungsgeflecht sozusagen „pneumatologisch" verbirgt. In diesem oftmals nur in kurzen Augenblicken aufscheinenden Geschehen geht es letztendlich um „Zeugung" – „Du bist meine Tochter, mein Sohn; heute habe ich dich gezeugt" (wie es in Psalm 2 und in den synoptischen Taufperikopen zu lesen ist) oder (in johanneischer Sprache) um „Geburt von oben" – jener, „die nicht aus dem Blut, nicht aus dem Willen des Fleisches, nicht aus dem Willen des Mannes, sondern aus Gott geboren sind" (Joh 1,13). Hier setzt eine von der Theologie und ihrer Tradition zu begleitende pastorale Grundaufgabe an, unsere Gottesbilder, die Ablehnung, Distanz oder innere Zustimmung motivieren, einem geistlichen, im Alltag zu vollziehenden Konversionsprozess zu unterziehen, bis das „sehr gut" des Evangeliums in ihnen den Sieg davonträgt.

c) Die ekklesiologischen Konsequenzen der „zeugenden Pastoral" ergeben sich dort, wo im Raum der „Pastoralität" Spannungen zwischen unseren sakramentalen Zeichen und Riten auf der einen und dem alltäglichen Beziehungsgeflecht der Menschen auf der anderen Seite auftauchen. Ich wies bereits auf die Gefahr hin, dass die messianischen Gesten und Episoden menschlichen Lebens von unseren Sakramenten und unserer Liturgie sozusagen aufgesogen werden und einer immer schwerer zu passierenden Grenze zwischen dem Heiligen und dem Profanen zum Opfer fallen. Hier scheint mir der vom II. Vatikanischen Konzil geprägte Begriff der „Sakramentalität" der Kirche eine vielversprechende Funktion ausüben zu können; allerdings unter der Bedingung, dass solche „Sakramentalität" nicht nur von unseren Sakramenten her definiert wird, sondern diese auch umkehrt von den im Alltag gesetzten messianischen Zeichen her verstanden werden.

Mir scheint, dass unsere kirchliche, von der Wissenschaft begleitete Pastoral viel von ihrer Energie in Grabenkämpfen verliert: Kämpfen, die – mit Erich Auerbach gesprochen – „umstrittenen und wankenden Ordnungen" gelten. „Unterbrechung" ist hier von Nöten! Unterhalb dieser Ordnungen bietet in der Tat das alltägliche Leben der Menschen, ihr Lebens- oder Christusglauben, der, die Augen und Ohren hat, ein unerschöpfliches Reservoir an Hoffnung.